JONAS VERLAG

Materialien zur Kunst- und Kulturgeschichte in Nord- und Westdeutschland
herausgegeben vom Institut für Architektur-, Kunst- und Kulturgeschichte in Nord- und Westdeutschland beim Weserrenaissance-Museum Schloß Brake
Redaktion Thomas Schwark

Umschlagabbildung:
Titelblatt einer lateinischen Schulgrammatik von 1509,
Lippische Landesbibliothek Detmold, Sign. Ph 737, Nr. 2

CIP-Kurztitelaufnahme der Deutschen Bibliothek

Fink, Hanns-Peter:
Exercitia Latina : vom Unterricht lippischer Junggrafen zur Zeit der Spätrenaissance / Hanns-Peter Fink. – Marburg : Jonas-Verl., 1991
(Materialien zur Kunst- und Kulturgeschichte in Nord- und Westdeutschland ; Bd. 1)
ISBN 3-89445-111-4

Rosenstraße 12/13 · D-3550 Marburg

Gestaltung Gabriele Rudolph
Druck alp-druck, Marburg

ISBN 3-89445-111-4
ISSN 0939-9453

Hanns-Peter Fink

Exercitia Latina

Vom Unterricht lippischer Junggrafen zur Zeit der Spätrenaissance

Materialien zur Kunst- und Kulturgeschichte in Nord- und Westdeutschland · Band 1

Jonas Verlag

Vorwort zur Schriftenreihe

Mit dem vorliegenden Werk über die lateinischen Übungshefte der Grafen Simon VI. und Simon VII. begründen das Weserrenaissance-Museum Schloß Brake und das Institut für Architektur-, Kunst- und Kulturgeschichte eine neue wissenschaftliche Publikationsreihe, die Veröffentlichungen zu speziellen kulturgeschichtlichen Themen enthalten wird. Ferner widmet sie sich Dissertationen und anderen Forschungsarbeiten, die mit Förderung des Instituts erstellt worden sind – bereits jetzt befinden sich in diesem Rahmen weitere drei Bände in Vorbereitung und nochmals fünf Bände in Planung. Die Veröffentlichungsmöglichkeit stellt dabei ein wesentliches Element der Forschungsförderung dar. Schließlich dient die Reihe der Herausgabe von Materialbänden, die unmittelbar aus der Arbeit des Instituts erwachsen, dem Sammeln und Zusammenstellen von bestimmten Typenreihen und Bestandsverzeichnissen in den Bereichen der Architektur und Bildenden Kunst gehört. Wir hoffen, auf diese Weise ein großes Spektrum von Forschungsansätzen und -ergebnissen möglichst umgehend und leicht zugänglich der Öffentlichkeit zur Verfügung stellen und damit einer wesentlichen Aufgabe des Instituts nachkommen zu können.

Insgesamt handelt es sich um die vierte Veröffentlichungsreihe des Weserrenaissance-Museums Schloß Brake bzw. die zweite des Instituts für Architektur-, Kunst- und Kulturgeschichte beim Weserrenaissance-Museum. Die vergleichsweise hohe Zahl von Publikationsorganen erklärt sich aus der unterschiedlichen Aufgabenstellung. Das Weserrenaissance-Museum verfolgt damit den Zweck, für sehr verschiedenartige Anforderungen und Interessen geeignete Mittel zu bieten. Vor allem der kunstgeschichtliche Laie, der sich schnell und zuverlässig über einzelne Bauten informieren will, wird durch die *Kleinen Kunstführer* angesprochen, die in loser Folge erscheinen. Für das Fachpublikum, besonders aus dem Bereich der Kunstgeschichte im deutschsprachigen Raum, halten wir die Vierteljahresschrift *AKK* bereit, zugleich Mitteilungsorgan des Forschungsinstituts, aber auch außenstehenden Einrichtungen offenstehend. Wissenschaftliche Aufsätze und Einzelabhandlungen finden Aufnahme in den beiden Reihen des Museums, von denen das aufwendigere, die *Schriften des Weserrenaissance-Museums Schloß Brake*, seit 1989 erscheinen, mit deutlichem Schwergewicht im Fach Kunstgeschichte.

Mit beiden Einrichtungen, Museum und Forschungsinstitut, sowie den vorliegenden Schriftenreihen hoffen wir, der Forschung dienen zu können, ohne zugleich Barrieren zum interessierten Laien aufzurichten, denn wir verstehen unsere Arbeit nicht als Selbstzweck. Zudem wollen wir zeigen, daß geisteswissenschaftliche Forschung und deren Vermittlung mit neuen Ansätzen in der »Provinz«, fern von etablierten Universitäten oder hochdotierten Landesmuseen, möglich ist und mit Erfolg durchgeführt werden kann. Die hier vorgelegte philologische Studie von Hanns-Peter Fink kann als ein erstes eindrucksvolles Beispiel fundierter kulturgeschichtlicher Begleitforschung zum Problemkreis »Weserrenaissance« gelten.

Lemgo-Brake, im Februar 1991 — G. Ulrich Großmann, Petra Krutisch

Inhaltsverzeichnis

Einleitung

Die Lippische Landesbibliothek Detmold besitzt drei Manuskripte aus der zweiten Hälfte des 16. Jahrhunderts, die ausführlich bisher noch nicht vorgestellt und erläutert worden sind.[1] Zwei von ihnen, die Manuskripte 80 und 81, sind Schülerarbeiten aus den Jugendjahren Graf Simons VI. Das dritte, Manuskript 131, ist dreißig Jahre jünger und enthält ähnliche Arbeiten von der Hand seines zweiten Sohnes, des späteren Grafen Simon VII. Diese schriftlichen Übungen sind alle Teil des Lateinunterrichts der jungen Grafen gewesen. Sie halten sich weithin auf einem durchaus hohen und achtbaren Niveau. Und obgleich es nur Exerzitien von Jungen im Alter von 10-15 Jahren sind, so bieten sie doch dem aufmerksamen Leser aufschlußreiche Einblicke. Erstens zeigen sie uns, welche Bildungsgegenstände, welche Lektüren man als angemessen und wichtig für einen jungen Herrn von Stand ansah, von welchen Autoren und aus welchen Schriften ein künftiger Regent moralische Grundsätze, Lebensweisheiten und Maximen lernen sollte. Zweitens aber vermitteln sie auch einen Eindruck vom Lateinunterricht in jener Zeit und seiner Methodik, und damit von einem wichtigen Kapitel deutscher Bildungsgeschichte, spielte doch das Lateinische damals in jedem Studiengang, der zu höheren Zielen qualifizieren wollte, eine dominierende Rolle.

Wer etwa befürchtet, sich bei der Beschäftigung mit dem Lateinunterricht der frühen Neuzeit auf ein zu spezielles und abseitiges Gebiet zu begeben, der darf seine Bedenken getrost zurückstellen. Lateinunterricht im 16. Jahrhundert war nicht die Unterweisung in einem Fach unter vielen, sondern war vielmehr Zentrum und Kern, Dreh- und Angelpunkt des ganzen schulischen Betriebs, sieht man einmal ab von der religiösen Erziehung, der Glaubenslehre, die aber ihrerseits auch wieder auf mannigfache Weise mit dem Lateinunterricht verbunden war. Diese Verquickung war allein schon dadurch naheliegend und gegeben, daß die Lehrer nicht nur an Stifts- oder Klosterschulen, sondern auch an städtischen oder von Fürsten getragenen Gymnasien in aller Regel Theologen oder zum mindesten theologisch gebildet waren. (Dabei wurde die Stellung des Schulmeisters, auch die des Rektors, von diesen Männern meistens nur als eine Durchgangsstation auf dem Wege zu einem Pfarramt angesehen, in dem man sich dann bei besserer wirtschaftlicher Versorgung von der Mühsal und Plackerei in der Schulstube ausruhen zu können hoffte.) Auch als Privatlehrer der lippischen Junggrafen werden uns Theologen begegnen. Und es galt als selbstver-

In den Anmerkungen werden Werke, die im Literaturverzeichnis aufgeführt sind, nur mit dem Namen des Verfassers, dem Erscheinungsjahr und der Seitenzahl, ggf. der Bandzahl, zitiert.

1 Eine kurze summarische Vorstellung der drei Manuskripte findet sich im Band 2 der Schriften des Weserrenaissance-Museums Schloß Brake, München/Berlin 1989, S. 245-257. Die Handschriften waren in der Ausstellung »Renaissance im Weserraum« vom 25.4. bis zum 1.10.1989 auf Schloß Brake zu sehen.

ständlich, daß im Rahmen des Lateinunterrichts beispielsweise der Vulgatatext der Bibel gelesen oder der Katechismus ins Lateinische übertragen wurde. Andere Fächer spielten daneben nur eine vergleichsweise untergeordnete Rolle: etwas Musik, im Fortschreiten der Zeit wenigstens die Anfangsgründe der Mathematik, auch der Physik, an Gelehrtenschulen natürlich Griechisch, mitunter Hebräisch, gerade an Fürstenhöfen auch – je später, desto mehr – Französisch. Dialektik und Philosophie waren dann schon eher eine Sache des (oft fließenden) Übergangs von den Oberklassen des Gymnasiums zur Artistenfakultät der Universität.

Der tüchtige und erfolgreiche Gründungsrektor des durch ihn und seit ihm hoch angesehenen Gymnasiums im ehemaligen Prämonstratenserkloster zu Ilfeld am Harz, Michael Neander (1525-95), der anerkanntermaßen auf die Realien im Unterricht mehr Wert legte als die meisten seiner zeitgenössischen Kollegen, hat 1580 eine Schrift veröffentlicht mit dem langen Titel: »Bedenken an einen guten Herrn und Freund, wie ein Knabe zu leiten und zu unterweisen, das er one gros jagen, treiben und eilen mit Lust und Liebe vom sechsten Jahre seine alters an biß auff das achtzehnde wol und fertig lernen möge Pietatem, linguam Latinam, Graecam, Hebraicam, artes und endlich universam Philosophiam«. Diese Aufzählung zeigt uns, was zu lehren und zu lernen man für notwendig hielt. Und macht man sich klar, daß der ganze Unterricht selbstverständlich auf lateinisch abgehalten wurde, so wird einem deutlich, daß ein Kennenlernen von lateinischen Schülerübungen jener Zeit dem Leser mehr geben kann als nur einen Eindruck von einem sprachliche Kenntnisse vermittelnden Unterricht.

Vor allem muß man bedenken, daß das Reformationsjahrhundert keinen Deutschunterricht in unserem Sinne kannte. Was Männer wie Valentin Ickelsamer (etwa 1500-1541) im 16. Jahrhundert an deutschen Grammatiken publiziert hatten, das ging doch über eine Anleitung zum Lesenlernen und zur deutschen Rechtschreibung sowie eventuell über eine Einführung in den Briefstil, der im Umgang mit Kanzleien und Behörden zu beachten war, kaum hinaus und fand im gelehrten Unterricht praktisch keine Berücksichtigung. Was die Schule hingegen an Literaturkenntnissen vermitteln wollte, aber auch an Wissen auf dem Gebiet der Geschichte und der Moral, der Ethik – das lief alles über das Lateinische.

Daher darf man sich von einer Beschäftigung mit den exercitia Latina der lippischen Junggrafen einiges an Einblicken versprechen, auch wenn Simon VI. und Simon VII. nur für kurze Zeit Schüler regulärer Gymnasien gewesen sind. Der Unterricht, den sie bei ihren privaten Präzeptoren erhielten, richtete sich ganz oder doch sehr weitgehend nach dem, was an rühmlich bekannten Gelehrtenschulen geboten und gefordert wurde. Gewichtiger ist schon die Einschränkung, die darin liegt, daß wir Dokumente vom Unterricht der jungen Grafen nur aus einer begrenzten Zeit besitzen. Aber über immerhin gut zwei Jahre bei Simon dem Älteren, etwa drei Jahre bei Simon dem Jüngeren können wir verfolgen, womit sie sich in ihrem Lateinunterricht zu beschäftigen hatten, und diese Zeugnisse verraten uns mancherlei über den Bildungsgang der jungen Herren, die später einmal ihr kleines Land regieren sollten und auch regiert haben, und sie verdienen deshalb unser Interesse.

Graf Simon VI. zur Lippe (1554-1613) war ohne Zweifel eine der bedeutendsten Gestalten in der langen Reihe der Regenten des lippischen Landes, ein Mann, der über seine Tätigkeit

Graf Simon VI. zur Lippe, 1601, Ölgemälde von Geldorp Gortzius (1553-1616), Bückeburg, Schloß.

als Landesherr der Grafschaft hinaus in die Reichspolitik einzugreifen sich bemüht hat als Kreisoberster des niederrheinisch-westfälischen Reichskreises ebenso wie als kaiserlicher Rat und Mitglied des Reichshofrates. Er pflegte enge und gute Beziehungen zu Kaiser Rudolf II. und zu dessen Hof in Prag und hat mancherlei Sonderaufgaben für den Kaiser übernommen, wie zum Beispiel eine Gesandtschaftsreise in die Niederlande 1591/92. Darüber hinaus war er ein Renaissancefürst par excellence, zeigte sich den Künsten und Wissenschaften gegenüber aufgeschlossen, malte selbst, spielte die Orgel, beschäftigte sich mit Alchimie und Astronomie und korrespondierte mit namhaften Gelehrten seiner Zeit. Auch eine ansehnliche Bibliothek hat er sich angelegt, die der Grundstock zur heutigen Lippischen Landesbibliothek geworden ist. Simon VI. war es, der 1587 seinen Hof und den Sitz seiner Regierung von Detmold nach Brake verlegte (eine Maßnahme, die sein Sohn und Nachfolger Simon VII. wieder rückgängig gemacht hat), der 1602 in Detmold eine Provinzial-Landesschule gründete, aus der das Gymnasium Leopoldinum hervorgegangen ist, und der 1605 seine Grafschaft Lippe vom lutherischen dem reformierten Bekenntnis zuführte und damit eine Entscheidung von großer Tragweite für sein Land traf.[2]

Die Manuskripte 80 und 81 stammen aus Simons Jugendjahren, und um sie richtig zu verstehen, ist es nötig, sich zu vergegenwärtigen, was über seine Erziehung bekannt ist und über den Unterricht, den er genossen hat.

Der erste Lehrer des jungen Grafen war der Magister Johann von Exter. Er entstammte der bekannten lippischen Adelsfamilie, deren Namen die Exterstraße in Detmold noch heute trägt. Sein Vater Simon war Pfarrer an der Detmolder Marktkirche gewesen und, freilich erst nach längerem Zögern, zum Protestantismus übergetreten. Johann war 1560 vom theologischen Studium in Wittenberg nach Detmold zurückgekehrt, 1563 fungierte er als Testamentszeuge bei Simons VI. Vater Bernhard VIII., 1566 wurde er lippischer Generalsuperintendent. In jenen Jahren war er Simons Präzeptor. 1571 wurde eine neue Kirchenordnung für die Grafschaften Lippe, Spiegelberg und Pyrmont erlassen (für die lutherischen Gemeinden Lippes ist sie noch heute maßgebliche Bekenntnisgrundlage), Johann von Exter war ihr Hauptverfasser. Als der Generalsuperintendent 1599 starb, kaufte der Graf die von ihm hinterlassene Bibliothek auf und verleibte sie seiner eigenen Bücherei ein; die Lippische Landesbibliothek besitzt zahlreiche Exemplare dieser Bücher mit von Exters Exlibris oder seinem eigenhändigen Besitzervermerk. Übrigens war Johann von Exter ein Blutsverwandter seines Zöglings, die beiden hatten einen gemeinsamen Urgroßvater: Bernhard VII. bellicosus (1429-1511) hatte seine uneheliche Tochter Lyse einem Albert von Exter zur Frau gegeben, Johann von Exter war ein Enkel dieses Paares.

Etwas später tritt als Lehrer Simons der Magister Nikolaus Thodenus (auch Todt, Tode, Thudenus) in Erscheinung. Er stammte aus Dithmarschen, diese Heimatangabe ist häufiger und besser bezeugt als die gelegentlich auch auftauchende Bezeichnung »Hamburgensis« oder »aus dem Märkischen«. Thodenus war seit 1553 in Wittenberg als Student immatrikuliert gewesen, er hatte also dort noch die Professoren der älteren Generation gehört: Melanchthon, Bugenhagen, Eber.[3] 1566 war er aus Wittenberg als Rektor an die Lateinschule

2 Ausführliche Biographie: Falkmann, 1847/1902, Heft 3 und 4, Bd. 5 u. 6. Ferner: Hellfaier, 1986.
3 Friedensburg, S. 308.

in Lemgo berufen worden, Paul Eber hatte den langjährigen Melanchthonschüler empfohlen. Thodenus hat jedoch offenbar wegen der damals in Lemgo grassierenden Pest sein Amt dort nicht antreten, jedenfalls nicht wirkungsvoll führen können.[4] Im Jahr darauf aber wurde er zum Präzeptor des jungen Grafen ernannt, und zwar in folgendem Zusammenhang:

Simon hatte bereits 1563 seinen Vater verloren, und für die Dauer seiner Minderjährigkeit traf Entscheidungen über und für ihn ein Gremium von Vormündern, in dem sein Onkel, Graf Hermann Simon, die wichtigste Rolle spielte. Es war beschlossen worden, den jungen Grafen für einige Zeit auf das Straßburger Gymnasium zu schicken, und im Hinblick auf diese Reise schrieben »Hermann Simon Grave und edler her zur Lippe, Graff zu Spiegelberg und Pyrmont und Burgermeister und Rethe der Stette Lippe und Lemgo« am 7.10.1567 an den »erbar und wolgelarten Nicolaus Thodenus, der freyen künste Magister« und beauftragten ihn mit Simons Betreuung und der Überwachung seiner Studien.[5] Der Magister erhielt genaue Anweisungen. Er habe »stets bey seiner L[iebden] und Gnaden zu sein und bleiben, nachts noch tages von deroselben zu scheiden oder anne anderen orteren sich finden zu lasen«, solle die Autoren auswählen, »die seiner L. und G. alter geneß und nütze sein«, müsse »denselben zu tische führen und was einem aufrichtigen getreuwen pedagogo und schulmeister obligt verrichten«. Thodenus war aber in dieser Stellung nicht völlig selbständig und unabhängig, vielmehr sollte er »unserem lieben getreuwen und guten freunde Christofferen von Danepe als einem wolgedachtes unseres freuntlichen lieben vetteren und pflegekindes vorordneten hausmeister geburenden gehorsamb leisten und erzeigen. Keine Gastgebot oder sonsten etwas anrichten noch auch mit seiner L. und G. verfolgen ohne vorwissen und ausdrucklichen bevehl desselbigen«.

Eigentlicher Leiter der nach Straßburg bestimmten kleinen lippischen Reisegruppe war also Christoph(er) von Donop (1539-1609), den man Christoph den Mittleren nennt; sein Vater und einer seiner Söhne trugen den gleichen Vornamen. Auch er hatte als junger Mann in Wittenberg studiert und Melanchthon gehört. Als 1562 sein Vater starb, mußte er die Bewirtschaftung der Familiengüter übernehmen, da seine Brüder noch zu jung waren, »auch«, wie er selbst in familiengeschichtlichen Aufzeichnungen schreibt[6], »mehr Lust zum Kriege als zur Haußhaltung hatten.« »Als bin ich bei solcher Haushaltung geblieben«, heißt es in Christoph von Donops Notizen, »wiewohl ich viel lieber an anderen örtern, und sonderlich auf universitäten mich gerne versucht hätte.« Er wird also die ihm zugedachte Aufgabe, den jungen Simon zur Lippe studienhalber nach Straßburg zu führen, gern übernommen haben. Gleichwohl sah er damit aber auch eine große Verantwortung auf sich zukommen, »da Se.Gn. dero Zeit sehr jung und gar einzeler Sohn und einiger Herr dieser Grafschaft war«, und suchte sich abzusichern, damit »wenn Gott der Allmächtige den gn. Herrn in währender seiner Bestellung von dieser Welt fordern werde, ihm solches zu keiner Ungnade oder Gefahr gekehrt werden möge.«[7]

4 Hamelmann, Opera genealogica-historica, S. 1080.

5 Staatsarchiv Detmold (künftig zitiert: StA DT). L 7 A X 2.

6 Zit. bei Henkel, 3. Jg. (1902), S. 43.

7 Falkmann, 1847/1902 3, S. 48. Christoph von Donop der Mittlere ist übrigens einer der Stifter des Epitaphs für seinen Bruder Moritz in St. Nikolai zu Lemgo.

Am 2. November 1567 brach die Reisegesellschaft auf und nahm ihren Weg über Arolsen, wo sich die beiden jungen Grafen Philipp und Franz von Waldeck, Simons Vettern, der Reise anschlossen. Daß gerade Straßburg als Ort für Simons Studien ausgewählt worden war, hatte seinen guten Grund. Das Straßburger Gymnasium genoß in jenen Jahren einen hervorragenden Ruf.[8] 1538 aus dem Zusammenschluß von drei alten Lateinschulen hervorgegangen und im früheren Dominikanerkloster untergebracht, hatte es unter der tatkräftigen Leitung des hochangesehenen Rektors Johannes Sturm (1507-1589) einen glänzenden Aufschwung genommen. Gerade erst 1566 hatte die Anstalt durch kaiserliches Privileg die Rechte einer Akademie erhalten, nunmehr durfte sie auch die Titel eines Baccalaureus und eines Magister artium verleihen. Ein Lektionsplan dieser Akademie von 1578 zeigt, daß hier Vorlesungen gehalten wurden, die es nach Zahl und Mannigfaltigkeit mit mancher Universität aufnehmen konnten. Überhaupt waren ja im 16. Jahrhundert die Grenzen zwischen Gymnasium, Akademie und Universität nicht scharf ausgeprägt, sondern eher fließend.

Für die Entwicklung des jungen Grafen Simon muß der Aufenthalt in Straßburg unter der geistigen und geistlichen Leitung des Magisters Thodenus von großer Bedeutung gewesen sein, vor allem unter dem Gesichtspunkt der Einstellung zur Frage der Konfession, die in jenen Jahren und Jahrzehnten die Geister so heftig bewegte und die zu den erbittertsten Fehden unter den Protestanten führte: hie Luther – hie Melanchthon – hie Calvin. Thodenus hatte lange in Wittenberg studiert und war den Melanchthonianern, den »Philippisten«, die von ihren Gegnern »Kryptocalvinisten« gescholten wurden, zuzurechnen. Der Blomberger Superintendent Abraham Theopold schreibt 1654 in einem Bericht, daß Simon VI. »von seiner lieben Mutter in christlicher reformierter Religion von einem discipulo Melanchthoniano, Thodenus genannt, ... erzogen und auch zu Strasburg bei seinem praeceptore Sturmio ferner informieret« worden sei.[9] Und vom Straßburger Gymnasium her sind nachweislich Einflüsse im Sinne des reformierten Bekenntnisses auch an die Schulen in Dortmund und in Lemgo ausgestrahlt.[10] In der gleichen Richtung wie Simon ist zum Beispiel auch sein Alters- und Standesgenosse Graf Arnold von Bentheim-Steinfurt in Straßburg konfessionell geprägt worden: Er war, wie Simon, 1554 geboren, hatte ebenfalls das Straßburger Gymnasium besucht (1571/72), war nach seiner Heimkehr zum reformierten Bekenntnis übergetreten und hat, früher noch als der Lipper, in seinem Lande diese Konfession eingeführt und durchgesetzt. Wie Simon der neuen Lehre durch seine Schulgründung 1602 in Detmold Halt und Stütze geben wollte, so hat Arnold in der gleichen Absicht 1588 in Schüttorf ein Gymnasium eröffnet, das 1590 nach Steinfurt verlegt wurde und dort als Gymnasium Arnoldinum noch heute besteht, ebenso wie die Schule in Detmold unter dem Namen Gymnasium Leopoldinum.[11]

8 Paulsen, 1919, 1, S. 289-297.

9 StA DT L 29 B XVIII, Nr. 8.

10 Schomberg 1978, S. 9 und 1980, S. 9, 22.

11 Rübel, Graf Arnold von Bentheim-Steinfurt. Über Graf Arnolds Beziehungen zu Simon VI.: Falkmann, 1847/1902 5, S. 70-74. Von einem Besuch des Bentheimers in Lippe zeugt eine Inschrift auf dem Felsen III der Externsteine: »Arnoldus comes de Bentheim hoc ipso loco prans(us) est. Anno 1600.« (Graf Arnold von Bentheim hat genau an dieser Stelle gefrühstückt im Jahre 1600.) Die lateinischen Worte sind heute kaum noch lesbar.

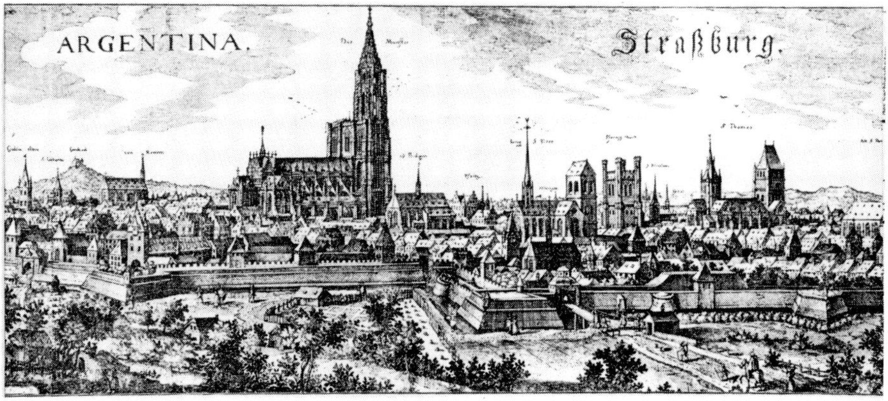

Straßburg, Stadtansicht. Kupferstich von Matthäus Merian um 1624, Ausschnitt (unmittelbar rechts vor dem Münster die Dominikanerkirche), aus: Ansichten des alten Straßburg, Straßburg 1890.

Dabei ist anzumerken, daß die calvinismusfreundliche Tendenz der Straßburger Schulhumanisten keineswegs etwa immer mit der konfessionellen Haltung der kirchlichen Obrigkeit in der freien Reichsstadt übereinstimmte. Der Rektor Sturm ist noch im hohen Alter von 70 Jahren mit der lutherischen Geistlichkeit der Stadt in Streit geraten und hat dadurch 1581 sein Amt verloren.

Die am Straßburger Gymnasium gewonnenen Eindrücke sind sicherlich entscheidend wichtig gewesen für Simon, der knapp vierzig Jahre später seine Grafschaft Lippe auch gegen den Widerstand der Bevölkerung dem reformierten Bekenntnis zugeführt hat. Daß in den Heften, die der 13- und 14jährige mit lateinischen Exerzitien zu füllen hatte, davon freilich nichts zu spüren ist, kann nicht wundernehmen.

Über Organisation und Studiengang der Straßburger Schule ist viel im einzelnen bekannt[12], doch brauchen Details hier nicht dargestellt zu werden, da wir leider nicht wissen, in welcher Weise und an welcher Stelle Simon sich während des halben Jahres etwa, das er im Elsaß verbracht hat, in den Unterrichtsbetrieb eingliederte und an welchen Lehrveranstaltungen er sich beteiligte. Eine Ausnahmeerscheinung war er als Graf am Straßburger Gymnasium nicht. Die Schule übte eine sehr große Anziehungskraft auf junge Adlige aus, so daß die städtischen Behörden am 21.7.1568 in einem speziellen Erlaß die Frage regeln mußten, »ob der jungen herren Graven und vom Adel paedagogi und privati praeceptores, dessgleichen ir ander Hoffgesindt, so sich studierens und der schulen nichts annimpt, gleich andern Studiosis ire namen dem Herrn Rectori und Visitatoribus anzugeben und sich einschreiben zulassen, auch den Legibus scholae zu parieren schuldig sein sollen.«[13] Aus Simons nächster Umgebung allein schon kennen wir mehrere Beispiele: seine beiden Vettern

12 Siehe z.B. Schindling, 1977, ferner: Fournier et Engel, 1894.
13 Fournier et Engel, 1894, S. 158.

Straßburg, Protestantisches Gymnasium im 16. Jahrhundert. Rekonstruktionszeichnung von L. Salomon, aus: Ansichten des alten Straßburg, Straßburg 1890.

Philipp und Franz von Waldeck waren mit ihm zusammen in Straßburg, der etwas jüngere Philipp zur Lippe-Spiegelberg-Pyrmont hat 1574 die Sturmsche Schule besucht, Graf Arnold von Bentheim, wie bereits erwähnt, 1571/72. Und noch als Simon sich 1594 auf dem Reichstag zu Regensburg aufhielt, hat ihm Fabian Burggraf von Dohna den Spruch »Alte Liebe rostet nicht« in sein Stammbuch geschrieben »zu erneuerung der sechsundzwanzigkjährigen kundtschafft [= Freundschaft]« – das bezieht sich ebenfalls, wie Falkmann bemerkt, auf die gemeinsame Schulzeit in Straßburg.[14] (Auch bei Fabian von Dohna (1550-1621), aus der preußischen Linie der Dohnas, hat der konfessionelle Einfluß des Sturmschen Gymnasiums nachgewirkt: er ist Calvinist geworden und hat als pfälzischer, später als brandenburgischer Rat und Heerführer reformierten Fürstenhäusern gedient. Sein Neffe Abraham von Dohna war maßgeblich an dem 1613 vollzogenen Übertritt Johann Sigismunds von Brandenburg zum Calvinismus beteiligt.)

Ziel und Methode der am Sturmschen Gymnasium gebotenen Unterweisung, die gewiß auch für Simons Studien richtungweisend waren, werden an späterer Stelle zu erörtern sein. Wichtig sind aber für den Augenblick die wenigen Aktenzeugnisse, die uns über seine Zeit in Straßburg Auskunft geben.

Simon hat aus Straßburg am 24. März 1568 zwei Briefe nach Detmold geschrieben[15], einen ausführlicheren »Der Edlen und Wolgebornen Catharinen gebornen tochter zu Waldeck, Grafinnen und Edlen frauwen zu der Lippe, meiner herzlieben und freundtlichen fraw Mutter«, und einen kürzeren »Den erenfesten, achtbaren, hoch und wolgelarten verordnen und bevelhabern zu Detmolde, unseren lieben getreuwen«, also an die Regierung in Detmold. Der Inhalt beider Schreiben ist sehr ähnlich, manche Wendungen und Floskeln gleichen sich völlig. Die Handschrift ist erstaunlich ausgeschrieben und flüssig für einen Jungen, der sein 14. Lebensjahr noch nicht ganz vollendet hat. Simon teilt seiner Mutter mit, »das ich itz lauffender zeit, durch milten segen Gottlicher genade, bei guter und wolhabender leibes gesuntheit, sterke und wolfart sie[16], und mich itzo etwan besser spure dann zum ersten ingange newer und ungewonter speise und lufft, welches mich dan ein weinich ungeschicket erstlich gemacht.« An elsässische Küche und oberrheinisches Klima hatte sich demnach der junge Lipper erst gewöhnen müssen. Über seine Studien heißt es nur sehr allgemein: »Weiter kan ich nit E[uer] L[iebden] furenthalten das ich noch vermittels verleihunge Gottlicher genade in meinem Studiren furtfare, notwendige geschicklichkeit gute künste, zirliche und wolanstehende tugende, gute lobliche zucht und erbarkeit mit allem fleisse zu erlangende, damit ich müge genade bei Gott meinem herren uber kommen und einen Gottseligen rümlichen und lüdtseligen wandel unter den leuten füren müge.« Einzelheiten, die uns lebhaft interessieren würden, »acht ich für unnotich in dei feder zu verfassen, derweile es Christoffer von Donop mein getrewer zuvorordnete es E. L. weitlüfftig anzegen und aufdecken wirt.« Schließlich vergißt er nicht, von seinen »hertzlieben vetteren (also den jungen Grafen von Waldeck) auch einen freundtlichen grues« auszurichten.

14 Das Stammbuch: Lippische Landesbibliothek (künftig zitiert: LLB) Mscr. 84. 4°. Falkmann, 1847/1902, 5, S. 123.

15 StA DT L 7 A X 2.

16 Die Buchstabenfolge *ie* - *ei* ist in Simons Handschrift oft vertauscht.

Und noch einen dritten Brief hat Simon am selben Tage abgefaßt, »Den Ersamen und fürsichtigen burgermeistern und Radt, der Stadt Lemgo, unseren gunstigen lieben getreuwen.«[17] Auch dieses Schreiben enthält mehr höfliche Formulierungen an die Adresse der Lemgoer Honoratioren, die zu seinen Vormündern zählten, und Beteuerungen des eigenen fleißigen Strebens als Auskünfte über sein Studium. Immerhin erwähnt er, daß »mir auch fromme, ehrliche und geschickte luete sein zu verordnet, welche mich zu aller lere und tugenden reitzen und anhalten.« Wieder ist die Rede von einer Reise Christoph von Donops nach Lippe, der von allen Dingen berichten werde, »so nit alle kenne schriftlich verfasset werden.«

Der Magister Thodenus schreibt am gleichen Tag an die Gräfin in Detmold ziemlich dasselbe wie sein Schüler. Daß keine Einzelheiten über das Leben und das Studium in Straßburg mitgeteilt werden, begründet er etwas ausführlicher: »Es solten E. G. die Umbstende aller iegen bei uns zu Strasburgk woll ferner und weitleufftiger schriftlich vermeltet werden aber dieweill Christoffer mein Zugegebener, E. G. und des Herrn williger und getrewer diener, egener person wirt bei E. G. erscheinen und alle gelegenheit müntlich werben [= ausrichten] und berichten, achte ichs vor unnotig, dieses E. G. vermelten.«[18] Eine Dienstreise Christoph von Donops nach Detmold also hat uns leider darum gebracht, brieflich Näheres vom Studienort zu erfahren.

Umso wichtiger ist für uns das Manuskript 80, das, in Straßburg geschrieben oder doch wenigstens begonnen, uns Aufschluß gibt über einen bestimmt wesentlichen Teil von Simons Studien in der elsässischen Stadt.

Doch bevor dieses Manuskript vorgestellt und erläutert wird, sei erst noch der weitere Lebensweg des Nikolaus Thodenus verfolgt. Der Magister blieb Simons Erzieher auch noch nach der Straßburger Zeit, zunächst 1568 in Köln, dann wieder in Detmold, später, von 1569 bis Februar 1572, in Wolfenbüttel am Hofe des Welfenherzogs Julius von Braunschweig. In diese Zeit fällt auch ein Aufenthalt in Gandersheim 1570/71. An der Entwicklung des kirchlichen Lebens in Lippe hat Thodenus auch aus der Ferne Anteil genommen. Am Tage Simonis et Judae (28. Oktober) 1570 schreibt er von Gandersheim aus nach Detmold wegen des Drucks der in Arbeit befindlichen Kirchenordnung[19], die dann 1571 erschien. Am 26. Juni 1572 finden wir ihn wieder in Detmold, er begrüßt dort, zusammen mit dem Landdrosten Adolph Schwartz, Johann Bexten, dem Schloß Varenholz übertragen werden soll.[20] 1574 fragt die Universität Wittenberg bei Thodenus in Lippe an, ob er eine Professur des Griechischen übernehmen wolle, der Magister lehnt aber zunächst ab. Doch muß er bald darauf diesen Ruf doch angenommen haben, denn er wird dann in Wittenberg als Vertreter des Griechischen erwähnt, ohne daß sich der Zeitpunkt des Antritts seiner Lehrtätigkeit näher bestimmen läßt.

Daß Thodenus überhaupt ausgerechnet in der Mitte der 70er Jahre nach Wittenberg gegangen ist, muß geradezu verwundern. Denn es war das eine Zeit, in der in Kursachsen der

17 Stadtarchiv Lemgo U 1246.
18 StA DT L 7 A X 2
19 StA DT L 65 Nr. 8.
20 Eintragung im Calendarium historicum Pauli Eberi, LLB Sign. G 631.

Einfluß der als Kryptocalvinisten verdächtigten Melanchthonschüler und -anhänger mit harter Gewalt gebrochen wurde; viele Professoren der Leucorea, wie sich die Wittenberger Universität, den Stadtnamen nach Humanistensitte gräzisierend, gern nannte, verloren damals ihr Amt.[21] Vielleicht hängt es mit diesem Vordringen des strengen Luthertums zusammen, daß Thodenus dem an sich ja ehrenvollen Ruf auf einen Lehrstuhl nicht sofort gefolgt ist. Wenn er dann doch die Professur des Griechischen übernahm, hatte er seinen Platz in der Artistenfakultät und nicht in der theologischen, die in dem Kampf zwischen der sich formierenden lutherischen Orthodoxie und den mehr oder weniger der reformierten Kirchenlehre sich zuneigenden Kräften begreiflicherweise in der vordersten Front stand. Thodenus scheint sich in diesen Auseinandersetzungen auch sehr zurückgehalten zu haben; 1577 wird er in einem Visitationsbericht gelobt, im Januar 1581 unterschreibt er sogar das Konkordienbuch, einschließlich der umstrittenen Konkordienformel, und wird dafür von den Melanchthonianern, den Philippisten, die ihn zu ihren Gesinnungsgenossen rechnen zu können glauben mußten, hart getadelt.[22] Im Sommersemester 1584 war Thodenus Prorektor.[23]

Simon hat seinem alten Lehrer große Anhänglichkeit bewahrt. Der Graf hatte 1579 die Regierung in Lippe übernommen. Seine Ehe mit Ermgard, Gräfin von Rietberg, war kinderlos geblieben. Nach Ermgards Tod schloß er 1585 seine zweite Ehe mit Elisabeth, Gräfin von Schaumburg-Holstein. Jetzt stellte sich reicher Kindersegen ein: in den Jahren 1586-1592 wurden dem gräflichen Paar die Kinder Bernhard, Simon, Otto, Hermann und Elisabeth geboren, weitere fünf Kinder folgten in den Jahren 1594-1601. Die Verbindung zu Thodenus war unterdessen nicht abgerissen, Briefe des Professors aus Wittenberg an den Grafen in Lippe aus den Jahren 1588, 89 und 92, teils lateinisch, teils deutsch geschrieben, sind erhalten.[24] Am 27.6.1588 hat Simons Sekretär Deppe Pflüger einen Vertragsentwurf des Inhalts aufgesetzt, daß des Thodenus Bibliothek nach des Professors Tod in den Besitz des Grafen übergehen solle für einen Kaufpreis von 400 Reichstalern, davon 200 zahlbar zu Michaelis des laufenden Jahres, die restlichen 200 »nach seinem des Thodaeni seligem Abscheiden« an die Witwe oder die Erben.[25] Und am 22.12.1592 hat Graf Simon in Detmold eine lange, feierliche Urkunde aufgesetzt, durch die er »den hochgelarten und Erbarn unsern alten praeceptorem und lieben Getrewen M. Nicolaum Thodaenum, itzo der loblichen universitet zu Wittemberg professorem« für fünf Jahre, von Ostern 1593 bis Ostern 1598, wieder nach Lippe berief, damit er »auf unser junge herrschaft ein getrewes ufsehen haben, Ihre studia bevorab vernunftiglich dirigiren, moderiren und befürdern helfen« solle.[26] Ein schönes Zeichen des Vertrauens, das Simon in seinen ehemaligen Präzeptor setzte!

21 Die stürmischen und verwickelten kirchenpolitischen Vorgänge in Kursachsen in den Jahren 1574-1591 im einzelnen nachzuzeichnen ist hier nicht der Ort. Man vergleiche dazu Klein, 1962, und Aland, 1960.

22 Aland, 1960, S. 377 und 379.

23 Diese Angabe sowie weitere Einzelheiten über Thodenus in Wittenberg verdanke ich der freundlichen Auskunft von Herrn Dr. Martin Treu, Wittenberg.

24 StA DT L 16 B 1.

25 StA DT D 72, Nachlaß Wasserfall Nr. 25.

26 StA DT L 16 B 1.

Dem Professor Thodenus kann diese Berufung nur willkommen gewesen sein. Er vertrat nämlich inzwischen in Wittenberg seine philippistische Einstellung offener als noch etwa zehn Jahre vorher, und das, nachdem die Konfessionspolitik im Lande Kursachsen binnen kurzem noch zweimal einen folgenschweren Richtungswechsel vollzogen hatte: Zunächst waren nach dem Regierungsantritt Christians I. (1586) schrittweise die Lutheraner aus ihren Positionen verdrängt und die Reformierten begünstigt worden, aber nach dem unerwartet frühen Tode dieses jungen Kurfürsten (1591) war dessen einflußreicher Kanzler Nikolaus Crell, Rückhalt und Stütze der Reformierten, gestürzt worden und die streng lutherische Partei wieder zum Zuge gekommen. Zu den Opfern dieses neuerlichen Umschwungs zählte auch der Theologieprofessor Urban Pierius, dessen strikt calvinistische Einstellung nur zu bekannt war. Er wurde im November 1591 gefangen gesetzt.[27] Und in dieser Situation hatte Thodenus, der inzwischen in der Artistenfakultät nicht mehr das Griechische vertrat, sondern die Geschichtsprofessur innehatte, im Januar 1592 bei einer Befragung der Universitätslehrer in Wittenberg über ihre Einstellung zum Calvinismus geäußert, »Pierius wehre in tota Europa praestantissimus«! Den führenden Kopf der calvinfreundlich gesinnten Theologen Wittenbergs, der gerade im Gefängnis saß, zum »trefflichsten Mann in ganz Europa« zu erklären, das konnte in dem Sachsen von 1592 in der Tat gefährlich sein. Da durfte sich Thodenus in Lippe beim Grafen Simon sicherer fühlen. So hat er 1593 Wittenberg verlassen und ist nach Lippe zurückgekehrt. Am 28.5.1593 schrieb Simons Sekretär Antonius Beneken an den Amtmann Höcker in Blomberg und teilte ihm des Grafen Befehl mit, das Umzugsgut des Magisters in Hameln abholen und nach Lemgo schaffen zu lassen.[28]

Auf Schloß Brake hat Thodenus dann über die Erziehung und Unterweisung der gräflichen Kinder mehr die Oberaufsicht geführt als die Alltagsarbeit getan. Dafür ist er in der Leitung der kirchlichen Angelegenheiten der Grafschaft tätig gewesen, für 1594 ist seine Mitwirkung bei einer Visitation der Pfarrer und im Konsistorium bezeugt.[29] Im gleichen Jahr wird er auch im Bürgerbuch der Stadt Lemgo aufgeführt. Und die Kämmereirechnungen von Lemgo weisen 1596(3) einen Betrag von 12 Mark aus mit der Angabe: »Item Die junge Herrn graven zur Lippe alß Ihr. Gn. uff M. Thudenij hoff gewesen an confect verehret.«[30] Wer seine Phantasie spielen lassen will, mag sich eine Idylle ausmalen, wie die gräfliche Familie einen schönen Nachmittag auf dem Anwesen des gelehrten Magisters verbringt, der einst des gnädigen Herrn Lehrer gewesen war und jetzt den Unterricht der 9, 8 und 6jährigen Buben, vielleicht auch schon den des inzwischen 5jährigen Hermann, überwacht!

27 Nach seiner Freilassung ist Pierius nach Bremen gegangen. Als 1602 Simons ältester Sohn Bernhard gestorben war, hat der Bremer Superintendent Christoph Petzel an die trauernden Eltern eine »Christliche Trostschrift« gerichtet, zu der Pierius ein Klage- und Trauergedicht in fünf lateinischen Distichen beigesteuert hat (LLB Sign. LH 76). Später hat Simon VI. Pierius' Sohn Ulrich die Pfarrstelle in Schwalenberg verschafft. (Falkmann, 1847/1902 5, S. 355).

28 StA DT L 16 OT.

29 StA DT L 65 Nr. 32.

30 Stadtarchiv Lemgo A 5260.

1601 scheint Thodenus Lippe endgültig verlassen zu haben. Am 30. Mai dieses Jahres schreibt Graf Simon »auff unserm hause Brack«: »Es hat der Erbar wolgelarte Magister Nicolaus Thodenus, unser gewesener radt und diner, bei uns angehalten, das wir ihm zu behuff seines geredes [= Gerätes, Hausrats] so in etzlichen fessern und kisten ist ingepacket, zu Lemgo bis gen Floto zu foeren, etliche wagen aus unserm Ampte Farenholtz, mochten gnedig folgen lassen, weil wir ihm dan hirin zu wilfaren als unserm vile jhar gewesenen trewen praeceptoren und diner, uns schuldig erkennen, so ist unser beger und beuelich, das ihr ihm so vile wagen als ehr wirt zu noten haben, auch zu der zeit, welche ehr euch schriftlich wirt ernennen, zu schicken wollet.«[31] Spätere Nachrichten über Thodenus finden sich nicht mehr.

Die Grundlage für das Jahrzehnte währende gute Verhältnis zwischen Graf Simon VI. und dem Magister Nikolaus Thodenus ist in ihrer gemeinsamen Zeit in Straßburg gelegt worden. Und man war in Lippe ohne Zweifel sehr zufrieden mit dem, was die Sturmsche Schule dem jungen Simon geboten hatte. Andernfalls hätte Graf Hermann Simon zur Lippe, Spiegelberg und Pyrmont nicht sieben Jahre später auch seinen eigenen einzigen Sohn, den 14jährigen Grafen Philipp, Simons Vetter, ebenfalls nach Straßburg geschickt. Über Philipps Straßburger Zeit wissen wir sogar noch einiges mehr als über die seines Detmolder Vetters. Der Rektor Johannes Sturm hat ihm nämlich eine Schrift gewidmet:

AD
PHILIPPVM CO-
mitem Lippianum.
De exercitationibus Rhetoricis.
IOAN. STVRMII
Liber Academicus.
ARGENTORATI
Excudebat Nicolaus Vvyriot.
M.D.LXXV.

Das Buch ist heute selten, die Lippische Landesbibliothek besitzt eine Fotokopie davon.[32] Der philologisch-pädagogische Inhalt der Schrift braucht uns hier nicht zu beschäftigen. Es ist im wesentlichen eine Darstellung und Rechtfertigung der Sturmschen Methode, übrigens teilweise so überspitzt vorgetragen, daß man sich gut vorstellen kann, wie und wo die Argumente und Angriffe der Gegner Sturms – und die gab es durchaus! – ansetzten. Über den jungen Philipp erfahren wir aus diesem »Liber Academicus« folgendes:

1. Sturm schätzte seine Begabung, seinen Fleiß und seinen Charakter sehr hoch. Das kann freilich, muß aber nicht unbedingt ein konventionelles Lob sein, ebenso wie das, das der Rektor bei Gelegenheit den Eltern seines Schülers spendet.
2. Philipp war nach Straßburg begleitet worden von Konrad Schwicheld, der als »nobilis vir« und als »praefectus Philippi« bezeichnet wird, also die gleiche Rolle spielte wie sie-

31 StA DT L 16 OT.
32 LLB Sign: 18.88.66.

ben Jahre vorher Christoph von Donop bei Graf Simon.[33] Philipps eigentlicher Präzeptor war Joachim Toelemann, ein »iuvenis«, also ein Mann von noch jüngeren Jahren. Außerdem hatte Graf Hermann Simon die lippisch-spiegelbergisch-pyrmontische Reisegruppe durch einige »condiscipuli«, Mitschüler seines Sohnes, verstärkt.

3. Philipp ist im Oktober 1574 in Straßburg aus der 7. in die 6. Klasse versetzt worden. Man kann also mit Hilfe des Lektionsplans die Gegenstände seiner Studien feststellen.[34]
4. Sturm spricht an zwei Stellen seines Buches davon, daß Philipp krank war, und zwar scheint es sich mehr um eine schwächliche Konstitution als um eine akute Erkrankung gehandelt zu haben. Das ist nicht uninteressant im Hinblick darauf, daß Philipp bereits im Alter von 22 Jahren gestorben ist. Sein Tod am 11. Februar 1583 hat bekanntlich seinen damals noch kinderlosen Vetter Graf Simon, der in dem jüngeren Pyrmonter Verwandten seinen Nachfolger gesehen hatte, schwer erschüttert und mit dazu beigetragen, daß Simon VI. bereits 1583 ein Testament gemacht hat.[35] Philipp ist auf einer Reise in Deutz am Rhein gestorben, und sein Begleiter war damals Christoph von Donop, dem somit 1583 in Deutz nicht erspart blieb, was er bereits 1567 vor der Fahrt nach Straßburg gefürchtet und für welchen Fall er sich damals gegen etwaige Vorwürfe abzusichern gesucht hatte: daß seinem jungen Herrn etwas zustieße, während er sich unter seiner, von Donops, Obhut befand.

Von Simons VI. Aufenthalt in Straßburg 1567/68 ist in Sturms Buch auffälligerweise mit keinem Wort die Rede.

33 Die von Schwicheldts gehörten zum niedersächsischen Uradel, das Geschlecht ist in unserem Jahrhundert erloschen. Der Vorname Conrad (Curd) war häufig in der Familie. Philipps Begleiter in Straßburg kann aber den Lebensdaten nach nur der Conrad von Schwicheldt gewesen sein, der, 1547 geboren, 1576 Hofmeister bei Heinrich Julius, dem Sohn des Herzogs Julius von Braunschweig, wurde und bis zu seinem Tode 1585 blieb. (Bodemann, 1875, S. 320). Zwar weiß F. Vogell in seinem »Versuch einer Geschlechts-Geschichte des Reichsgräflichen Hauses von Schwicheldt« nichts davon, daß Conrad von Schwicheldt in Pyrmont und in Straßburg war, aber in keines anderen Namensträgers Lebenslauf paßt dieser Abschnitt zeitlich hinein. Und auch der Sache nach war Conrad für eine solche Aufgabe prädestiniert: Er wird als »ein sehr gelehrter Mann« geschildert, mit dem berühmten Historiker Reiner Reineccius hat er lateinisch korrespondiert (Vogell, 1823, S. 227). Demnach war er für das Amt eines Hofmeisters ebenso geeignet wie etwa Christoph von Donop. Und daß von Schwicheldt nach erfolgreichem Wirken für den Grafen zur Lippe-Spiegelberg-Pyrmont später eine entsprechende Tätigkeit an dem bedeutenderen Hof in Wolfenbüttel übernommen hat, paßt sehr gut zu der vorher von ihm in Straßburg wahrgenommenen Aufgabe.

34 Die Progression, das Vorrücken in die nächsthöhere Klasse, wir würden sagen: die Versetzung, war in Straßburg mindestens zeitweise an zwei Terminen möglich, im Frühjahr und im Herbst. Sturm hatte 1538 für diesen Einschnitt den 1. Oktober vorgeschlagen. Sein Mitarbeiter Dasypodius spricht 1556 von einer feierlichen Progression am 1. April, daneben aber auch von einer zweiten Versetzungsmöglichkeit für die sieben unteren Klassen. Die Statuten von 1568 beziehen sich auf »progressiones classium... wie bissanhär beschen... auff denn nechstenn Montag nach dem heiligen Ostertag«. Ein Dokument von 1581 erwähnt gleichberechtigt nebeneinander »progressiones vernas« und »progressiones autumnales«. (Sturm in »De lit. ludis recte aperiendis« cap. XIV; Fournier et Engel, 1894, IV, S. 70. 155. 222.) Für Philipp gilt Sturms eindeutige Angabe in seiner Schrift, er sei im Oktober (1574) aus der 7. Klasse aufgestiegen.

35 Falkmann, 1847/1902 4, S. 90 f.

IOANNIS STVRMII, DE
literarum ſtudijs annos iam XLVIII. *opti=
mè merentis: & Argentinæ, olim Scholæ,
nunc Academiæ, Rectoris perpetui,
uera effigies.*
Anno ætatis LXVIII.

*Corporis effigiem potui producere ſculptor:
Mentem non potui: quam monumenta docent.*

Johannes Sturm, Rektor des Gymnasiums in Straßburg, aus: »Ad Philippum comitem...«, Straßburg 1575, Universitätsbibliothek Würzburg.

Manuskript 80

Beschreibung des Manuskripts

Das Manuskript 80 ist am 5.7.1982 von der Werkstatt Schoy-M. Schulte-Vogelsheim, Essen, in einen Schutzumschlag aus Pergament eingebunden worden. Der eigentliche Bestand umfaßt 163 Blätter im Format 15,5 x 20,3 cm, die Seiten sind nicht paginiert.

Blatt 1 Verso trägt in schwungvoller Handschrift das Horazwort: Virtutem incolumen odimus: sublatam ex oculis quaerimus invidi. (Tugend bei Lebenden sehen wir nicht gern; ist sie unseren Augen entrückt, suchen wir sie voll Neid.)[36]

Blatt 2 Recto enthält in der gleichen Schrift den Text: Ipso exordio auspiciorum novi anni Argentorati ao. LXVIII sup.(?) MD. (Genau zu Beginn des neuen Jahres zu Straßburg, anno 1568); Simon Comes et Nobilis Dominus de Lippia (Simon Graf und edler Herr zur Lippe); darunter noch einmal: Simon. Links unten, klein: palinxestus Diphthera (wieder abgeschabtes, geglättetes Pergament. Korrekt wäre: palimpsestus).

Blatt 3 r trägt die Überschrift: Exercitia styli ex epistolis Ciceronis. Dann beginnt der eigentliche Text.

Blatt 53 v und 54 r sind (anscheinend versehentlich) frei gelassen worden.

Blatt 58 v endet mit: Finis primi libri epistolarum.

Blatt 59 r beginnt: Liber secundus.

Blatt 97 v steht am Rand: Coloniae 10. Iunii ao. 68.

Blatt 117 v schließt: Absolutum ao. MDLXIIX 10. Iulii Coloniae. (Abgeschlossen am 10. Juli 1568 zu Köln.)

Blatt 118-120 sind leer.

Blatt 121 r beginnt: Alia exercitia scribendi.

Blatt 136 v endet dieser Abschnitt.

Blatt 137 r beginnt: Libellus ... conscriptus a Ioviano Pontano ... ex versione Germanica ... traductus a. 68, 18. Septembris. (»Ein Büchlein von Giovanni Pontano, aus der deutschen Fassung übersetzt am 18. September 1568.« Die Überschrift wird im folgenden vollständig geboten.)

Blatt 146 v unten: Sequitur textus Pontani. (»Es folgt der Text des Pontanus«; bisher ist nämlich eine Vorrede zum eigentlichen »Büchlein« übersetzt worden.)

Blatt 161 v: Finis. Ao. LXIX 26. Ianuarii. (Ende. Am 26. Januar 1569.)

Blatt 162 und 163 sind leer.

Die Handschrift des ganzen Manuskripts, lateinisch wie deutsch, ist die des jungen Grafen Simon VI. Von anderer Hand geschrieben sind nur: der lateinische Satz Blatt 1 v, die Da-

36 Horaz, carm. 3, 24, 31 f.

tums- und Ortsangabe (nicht Simons Titel und Name) Blatt 2 r, die Überschriften der einzelnen Abschnitte (Blatt 3 r, 121 r, 137 r), ebenso das Datum Blatt 97 v, der Zwischenvermerk 146 v unten und das abschließende Datum. Diese Handschrift ist die des Magisters Nikolaus Thodenus. Das zeigt eindeutig ein Vergleich mit Briefen von seiner Hand im Staatsarchiv Detmold.[37] Der Magister hat also seinem Schüler das Exerzitienbuch gewissermaßen eingerichtet. Diese Beobachtung wird dadurch bestätigt, daß einige Korrekturen und Zusätze von derselben Hand stammen (Blatt 8 v oben, 28 r, 38 v, 75 v, 82 v unten, 138 r, 150 r): Ergänzungen des Lehrers im Schülerheft.

Stilübungen an Hand von Cicerobriefen bilden den ersten Teil des Mscr. 80,

Exercitia styli ex epistolis Ciceronis

lautet die Überschrift. Dieser Teil füllt 115 Blätter und ist in zwei Abschnitte gegliedert. Der erste, Blatt 3-58, enthält 57 Cicerobriefe aus der Sammlung »ad familiares«, der zweite, Blatt 59-117, 45 Briefe aus der Sammlung »ad Atticum«.[38]

Stets wird im Manuskript erst eine deutsche Übersetzung geboten, dann folgt die lateinische Fassung, über deren Eigenart noch zu sprechen sein wird. Nur ganz zu Anfang stehen auf Blatt 3 r zwei deutsche Texte gleich nacheinander, denen dann die beiden lateinischen Versionen auf Blatt 3 v folgen.

Das Prinzip, nach dem die zur Bearbeitung vorgelegten Briefe ausgewählt worden sind, ist offenbar ein vorwiegend äußerliches: Man hat kurze Episteln bevorzugt, die ihrem Umfang nach als eine Übungslektion geeignet schienen. Nur wenige längere Briefe sind aufgenommen worden, und zwar später häufiger als am Anfang; die wurden dann unterteilt, in sechs Fällen in zwei Abschnitte, einmal in drei Abschnitte, und die Fortsetzungen tragen manchmal einen Vermerk wie »cohaerent (cum) praecedentibus«, »hängt mit dem Vorhergehenden zusammen«.

Selbstverständlich kann man aus der großen Zahl der uns erhaltenen Cicerobriefe (es sind mehr als neunhundert!) eine Auswahl unter inhaltlichen Gesichtspunkten treffen. Man kann zum Beispiel eine geschichtliche Situation darstellen, etwa die politische Lage in Rom nach dem Mord an Caesar. Man kann mit Hilfe der Briefe auch verfolgen, welche Stellung Cicero im Bürgerkrieg zwischen Caesar und Pompeius eingenommen hat. Man kann ein Bild des Menschen Cicero gewinnen, im Umgang mit seiner Frau, seinem Bruder, seinen Kindern oder seinem Freigelassenen und Sekretär Tiro. Das alles unternimmt die für das Manuskript getroffene Auswahl nicht. Sie hat sich ein anderes Ziel gesetzt, sie will allein der Sprachübung dienen.

37 StA DT L 7 AX 2; L 16 B 1; L 16 OT; L 65 Nr. 8.

38 Die Briefe des Manuskripts werden im folgenden mit der Nummer dieser beiden Abschnitte, I oder II, und mit der laufenden Nummer des Briefes innerhalb eines jeden dieser Abschnitte bezeichnet. Die Zitierung der Originalbriefe ist die in der Philologie übliche.

Und als unübertreffliches Stilideal galt der Renaissance und dem Humanismus nun einmal Cicero. Dabei wurden die machtvoll daherrollenden Perioden der Reden, die subtil formulierten Gedankengänge der philosopischen Schriften wohl rückhaltlos bewundert und waren durchaus auch Gegenstand der Nachahmung. Aber für den Gebrauch im Alltag, für Schülerübungen einer jüngeren Altersstufe zumal, erschien doch besonders nützlich das ganz anders geartete, der Umgangssprache näher stehende Latein der Briefe. Daher tauchen epistolae Ciceronis immer wieder in allen Lehrplänen der humanistischen Gelehrtenschulen auf. Gerade Johannes Sturm in Straßburg hat sich besonders dafür eingesetzt, im ciceronianischen Latein das vorbildliche zu sehen; kein Wunder, daß der junge Graf Simon sich, seiner Ausbildungsstufe entsprechend, in Straßburg mit Cicerobriefen intensiv zu beschäftigen hatte.

Über die Form dieser Exerzitien zunächst einige mehr äußerliche Einzelheiten: Die Anrede, die zu Beginn eines lateinischen Briefs üblicherweise Absender und Empfänger nennt in Verbindung mit der Grußformel s(alutem) p(lurimam) d(icit), ist in Simons Übungen stets verkürzt auf die bloße Floskel S.P.D. (oder auch S.D.P.); merkwürdigerweise erscheinen diese drei Buchstaben auch über den deutschen Versionen (mit Ausnahme der allerersten).

Der Schlußgruß »vale« wird nicht selten weggelassen. Sehr oft, vor allem im zweiten Teil der exercitia Ciceroniana, bei den Atticusbriefen, wird er aber auch da, wo er bei Cicero fehlt, zugesetzt, seltsamerweise auch unter den deutschen Texten.

Die Angabe von Kalenderdaten ist manchmal korrekt (z.B. bei den Briefen I 14 und I 45), mitunter weicht sie auch von der Datierung heutiger Ciceroausgaben ab (z.B. bei II 19 und II 20). Gleich im ersten Brief des Manuskripts steht im deutschen Text Juli, im lateinischen Juni. Im Brief I 26 heißt es unklassisch »ad 22. diem Maij«, das stimmt aber mit der Angabe des Originaltextes »a.d. XI. Kal.Iun.« sachlich überein. Häufig fehlt das Datum des Briefs, wo heutige Ausgaben es bieten.

Cicero liebte es, in seine Briefe einzelne griechische Wörter, auch ganze Redewendungen, Sätze und Zitate auf Griechisch einzustreuen. Der gebildete Römer seiner Zeit beherrschte die griechische Sprache und kannte die griechische Literatur. (Das ging so weit, daß gut hundert Jahre später Quintilian warnen zu müssen glaubt, die römischen Väter sollten beim Unterricht ihrer Kinder neben dem selbstverständlichen Griechisch das Latein nicht zu kurz kommen lassen, damit der kleine Römer sich keinen griechischen Akzent angewöhne![39]) Solche griechischen Einschübe sind im Manuskript stets übersetzt, in der lateinischen Fassung ebenso wie in der deutschen. Einmal ist, wo der Zusammenhang das zuläßt, ein Homerzitat einfach weggelassen worden.[40] Griechischkenntnisse galten im 16. Jahrhundert nicht als so unabdingbar wie die sichere Beherrschung des Lateinischen, jedenfalls nicht für Schüler in Simons Alter.

Doch das sind Einzelheiten. Wichtiger ist die Frage: Welche Rolle spielten diese Texte in der Ausbildung des Schülers? Im Manuskript folgt, wie gesagt, auf die deutsche Version je-

39 Quintilian, inst. 1, 1, 12-14.
40 Mscr. II 16 = Cic. Att. 2, 11.

weils eine lateinische Fassung. Das legt den Gedanken nahe, es handele sich um die Übersetzung eines unbekannten deutschen Texts ins Lateinische, wie sie früher auch bei uns dem Gymnasiasten abverlangt wurde und wie sie der Student der klassischen Philologie heute noch zu leisten hat. So ist es aber nicht. Das erhellt schon allein aus der Tatsache, daß die überwiegende Mehrzahl der lateinischen Versionen des Manuskripts wörtlich oder doch fast genau mit dem Wortlaut der originalen Cicerotexte übereinstimmt. Und aus einer oft sehr freien deutschen Übersetzung hätte wohl nicht einmal Cicero selber, wäre er des Deutschen mächtig gewesen, seinen eigenen Text wortgetreu rekonstruieren können! Um wieviel weniger konnte ein deutscher Junge von 14 Jahren dazu in der Lage sein.

Vielmehr muß man sich klarmachen, daß das Ziel des Lateinunterrichts im 16. Jahrhundert ein völlig anderes als heute war und dementsprechend auch der Weg, der zu diesem Ziel führen sollte. Das Ziel des Gymnasialunterrichts in Straßburg hat der Rektor Johannes Sturm selbst in seiner Schrift »De litterarum ludis recte aperiendis«, die er bei der Gründung seiner Anstalt erscheinen ließ, gründlich dargestellt.[41] Es läßt sich zusammenfassen in die Formulierung: *sapiens atque eloquens pietas.* Dabei meint die sapientia das nötige Sachwissen, die eloquentia die Fähigkeit, sich gewandt, sprachlich richtig und in der Argumentation wirksam auszudrücken (und zwar auf Lateinisch), die pietas eine strenggläubige protestantische Frömmigkeit.

Von diesen drei Teilzielen nahm auf der Schule, im Gymnasium, das Bemühen um die lateinische Eloquenz die meiste Zeit und Kraft für sich in Anspruch. Das ist verständlich, denn flüssig und stilistisch gut lateinisch reden und schreiben zu lernen ist mühsam. Diese Hauptaufgabe der Schule, die Vermittlung solider Lateinkenntnisse, suchte man im Unterricht mit Hilfe von drei aufeinander folgenden methodischen Schritten zu lösen, für die die Fachbezeichnungen lauten: *praeceptum – exemplum – imitatio.*[42] Praeceptum meint das Erlernen und Einprägen der grammatikalischen Regeln; exempla sind Musterbeispiele aus Schriften lateinischer Autoren, in erster Linie aus Cicero, die ebenfalls eingeprägt werden und den aktiven Wortschatz des Lernenden bereichern sollen; imitatio schließlich, die höchste Stufe, verlangt das Anwenden des Gelernten auf eigene Ausarbeitungen, immer in möglichst engem Anschluß an das sprachliche Vorbild. Philipp Melanchthon, die unangefochtene Autorität in Fragen der humanistischen Bildung, schreibt in einer Declamatio zum Lob und Preis der Eloquenz: »Die imitatio fördert die richtige Art zu reden ebenso, wie sie den übrigen Künsten dienlich ist.«[43] Und die Wichtigkeit des Prinzips der »imitatio optimorum« wird noch einmal mehr deutlich, wenn man sich vergegenwärtigt, daß dieser Begriff nicht allein im Schulbetrieb und für das Erlernen der lateinischen Sprache eine große Rolle spielte: imitatio war auch der Leitstern, dem der humanistische neulateinische Dichter nachstrebte, der sein Ziel eben in einer möglichst perfekten Annäherung an seine antiken Vorbilder erblickte und nicht etwa in eigener Originalität, wie das modernen Vorstellungen von Poesie eher entspricht.[44]

41 Abgedruckt bei Vormbaum, 1860, S. 653-677.

42 Paulsen 1, S. 345.

43 Corpus Reformatorum, künftig abgekürzt CR, 11, Sp. 56.

44 Conrady, 1962, S. 48. 185 f.

In den schulischen Lernprozeß auf dem Wege zur lateinischen Eloquenz aber gehören auch die schriftlichen exercitia styli, wie wir sie im Manuskript von Simons Hand vorliegen haben, denn »nichts ist zum Erwerb der Fähigkeit, sich richtig auszudrücken und zu urteilen, so notwendig wie die Übung des Stils« – so Melanchthon in der eben bereits zitierten Declamatio.[45] Exercitium oder exercitatio styli ist kein willkürlich gewählter Ausdruck, sondern in der Sprache der Schulmänner des 16. Jahrhunderts ein fester Begriff, ein terminus technicus. Er bezeichnet eine bestimmte Form schriftlicher lateinischer Übungen, für die die Fachliteratur der Zeit genaue Anweisungen gibt. Wir können uns darüber gut in den pädagogischen Schriften des Rektors Sturm informieren, und das ist für Einordnung und Verständnis unseres Manuskripts lohnend und wichtig. Simon hat ja diese Exercitia (zum mindesten ihren ersten Teil) am Straßburger Gymnasium, also nach Sturmschen Grundsätzen, angefertigt. Und Sturms pädagogische Prinzipien genossen zu seiner Zeit hohes Ansehen, wenngleich sie andererseits auch nicht unangefochten blieben: Der Rektor war weit mehr Theoretiker als Praktiker, er hielt nur Vorlesungen in den Oberklassen und in den Kursen der Akademie, die Arbeit in den unteren und mittleren Gymnasialklassen pflegte er den Präzeptoren zu überlassen. So konnte es nicht ausbleiben, daß manche Fachgenossen Sturms hochgespannte Forderungen für überzogen erklärten.

Schriftliche Stilübungen verlangt Sturm von der 7. Klasse an[46] (dort saßen Jungen von 7-8 Jahren!) fortlaufend aufsteigend bis in die Prima. Dabei soll der Lehrer zunächst viel, sehr viel helfen: er soll kurze, leichte, überschaubare Aufgaben stellen, soll die Wörter und Formen vorsprechen, nicht nur einmal, sondern oft, er soll sie auch anschreiben. Der Schüler soll »sich seiner eigenen Hand und seines Schreibgriffels bedienen, aber des Lehrers Stimme und Hilfe«. Mit anderen Worten: die ersten Stilübungen sind noch recht unselbständige Leistungen. Sturm gebraucht mehrmals das hübsche und einleuchtende Beispiel vom Kantor, der seinen Jungen so lange vorsingt, bis sie zunächst mitsingen und schließlich auch allein singen können.

Eine gut verständliche Erläuterung dessen, was er unter exercitatio styli verstanden wissen wollte, gibt Johannes Sturm auch in seinem oben erwähnten »Liber Academicus ad Philippum Comitem Lippianum de exercitationibus rhetoricis«. Sie ist ganz gewiß auch zutreffend für die Abfassung von Simons Stilübungen. Sturm schreibt[47]:

»Der erste Schritt in der Stilübung sei also der, daß du einen dir vorgelegten Cicerobrief oder irgendeine andere hervorragende Stelle desselben Autors einmal, abermals, oft dir durchliest. Darauf sollst du eben diesen dir vorgelegten Brief auf deutsch schriftlich in freier Übersetzung wiedergeben. Dann sollst du den Cicero beiseite legen und, was du auf deutsch erklärend übersetzt hast, in die lateinische Sprache zurück übertragen; wenn du es kannst, mit denselben Worten, deren sich Cicero bedient hat, wenn du es aber mit den gleichen Worten nicht vermagst, so tu's mit denen, die dir zu Gebote stehen. Denn falls du bessere benutzt, so wird das dir Lob und Vergnügen bringen; wenn du aber übertroffen wirst, so wird dir doch der Sieg des Originals von Nutzen sein, weil er dich an Wissen und Können zunehmen läßt.«

45 CR 11, Sp. 59.
46 Sturm in seinen »Epistolae classicae«; vgl. Vormbaum, 1860, S. 685.
47 In der zitierten Schrift auf Seite C VII r+v.

Es gab auch Anweisungen für die Korrektur solcher exercitia. Die Württembergische Schulordnung in der Fassung von 1582 schreibt unter anderem den Präzeptoren vor, sie sollten »dasjenig, so in der Knaben Argument unrecht, nicht gar durchstreichen, sondern mit einer Linien unterziehen«.[48] Unser Manuskript kommt fast völlig ohne Korrekturen aus, selten ist einmal ein vergessenes Wort nachgetragen, ein falsches verbessert worden, teils von Simons Hand, teils von der des Magisters Thodenus. Bei dem Anspruchsniveau der lateinischen Texte müßte man mit wesentlich mehr Korrekturen rechnen, wenn es sich um eigenständige Schülerübersetzungen handeln würde. Wir haben also offensichtlich im Manuskript Texte vor uns, die mit reichlicher Lehreranleitung und Hilfe entstanden sind.

Zwei Gesichtspunkte müssen noch berücksichtigt werden, wenn man zu einer richtigen Einschätzung von Simons Exerzitien kommen will. Erstens: Der junge Graf war kein Normalschüler des Straßburger Gymnasiums, sondern Gast für ein halbes Jahr, ein junger Herr aus regierendem Hause mit eigenem Hofmeister und Präzeptor. Mit welcher Klasse und mit welchem Straßburger Lehrer er in engere Berührung gekommen ist, das entzieht sich leider unserer Kenntnis. Jedenfalls wollte er die Schule nicht bis zu Ende besuchen und war demzufolge auch kaum jeder Einzelheit des Ausbildungszwangs unterworfen. Aber im großen und ganzen hat er sich sicherlich an die im Gymnasium geltenden Grundsätze halten müssen. Und auf jeden Fall hat er mit Thodenus gearbeitet, das beweist dessen Handschrift im Manuskript.

Zweitens: Zielangaben in Lehrplänen und Richtlinien sind *eine* Sache, was in der Praxis erreicht werden kann, ist manchmal eine andere. Das war im 16. Jahrhundert schon so und ist auch später nicht anders geworden. Vom Straßburger Gymnasium weiß man, daß auch dort nicht alle Blütenträume Sturms reifen konnten. Der Rektor selbst schreibt[49], er sei sich darüber im klaren, daß vielen sein Konzept, sein theoretisches Lehrgebäude, als eine Unmöglichkeit erscheine, und in seinen »Epistolae classicae« von 1565 hat er gewisse Abstriche an seinem ursprünglichen Plan von 1538 vorgenommen und sich den Forderungen der Wirklichkeit etwas mehr angepaßt. Und sein Mitarbeiter Dasypodius hat in einem Bericht von 1556 auch etwas bescheidenere Angaben über das Lehrpensum gemacht.[50]

Damit soll nicht im geringsten bezweifelt werden, daß am Straßburger Gymnasium Hervorragendes geleistet worden ist und daß aus Sturms Schule und Schulung treffliche Lateiner hervorgegangen sind. Nur müssen wir berücksichtigen, daß Simon zur Lippe nicht viele Jahre lang, sondern nur etwa für sieben Monate in den harten Drill dieser Anstalt eingebunden war, in der – wie in den anderen Gelehrtenschulen jener Zeit auch – von den Schülern verlangt wurde, den ganzen Tag über, auch bei Tisch, auch beim Spielen, nur lateinisch zu sprechen.

Und das Lernen der Anfangsgründe der Sprache der alten Römer mit dem Ziel der aktiven Sprachbeherrschung war mühsam – das Lehren auch. Philipp Melanchthon, der praeceptor Germaniae, hat in einer Declamatio »De miseriis paedagogorum« beredte Klage darüber

48 Vormbaum, 1860, S. 114.
49 Vormbaum, 1860, S. 692.
50 Paulsen, 1919 I, S. 294 f.

geführt, indem er mit grimmigem Humor die Schwierigkeiten im Anfangsunterricht beschreibt, auf einer Stufe also, die Simon in seiner Straßburger Zeit schon hinter sich gelassen hatte. Melanchthon beginnt[51]: »In Aesops Fabel beklagt sich der Esel bei Jupiter über seine Mühsal: durch die tägliche Schinderei werde er schier ums Leben gebracht. Aber die Klage der Lehrer ist wahrhaftig noch berechtigter als die des Esels, wenn man's recht nimmt. ... Wenn einer gezwungen würde, ein Kamel tanzen oder einen Esel das Lautenschlagen zu lehren, würde man den nicht besonders unglücklich nennen? Aber das ist erträglicher, als unsere Jungen zu unterrichten. ... Es ist eine unendliche Mühe, die Sprechfertigkeit der Jungen auszubilden und an die lateinische Sprache zu gewöhnen. ... Erst steht der Bengel eine Zeit lang völlig stumm da, wie eine Bildsäule. Dann nimmt er sich zusammen und sucht nach Worten, und weil er völlig verwirrt ist, verdreht er die Augen und runzelt die Augenbrauen. Wenn man das sieht, könnte man meinen, er hätte einen epileptischen Anfall, denn auch den Mund reißt er auf wie in einem scheußlichen Krampf. Endlich bringt er einen Laut heraus. Aber um nicht bei einem Fehler ertappt zu werden, lispelt er undeutlich. Manche bringen es zu einer wahren Virtuosität im Verschlucken der Endsilben. Der Lehrer ruft: deutlicher! Er wiederholt, und nun versteht's der Lehrer, aber es sind die reinen Wortungeheuer.« Und dann die doch so notwendige Mühe des Latein Schreibens! »Es ist eine ungeheure Strapaze, sie dazu zu bringen, im ganzen Semester ein einziges kleines Briefchen zu schreiben. Nie kann einer dazu gebracht werden, einen Vers zu schreiben, wenn nicht der Lehrer daneben sitzt, den Inhalt diktiert, mit Vokabeln aushilft.«

So schlimm wie in dieser verzweifelt-komischen Übertreibung, die gleichwohl sicher einen wahren Kern enthält, wird es bei Simon nicht gewesen sein. Nachweislich trifft auf ihn ein weiterer Punkt, den Menlanchthon beklagt, nicht zu: »Dann ist da die grenzenlose Undankbarkeit der Jungen. Nicht nur streiten sie ab, daß wir ihnen Gutes tun – sie bilden sich sogar ein, daß keiner es schlechter mit ihnen meint als wir. ... Denn wenn die Jungen groß geworden sind, denkt keiner mehr an seine Lehrer, ja manche zahlen sogar mit bösem Dank heim, wie Nero es getan hat« (der bekanntlich seinen alten Lehrer Seneca zum Selbstmord genötigt hat).

Das kann man Simon nun bestimmt nicht nachsagen. Im Gegenteil, er hat seine alten Lehrer von Exter und Thodenus ganz offensichtlich hoch geschätzt und in Ehren gehalten, sonst hätte er den ersteren nicht bis zu seinem Lebensende im Amt des höchsten Geistlichen in Lippe belassen, obwohl er doch Lutheraner war, den letzteren nicht 25 Jahre nach dem gemeinsamen Aufenthalt in Straßburg aufs neue nach Lippe berufen und zum Erzieher seiner eigenen Kinder gemacht.

Johannes Sturm hat allen von Melanchthon so sarkastisch geschilderten Schwierigkeiten zum Trotz an seiner Straßburger Studienanstalt das Ziel der vollkommenen Beherrschung des Lateinischen, das grundsätzlich an allen Gelehrtenschulen galt, mit besonderer Konsequenz und Hartnäckigkeit verfochten. Er ist dafür und für seinen extremen Ciceronianismus oft hart getadelt worden, und unserem heutigen Empfinden nach nicht ohne Grund. Aber dieser Tadel kommt von späteren Generationen. Sturms Zeitgenossen setzten sein

51 Der lateinische Text CR 11, Sp. 121-130.

Ziel nicht in Zweifel, höchstens seine Methode. Nicht nur der Theologe, auch der Jurist, auch der Diplomat mußte Latein beherrschen, je perfekter desto besser.

Und wie intensiver und interessierter Umgang mit literarischen Zeugnissen des Lateinischen auch ohne den Drill der Humanistenschule von hohem Wert sein und zu gutem Verständnis verhelfen kann, dafür ist ein bemerkenswerter und unverdächtiger Zeuge Goethe, der in »Dichtung und Wahrheit« schreibt[52]: »Eine Hauptüberzeugung aber, die sich immer in mir erneuerte, war die Wichtigkeit der alten Sprachen. ... Ich las daher viel in dieser Sprache (Latein) mit großer Leichtigkeit, und durfte glauben die Autoren zu verstehen. ... So hatte ich denn das Lateinische gelernt wie das Deutsche, das Französische, das Englische, nur aus dem Gebrauch, ohne Regel und ohne Begriff. Wer den damaligen Zustand des Schulunterrrichts kennt, wird nicht seltsam finden, daß ich die Grammatik übersprang, sowie die Redekunst: mir schien alles natürlich zuzugehen, ich behielt die Worte, ihre Bildungen und Umbildungen in Ohr und Sinn, und bediente mich der Sprache mit Leichtigkeit zum Schreiben und Schwätzen.«

Vermutlich untertreibt Goethe, wenn er als 62jähriger im Rückblick auf seine Jugend in Frankfurt meint, er habe gänzlich »ohne Regel« gelernt und »die Grammatik übersprungen«. Aber es wird richtig sein, daß er sich die Sprache hauptsächlich durch Autorenlektüre angeeignet hat. Und der junge Simon hat die Grammatik bestimmt nicht überspringen dürfen, sondern seine praecepta vor den exercitia styli eifrig lernen müssen.

Zweifellos hatte Simon neben der Ausarbeitung der uns vorliegenden Manuskripte auch noch Sammlungen von Phrases, gängigen Ausdrücken und beliebten Wendungen aus der Sprache des Musterautors, anzulegen. Sie sind uns nicht erhalten. Jedenfalls hat er diese exercitia nicht allein in Straßburg betrieben, sondern nach der Abreise aus dem Elsaß in Köln fortgesetzt; neben dem 31. Brief auf Blatt 97 v steht am Rande der Vermerk: Coloniae 10. Iunii ao. 68.

Da die für die Stilübungen des Mscr. 80 getroffene Auswahl der Cicerobriefe, wie gesagt, nicht nach inhaltlichen Kriterien erfolgt ist, erübrigt es sich, hier unter diesem Gesichtspunkt auf die Texte einzugehen. Wer an sprachlichen Einzelheiten der exercitia interessiert ist, findet im Anhang ein Verzeichnis der bearbeiteten Briefe und einige Beispiele für die Art ihrer Übersetzung.

Nach den Cicerobriefen sind drei Blätter im Manuskript frei geblieben. Dann folgen

Alia exercitia scribendi,

andere schriftliche Übungen. Sie füllen 16 Blätter, Blatt 121 r bis 136 v.

Auch diese Exerzitien sind in der Form von Briefen gehalten, nur wird diesmal nicht ein klassisches Vorbild kopiert, so wie es im ersten Teil des Manuskripts mit den 102 Briefen (in 110 Abschnitten oder Lektionen) der Cicerokorrespondenz geschehen ist. Stattdessen le-

52 Hamburger Ausgabe 9, S. 239.

sen wir in dem neuen Kapitel Briefe, die aktuell sein wollen, die vom Leben im 16. Jahrhundert sprechen. Thodenus wird diese Aufgaben für seinen Schüler verfaßt haben, und er hat die Themen so gewählt, daß sie dem jungen Simon etwas sagen konnten, daß sie ihn interessieren mußten.

Es handelt sich um 16 Briefe. Ihre äußere Form gleicht denen, die nach Cicero gearbeitet sind: Stets geht der deutsche Text dem lateinischen voraus, Empfänger und Absender werden nie genannt, die Grußformel S.D.P. oder S.P.D. erscheint regelmäßig, der Schlußgruß »vale« fast immer, beides über oder unter den Texten in beiden Sprachen. Daten werden nie angegeben, ein Personenname nur einmal: ein fingierter gemeinsamer Freund Johannes, der einen Brief überbracht haben soll. Einmal taucht ein geographischer Name auf: »in Belgicum«, »ins Belgische«, in die Niederlande. Zwischen einigen Briefen kann man einen Zusammenhang erkennen, so ist Brief Nr. 9 die Antwort auf Nr. 8, 13 auf 12, 14 auf 13, 16 auf 15; bei anderen läßt sich ein solches Zugehörigkeitsverhältnis nicht konstatieren.

Drei Themenkreise zeichnen sich ab, deren Bearbeitung dem Lehrer offenbar als praktisch, wichtig und nützlich für den Lernenden erschien:

a) Studium und Universität – mit Mahnungen zu eifrigem Studieren und mit dem Lob einer florierenden Hochschule. (Briefe 1-3; 15.16.)
b) Belastung und Sorge durch Krieg und Kriegsgefahr – stets mit viel Ungewißheit über die aktuelle politisch-militärische Lage und mit deutlicher Tendenz, Frieden und den Sieg der gerechten Sache zu erbitten. (Briefe 6. 12-14.)
c) Rechtsstreit, Prozesse – mit der dringenden Empfehlung, lieber einen gütlichen Ausgleich zu suchen, denn bei Prozessen sind die sichersten Gewinner am Ende meistens die Advokaten. (Briefe 7-11.)

Es ist nicht zu übersehen, daß dem Verfasser dieser »Lehrbriefe« an bestimmten inhaltlichen Zielen gelegen war. Nach den Cicerobriefen hatte der Schüler zu arbeiten, weil er sich die Sprache des Vorbilds zu eigen machen sollte. Jetzt muß er diese Übung fortsetzen mit Beispielen, die ihn gleichzeitig belehren, die ihm empfehlenswerte Ansichten und Auffassungen nahe bringen wollen und die Gegenwartsfragen behandeln.

Sprachlich wird dabei weiter das Ziel verfolgt, ciceronianisches Latein zu schreiben. Gleich der erste Brief der »alia exercitia« beginnt mit »redditae mihi sunt tuae litterae« – genauso, wie bei den Übungen nach Cicero der Brief I 14 des Manuskripts angefangen hatte, der Cicero, epist. 4,15 kopiert, aber die einleitenden Wörter aus epist. 14,23 übernimmt. Das ist ein bezeichnendes Beispiel für die imitatio des humanistischen Schulbetriebs: ein Text des Musterautors wird nachgeahmt, dabei kann eine schlichte Aussage (»ich habe deinen Brief bekommen«) durchaus mit verschiedenen sprachlichen Wendungen des Vorbilds wiedergegeben werden, wenn sie gleichbedeutend sind.

»Binas a te accepi litteras eodem [de] exemplo« fängt Brief 6 der »alia exercitia« an – wie Cicero, epist. 10,5.

Brief 14 und 15 der »exercitia« benutzen den Ausdruck »intermittere non potui, quin ...« – ähnlich wie Cicero, Att. 7,15,1.

Diese Beispiele lassen sich beliebig vermehren. Es ist auf Schritt und Tritt zu beobachten, wie für diese Übungen die Sprache Ciceros das vorbildliche Muster ist, das freilich bei weitem nicht erreicht wird.

Einige Proben mögen abschließend einen Eindruck vom Inhalt dieser Briefe vermitteln:

Zum Thema a), aus Brief 15:

»... das Gott lob unse lobliche und hochberumete Universitet noch woll stehet in alle dem was zu einer rummelichen [= rühmlichen] schule gehort. Wir haben file gelerte und geschickete leut zu professoren, welche stetlich und fleissich lesen, und die frien kunste mitt den notwendigen sprachen mitt grossem fleiße triben. Eß ist auch ein grosser anzal bie unß der studenten auß allen lenderen unter welchen filer statlicher leut kinder sein welche auch sich lassen ansehen sie werden feine menner werden, so landt und leute regeren kunnen. Eß ist auch aller nottrufft [= Notdurft] ein guter vorat bie unß, also das die studenten mitt zimmelicher unkost [= geringem Aufwand] bie unß sich nutzlich kunnen verhalten.«

»... quod, laus Deo, nostra celebris et nobilis Universitas optime floret in omnibus his, quae ad sustentandam celebrem scholam pertinent. Nos hic habemus multos doctos et diligentes professores qui assidue legunt et artes liberales, et linguas studiose tractant, exercentque. Est etiam apud nos magna frequentia studiosorum ex variis nationibus ex quibus multi sunt ex illustribus familiis nati, qui etiam magnam spem virtutis de se praebent. Est etiam hic apud nos omnium rerum maxima copia, et studiosi parvo sumptu hic se sustentare possunt.«

Das klingt sehr danach, als sei es geschrieben, um den jungen Grafen Simon dankbar auf seine Straßburger Zeit zurückblicken zu lassen.

Zum Thema b) der Anfang des 12. Briefes:

»Von neuwer zeitung dei du begerst zu wissen kan ich noch nitt file gewisses schriben alleine das ein grosser reisiger zuch von reuter und knechten bie unß verhanden ist aber men kann noch nicht wissen wen oder wo sihe werden hin zihen. Eß ist das gemeine geschrei sei werden in das Niderlandt rucken, das sei die auß gewichen Herren mugen wider umb insetzen.«

»De novis rebus, quae scire cupis, nihil certi habeo quod scribam, nisi quod magnae copiae equitum et peditum apud nos confluunt. Verum nondum certo constat quando et quo ituri sint. Communis fama est quod in Belgicum cogitant ut expulsos Dominos restituant.«

Die Lokalisierung der bedrohlichen Vorgänge, die kriegerische Auseinandersetzungen befürchten lassen, in Richtung Niederlande zeigt, daß Thodenus bei seiner Aufgabenstellung reale und aktuelle Tagesereignisse im Sinn gehabt hat. Denn diese Übungsbriefe muß Simon etwa im August 1568 übersetzt haben, und am 5.6.1568 waren die Grafen Egmont und Hoorn auf dem Marktplatz in Brüssel enthauptet worden. Damit war der Freiheitskampf der Niederlande gegen die spanische Krone in ein neues Stadium getreten, und neuer Krieg und neues Blutvergießen drohten.

Schließlich zum Thema c) der Anfang des 11. Briefes:

»Es ist mir ser lieb gewesen alß ich auß deinem schribent berichtet bin, das ewer sache welche nun etzliche jar gewert [= gewährt, gedauert] hatt zum guten ende geraten ist, und hatt mir werlich [= wahrlich] selbest offte wunder gethan, das sei so lang ist unverrichtet gebliben, diewile se, wie mir gedeucht, nicht so gar zwibelhafftiges rechtes gewesen ist, und ist mir nicht ein mal in den syn gekommen, da du von meldest, das sei mit fleisse von den Rechtverstendigen so lang von tage zu tag wurde aufgehoben und verzogen, da mitt sei desto mer gewinß da muchte von dragen.«

»Valde mihi gratum fuit, cum ex tuis literis cognovi, controuersiam vestram, quae nunc aliquot annos agitata fuit, sublatam esse, et ad exitum optatum perductam, atque ipse saepe actionem suspectam habui, quod tam diu producta est, et extracta cum, quantum ego iudicare potui, non usque adeo intricata esset et perplexa, ac non semel mihi in mentem venit, quod et tu non dissimulas studiose eam a consultis et Iureperitis dilatam de die in diem, quia cederet mora ista in eorum commodum.«

Für den an sprachlichen Details speziell Interessierten geben wir die Briefe im Anhang vollständig auf deutsch und lateinisch wieder. Dort kann man im einzelnen überprüfen,
- wie überaus frei oft übersetzt worden ist (z.B. Brief 15 viertletzter Satz; Brief 16 gegen Ende fehlt »daß du mögest gute Lehre und Geschicklichkeit erreichen« im Lateinischen ganz),
- wie einzelne Vokabeln und Ausdrücke sich sehr häufig wiederholen – was ja für Übungszwecke durchaus sinnvoll ist,
- wie gewisse ciceronianische Wendungen immer wieder auftauchen, der Stil im ganzen aber doch weit davon entfernt ist, flüssiges und elegantes Latein darzustellen.

Die Zeichensetzung im Druck ist die der Handschrift. Würde sie sich nach unseren Gepflogenheiten richten, so wäre sie wesentlich hilfreicher für das Verständnis. Überhaupt wird ein Leser mit Lateinkenntnissen die versio Latina oft leichter verstehen als den deutschen Text.

Pontanus: »De principe«

Der letzte Teil des Manuskripts 80 unterscheidet sich von den vorhergehenden zunächst rein äußerlich dadurch, daß er durchweg in Latein geschrieben ist und keine deutsche Textvorlage enthält. Eine solche existierte zwar, aber gedruckt; wir werden sehen, daß sie sogar noch im Original erhalten ist.

Die Übungen an Hand von Cicerobriefen hatten dazu gedient, dem Lernenden Sprache und Stil des großen Vorbilds geläufig zu machen und einzuprägen. Die daran anschließenden Exerzitien wendeten diese Ausdrucksweise auf Situationen eines Briefschreibers des 16. Jahrhunderts an. Der nunmehr folgende Teil bietet selbstverständlich auch wieder Übung im Lateinschreiben, er ist aber ganz besonders wegen seines Inhalts ausgewählt worden: der Schüler soll sich die hier entwickelten Gedanken zu Herzen nehmen und zu eigen machen. Es handelt sich nämlich bei dem hier bearbeiteten Text um einen Fürstenspiegel, um eine Schrift also, die einen Herrscher oder einen zum Herrschen Bestimmten das für sein hohes Amt rechte Handeln und Verhalten lehren will. Das Wort »Spiegel« bedeutet in diesem Zusammenhang soviel wie Vorbild, Beispiel, Muster. Die Fürstenspiegel haben sich im Laufe einer langen Zeit förmlich zu einer eigenen Literaturgattung entwickelt, als deren geistige Väter Xenophon und Isokrates betrachtet wurden. Auch Philipp Melanchthon und der Straßburger Rektor Johannes Sturm haben Fürstenspiegel geschrieben, und Luthers Auslegungen zu den Psalmen 82 und 101 wurden ebenfalls der Gattung zugerechnet.[53]

53 Ausführliches Material zu diesem Thema bietet gerade für Simons Zeit Bruno Singer, 1981.

Handtbüchlein.
Von Fürstli-
chem Ampt/Leben vnd We-
sen/des trefflichen Mannes Jo-
hannis IOVIANI PONTANI an Alphon-
sum/Hertzogen zu Calabrien/kurtz
vnd einfeltig begriffen. Allen Fürsten
Herren vnd Regenten nützlich vnd
lustig zulesen/jtzo Newlich mit
fleiss verdeutschet/
Durch
Georgium Lauterbecken
Marggreffischen Rath auff dem
Gebirge.

Gedruckt zu Eisleben/durch
Andream Petri.
M. D. LXVII.

Titelblatt von Lauterbecks »Handtbüchlein«, Eisleben 1567. Lippische Landesbibliothek Detmold, Sign. St. 161.

Der italienische Humanist Giovanni Pontano (1426-1503), Sekretär und Prinzenerzieher bei Ferdinand I., König von Neapel, hatte für Ferdinands Sohn Alfons, den Herzog von Calabrien, eine Schrift »De principe«[54] verfaßt, die er eine epistola, einen Brief, nennt. Sie ist allerdings so umfangreich, daß der Verfasser selbst von ihr schreibt: »Wenn du sie lieber ein Buch nennen willst, so habe ich nichts dagegen.« In dieser Schrift führt er aus, welche Eigenschaften ein Fürst haben, welche Untugenden er meiden soll, wie er sich zu den Menschen seiner Umgebung einzustellen hat.

Dieses Werk nun hat Georg Lauterbeck, ein aus Bayern stammender Jurist, geboren um 1510, der in Leipzig studiert hatte, später in Naumburg, Mansfeld und Kulmbach tätig war und 1578 gestorben ist, in gekürzter Form ins Deutsche übertragen. Lauterbeck hat viel übersetzt, zum Beispiel orationes und declamationes von Melanchthon über historische Themen. Sein Hauptwerk war ein umfangreiches »Regenten-Buch« in fünf Teilen, das Graf Simon VII. zur Lippe in einer Prachtausgabe in Folioformat besaß, die ihm 1609 dediziert worden war.[55] Lauterbecks Übersetzung von Pontanos »De principe« erschien unter der Überschrift:

»Handtbüchlein. Von Fürstlichem Ampt / Leben vnd Wesen / des trefflichen Mannes Johannis IOVIANI PONTANI an Alphonsum / Hertzogen zu Calabrien / kurtz vnd einfeltig begriffen. Allen Fürsten Herren vnd Regenten nützlich vnd lustig zulesen / jtzo Newlich mit fleiss verdeutschet / Durch Georgium Lauterbecken / Marggreffischen Rath auf dem Gebirge.«

Lauterbeck hat aus Pontanos Schrift »ein Handtbüchlein gemacht, das einer bey sich im Bosem tragen kann«, und 1567 in Eisleben drucken lassen. Eine literarische Neuerscheinung war es also, die der Magister Thodenus den lateinischen Stilübungen seines Zöglings Simon im September 1568 als höchst passendes Übungsmaterial zugrunde legte. Und es ist ein hervorragendes Zeugnis für den Wert der historischen Bestände der Lippischen Landesbibliothek, daß eben dieses Büchlein unter der Signatur St 161 noch erhalten ist, ein Bändchen von acht Bogen im Kleinoktavformat, gebunden in der Art von Simons Bibliothek, mit dem Prägeaufdruck S G V E H Z L (Simon Graf und edler Herr zur Lippe) 1568. Benutzerspuren und einige wenige handschriftliche Randbemerkungen beweisen, daß tatsächlich dieses Exemplar für Simons Stilübungen benutzt worden ist. Denn die Marginalglossen sind, soweit sie ergänzender oder korrigierender Natur sind, in der Übersetzung ins Lateinische, wie sie von Simons Hand im Mscr. 80 vorliegt, berücksichtigt worden. Das zeigen folgende Beobachtungen:

Gleich am Anfang der Lauterbeckschen Vorrede heißt es: »Nach Meinung des Poeten, der da sagt: Quot capita tot sensus, suus cuique mos est.« Am Buchrand steht mit Tinte geschrieben: »Terentii«, das Zitat wird also dem römischen Komödiendichter Terenz zugewiesen.[56] Im lateinischen Text des Manuskripts steht aber nicht »poeta«, sondern »comicus«; der Übersetzer hat also bedacht, daß die Quelle der sprichwörtlichen Redensart nicht

54 Wiedergegeben mit italienischer Übersetzung in: Prosatori Latini del Quattrocento, S. 1024-1062.

55 LLB Sign. St 3.2°.

56 Der Satz lautet bei Terenz, Phormio 454, etwas anders, er wird aber häufig in der von Lauterbeck gegebenen Fassung zitiert.

irgend ein Dichter, sondern ein Komiker ist, nämlich Terenz – wie es die handschriftliche Randbemerkung im gedruckten Buch feststellt.

Etwas später wird im gleichen gedruckten Vorwort ein Euripidesvers auf lateinisch so angeführt: »Recta ingenia debilitat Verecundia.« Das Verbum ist unterstrichen und am Rande korrigiert in »nobilitat«. So verbessert bietet es auch die Handschrift Simons.

Noch etwas später ist im Druck ein weiterer Fehler unterlaufen: Als Beispiel für das »herlich Ingenium« des Ovid wird sein Bericht vom Streit des Aias und des Odysseus um die Waffen Hektors[57] genannt. Der aufmerksame Leser hat den Irrtum bemerkt und den fälschlich angegebenen Namen »Hektor« in »Achilles« verbessert. Die lateinische Version der Handschrift nennt dann auch konsequent den richtigen Namen, den des Achilles.

Demnach hat das Bändchen St 161 mit Lauterbecks deutschem Text unzweifelhaft als Vorlage für die lateinische Version des Mscr. 80 gedient.

Lauterbeck hat für sein »Handtbüchlein« Pontanos Text auf die knappe Hälfte zusammengestrichen. Er läßt den Anfang und den Schluß, der speziell auf italienische Verhältnisse Bezug nimmt, weg, überspringt auch zwei größere Partien aus der Mitte und der zweiten Hälfte des Traktats und stellt zweimal kleinere Passagen um. Das Latein des Italieners übersetzt er frei und selbständig, oft wird er im einzelnen weitläufiger und wortreicher als das Original. Der Inhalt des Traktats bzw. des daraus hergestellten Auszugs braucht hier nicht in extenso wiedergegeben zu werden. Einzelne Stichworte und eine Zusammenfassung werden genügen, um deutlich zu machen, welche Lektüre man als geeignet für den jungen Simon ausgewählt hatte.

Ein Fürst soll, so fordert Pontanus, »freymildig« (liberalis) und gütig (clemens) sein. Er soll Ehrgeizlinge und »Ohrenbläser« aus seiner Umgebung entfernen, soll wahrhaft und zuverlässig sein, sich frei halten von Affekten wie Zorn und Neid, soll Zuverlässigkeit auch in Widerwärtigkeiten zeigen. Zu allen diesen löblichen Eigenschaften muß er in seiner Jugend sorgfältig herangebildet werden. Deshalb sind gute Fürstenerzieher so wichtig. Keinesfalls darf der Fürst die Beschäftigung mit der Literatur und den schönen Künsten vernachlässigen. Das ist für den Herrscher nicht nur nützlich, sondern auch seiner würdig. Zwar kann ein Fürst nicht unentwegt regieren oder auch studieren, aber zu lange Ruhe gönnen darf er sich nicht, sonst wird er »faul und nachlessig«, »ein epicurische Saw«, ein Sardanapal. (Sardanapal ist der griechische Name für den Assyrerkönig Assurbanipal, der als der Urtyp weibischer Verweichlichung galt.) Zur Entspannung mag er sich »mit feinen lieblichen / doch nit unzüchtigen schwencken und fabeln erlustigen«, auch Musik, Tanz, Komödie in guter Gesellschaft sind empfehlenswert. Ebenso ist die Jagd und das Reiten eine angemessene Erholung. Die vorzüglichsten Menschen sind für den Umgang und den Verkehr mit dem Herrscher gerade gut genug. Und sie müssen entsprechend ausgezeichnet werden – Tugend muß ihren Lohn finden. Ubi Maecenates, ibi Horatii: Wo es großzügige Gönner gibt, da wird man auch große Künstler finden. Der Fürst steht im Licht der Öffentlichkeit, er muß stets Vorbild sein. So, wie sich nicht verträgt »die Maiestet und die Liebe / oder Bulschafft«, »so kan sich viel weniger reimen / die Maiestet / Herrligkeit und Fürstli-

57 Ovid, Metamorphosen, 13. Buch, Anfang.

che Reputation mit der schendlichen trunckenheit / da einer zu eim unmenschen und unvernünfftigen thier wirt.«

Alle diese Ratschläge, Regeln, Anweisungen werden unterstrichen, belegt, exemplifiziert durch Beispiele, vorwiegend aus der Antike: Kyros, Platon, Scipio, Cicero, Cato, Ovid, die Kaiser Augustus, Nero, Titus, Alexander Severus und andere Größen werden mit ihren Erlebnissen, Gepflogenheiten und Aussprüchen als Zeugen aufgeführt. Aus der für den Verfasser neueren Geschichte dienen als Vorbilder hauptsächlich Ferdinand und Alfons, Vater und Großvater des jungen Herzogs von Calabrien, für den des Pontanus Werk bestimmt ist.

Gegen Ende des Büchleins heißt es: »Schliesslich / was den schlaff thut betreffen / ist derselbige einem Fürsten auch zumessigen / vnd die lust desselben zu fliehen / vnd weiter nicht denn zur notturfft zugebrauchen / nach dem Prouerbio: Bonus Imperator nunquam totam noctem dormiet. Das ist / Ein rechtschaffner Regent oder Oberster schlefft nimmer oder selten die gantze Nacht.«

Das zitierte lateinische Sprichwort ist eine Übersetzung von Homer, Ilias 2,24: »Ein Mann, der im Rat sitzt, darf nicht die ganze Nacht hindurch schlafen«, und es ist Simon auch in anderem Zusammenhang nahe gebracht worden: Er besaß ein Exemplar der »Colloquia familiaria« des Erasmus von Rotterdam, gedruckt in Frankfurt a.d. Oder 1536. Der Junggraf hat dieses für den Schulunterricht und zur Erlernung der lateinischen Sprache für den Gebrauch im Alltag gedachte Buch 1563 signiert und später fleißig durchgearbeitet.[58] Den größten Teil des Textes hat er mit zahlreichen Unterstreichungen und lateinischen Randbemerkungen und Interlinearglossen versehen. Daß das Jahre nach der Anschaffung des Buches geschehen sein muß, zeigen Eintragungen in der charakteristischen Handschrift des Magisters Thodenus, der erst 1566 nach Lippe gekommen und 1567 Simons Präzeptor geworden ist und der bei der Lektüre der »Colloquia« offensichtlich geholfen hat, zum Beispiel hat er mehrfach griechische Wörter und Zitate übersetzt, so auch auf Seite K 7 v unseren Homervers, und zwar mit den Worten »Virum consiliarium vel militarem non oportet dormire totam noctem«. Auch in Melanchthons Postille, von der bei der Besprechung des Mscr. 131 noch mehrfach und ausführlicher die Rede sein wird, taucht der homerische Hexameter auf. Philipp Melanchthon macht nämlich bei der Auslegung des Evangeliums für den Sonntag Septuagesimae, Matth. 20,1-16, dem Gleichnis von der Arbeitern im Weinberg, Ausführungen über die Belastungen, die ein Herrscher oder Regent zu tragen hat, und sagt dabei[59]: »Ich habe von der Hand des Herzogs Friedrich (Friedrichs des Weisen von Sachsen, des Schutzherrn der Reformation) diesen Homervers, woher er ihn auch immer genommen hatte, auf lateinisch niedergeschrieben gesehen: Princeps non dormiat totam noctem, cui exercitus tanti commendati sunt.«

Die Mahnung, nicht zu viel und zu lange zu schlafen, war also in den Fürstenspiegeln ein ähnlich beliebter Topos wie die Warnung vor übermäßigem Trinken – die Trunksucht wird in dieser Literatur immer wieder geradezu als Nationallaster der Deutschen angeprangert.[60]

58 LLB Sign. Ph 1292.
59 CR 24, Sp. 382.
60 Singer, 1981, S. 187 mit Anm. 75.

Doch zurück zu Lauterbecks »Handtbüchlein«. Das schließt seine Warnungen vor zuviel Schlaf und Müßiggang mit den Worten: »Derwegen auch der Poet Horatius recht gesagt:

Otium & Reges prius, & beatas perdidit vrbes.
Das ist:
Wer wollust treibt/
Vnd müssig bleibet.
Der ist entwicht/ [= nichtsnutzig]
Vnd taug gar nicht.
Derwegen ist/
Auch diss gewiss.
Das Müssiggang/
vnd wollust lang.
Der König viel/
Vnd stet ohn ziel.
Vorderbet han/
Drümb lass daruon/
So wirstu ein rechtschaffen man.«

Das ist in der Zuweisung des Zitats ein arger Lapsus, denn die Verse stammen nicht von Horaz, sondern sind die letzten Zeilen von Catull, carmen 51: »Müßgiggang hat Könige einst gestürzt und / blühende Städte.« Hier ist der Benutzer des Buchs nicht so aufmerksam gewesen, den Fehler zu korrigieren, wie er es im Vorwort bei den oben genannten beiden Irrtümern getan hat. Das peinliche Versehen ist übrigens nicht Lauterbeck anzukreiden, es steht schon in dessen Vorlage, ist also dem angesehenen Humanisten Pontano unterlaufen.

Der Bearbeiter und Übersetzer Georg Lauterbeck hat dem Text des Pontanus eine ausführliche Vorrede und Widmung vorausgeschickt, die im Mscr. 80 ebenfalls vollständig wiedergegeben ist:

»Dem Durchlauchtigen / Hochgebornen Fürsten und Herrn / Herren Joachim Friderichen / Postulirten Administratoren des Primats /vnd Ertzbischöfflichen Stiffts Magdeburg / Marggraffen zu Brandenburg / etc. Meinem Gnedigsten Herrn.«

Der solchermaßen feierlich apostrophierte Joachim Friedrich ist von 1598-1608 Kurfürst von Brandenburg gewesen und für die Schul- und Bildungsgeschichte seines Landes insofern von Bedeutung geworden, als er 1607 das Joachimsthalsche Gymnasium gegründet hat, das brandenburgische Pendant zu den berühmten sächsischen Fürstenschulen Schulpforta, Meißen und Grimma.

Lauterbeck spart in seinem Vorwort ebenfalls nicht mit Beispielen und Zitaten aus dem klassischen Altertum. Viel häufiger aber beruft er sich auf die Bibel, und zwar ausschließlich auf das Alte Testament, ganz im Gegensatz zu Pontanus, der, wie Lauterbeck mißbilligend bemerkt, »als ein Italiener (welche ihnen die Religion gewöhnlich nicht lassen hoch angelegen sein)«, darauf zu wenig Wert legt. (Nicht einmal das einzige Bibelzitat im eigentlichen »Handtbüchlein«, nämlich 1. Petr. 5, »Gott widersteht den Hoffärtigen / etc.«, hat Pontano selber angebracht; es ist ein Zusatz von Lauterbeck.)

Wichtig ist für die Bewertung unseres Manuskripts ein Abschnitt gegen Ende der Vorrede, in dem Lauterbeck von des Pontanus Schrift spricht und wörtlich ausführt: »Doch muß ich alhier erzelen / das Georgius Sabinus / von diesem Büchlein so viel gehalten / das er es vngefehrlich für etzlich vnd zwantzig jaren / E.F.G. Herrn Vaters Brüdern / vnd andern seinen discipeln / so er dazumal gehabt / zu Franckfurt an der Oder / wie ich glaublichen bericht / in Lateynischer sprach / nachzuschreiben dictirt vnd fürgelesen hab.«

Demnach hat der Humanist Georg Sabinus (eigentlich Schüler oder Schüller, 1508-1560; Schwiegersohn Melanchthons, später erster Rektor der neugegründeten Universität Königsberg) als Professor in Frankfurt a.d. Oder mit seinen Schülern, darunter Joachim Friedrichs Vatersbrüdern, den Hohenzollernprinzen Friedrich und Siegmund, Pontanus' Traktat »De principe« auf die gleiche Weise behandelt, in der Thodenus mit Simon zur Lippe gearbeitet hat: Es wurde keine Übersetzung ins Lateinische verlangt, sondern der Text wurde lateinisch »dictirt und fürgelesen« und dann gewiß sprachlich und inhaltlich besprochen und ausgelegt.

Den Wert solcher lateinischer Sprachstudien für »alle großen HErrn und Fürsten« unterstreicht Lauterbeck am Schluß seines Vorworts mit zwei Beispielen, deren erstes ganz speziell auf den Widmungsempfänger aus dem brandenburgischen Fürstenhause zugeschnitten ist: »... die erfarung gibt / was daran gelegen / das man dieser sprach wol kündig sey / wie denn sonderlich bey dem löblichen Haus Brandenburgk / E.F.G. Vorfarern / löblich vnnd wol herkomen / also das auch Marggraff Joachim / der Erste meines E.F.G. Anherr / Hochlöblicher gedechtnis / von wegen des gantzen Reichs in einer hochwichtigen sachen zu Latein / in gemeiner Reichsversamlung / dermassen antwort geben/ das sich die Stende darob hefftig verwundert haben.«

Das zweite Beispiel lautet: »So schreibet Philipus Melanchton von dem Löblichen Churfürsten / Hertzog Friderichen Zu Sachssen / als der Reichstag zu Cöln gewest/ vnd Keyser Carll gekrönt worden / seind dazumal die Deutschen Fürsten etzlich mal Persönlich zusammen komen / vnd heimliche Rathschleg gehalten / in welchem sie allein / der Lateinischen sprach sich gebraucht / Auss welchem denn Hochgedachter Churfürst / so dazumal für andern im Reich / Chur vnd Fürsten / in grossem vnd fürnemen ansehen gewesen / erkant vnd gesehen / was es für ein Herlich vnd notwendig ding wer / vmb die wissenschafft der Lateynischen sprach derwegen er auch / als er wider zu Haus komen / seine Reth / Graffen vom Adel vnd andere zum offternmal fleissig erinnert / das sie jhre Söhne / ja die Lateinische sprach fleissig wolten lernen lassen.«

Diese Exempla, von Georg Lauterbeck dem jungen Brandenburger (Joachim Friedrich war 1567 21 Jahre alt) erzählt, sollten auch dem 14jährigen Grafen zur Lippe Ansporn sein, sich die Mühe des Lateinlernens nicht verdrießen zu lassen.

Manuskript 81

Beschreibung des Manuskripts

Das Manuskript 81 besteht aus 17 Lagen. Das Format der nicht paginierten Seiten beträgt 17 x 20,5 cm. Das Manuskript ist eingefaßt in eine alte Pergamenthülle, die von hinten umgreifend den seitlichen Schnitt schützt. Ganz oben auf dem Rücken der Schutzhülle ist in alter Tintenschrift noch eben lesbar: Exercitia / sive Tema /ta S.G.Z.L. (= Simon Graf zur Lippe). Etwas tiefer steht die (jüngere) Bibliotheksnumerierung 772.

Blatt 1 Recto trägt den Vermerk: Simon Comes et Nobilis Dominus de Lippia. Darunter: Sanguis recte dispositus efficit bonum colorem. et color corporis arguit temperamentum sanguinis. (Das recht disponierte Blut bewirkt eine gute Farbe. Und die Farbe des Körpers läßt die Mischung des Blutes erkennen.)
Blatt 2-7 sind unbeschrieben.
Blatt 8 r: Eloquentissimi rhetoris Isocratis oratio adhortatoria ad Demonicum, latine reddita exercitii causa ao. LXIX 1. Februarij. Dann beginnt der Text.
Blatt 32 v unten, am Ende des Isokrates-Textes: 20. Aprilis.
Blatt 33 r beginnen: Epistolae aliquot.
Blatt 45 r beginnt: Ex epistolis Ciceronis.
Blatt 65 v unten: Agapeti utilissima praecepta ad Justinianum Caesarem. In Guelphorum castro ao. LXIX 17. Novembris.
Blatt 66 r beginnt der Agapetos-Text.
Blatt 78 r ist die letzte beschriebene Seite.
Alle anderen 122 Blätter, weit mehr als die Hälfte des Bandes, sind leer.

Der lateinische Satz Blatt 1 r, die Überschriften der einzelnen Abschnitte (Blatt 8 r, mit Datum, 33 r, 45 r, 65 v, mit Datum) und das Datum Blatt 32 v stammen von der Hand des Magisters Thodenus. Kleine Korrekturen, Zusätze oder Verbesserungen, hat Thodenus auf den Blättern 33 r, 44 r, 53 r, 67 v, 68 v, 70 v, 71 v und 77 r angebracht. Den ganzen übrigen Text hat der junge Graf Simon geschrieben.

Die Isokrates-Rede »An Demonikos«

füllt die Blätter 8-32 des Manuskripts 81. Ihre Überschrift (Blatt 8 r) heißt auf deutsch: »Des höchst vollkommenen Rhetors Isokrates mahnende Rede an Demonikos, übungshalber auf lateinisch wiedergegeben im Jahre [15]69 am 1. Februar.« Die Arbeit muß also entstanden sein, als Simon aus Straßburg über Köln wieder nach Detmold zurückgekehrt war.

Die Rede »An Demonikos« gehört nach unseren heutigen Maßstäben nicht zu den berühmtesten Meisterwerken des Isokrates, die moderne Philologie hält sie sogar für unecht. Aber in der Renaissancezeit war sie beliebt: sie zählt zu den paränetischen Reden, will also ermahnen, aufmuntern, zu tugendhafter Lebensführung anleiten – das ließ sie für pädagogische Zwecke geeignet erscheinen. Die Mecklenburgische Schulordnung von 1552 und die Kursächsische von 1580 führen sie z.B. ausdrücklich unter den empfohlenen Lektüren auf[61], italienische Humanisten haben sie mehrmals übersetzt. Dabei enthält diese Rede keine tiefen philosophischen Gedanken, aber sie bietet handfeste Anweisungen für das tägliche Leben. Eine solche Lektüre setzte man den jungen Leuten gern vor, die sprachlichen Exerzitien sollten nachdrücklich mit Belehrendem verbunden werden.

Die Rede beginnt mit einer längeren Einleitung, in der die Gründe dargelegt werden, die den Verfasser zu seiner Schrift veranlaßt haben. Den Adressaten Demonikos haben wir uns als einen jungen Mann vorzustellen, mit dessen verstorbenem Vater der Autor der Rede befreundet war. Diese Freundschaft überträgt er nun auch auf den Sohn und richtet deshalb an ihn seine »oratio adhortatoria«, seine Paränese, seine belehrenden und ermahnenden Worte.

Der griechische Urtext erscheint in Simons Manuskript natürlich nicht. Dieses enthält vielmehr, wie man es bereits aus Mscr. 80 kennt, eine deutsche Übersetzung, und zwar abschnittsweise, der dann jeweils die lateinische Version folgt. Der Anfang lautet: »Es ist liber Demonice ihn filen dingen zu sehen und zu befinden das ein grosser und merklicher unterscheidt ist unter frommer und tugendhafftiger leute sin und gemute und unter die, so sich nit der erbarkeit und tugentlichen werken haben beflissen.« (Blatt 8 r) Das wird ins Lateinische übersetzt: »In multis sane rebus, optime Demonice, videre et experiri licet, magnum esse discrimen inter hominum proborum et virtute excultorum animum et ingenium et inter eos qui non sunt assuefacti ad virtutem et honestas actiones.« (Blatt 8 v)

Oft ist die deutsche Fassung sehr viel ausführlicher und breiter als das griechische Original. Wörter des Urtextes werden gern durch mehrere deutsche Begriffe wiedergegeben. Um das zu zeigen, folgt hier zunächst eine Übersetzung aus § 2, die sich bemüht, nicht wortreicher zu sein als das Griechische: »Denn es ziemt sich, daß die Kinder wie das Vermögen so auch die Freundschaft ihrer Väter erben.«

Im Manuskript wird das viel weitläufiger ausgedrückt: »Dan es geburt sich und gezimmet sich woll, das die kinder mit irem vetterlichen erbteill oder patrimonio auch der Elteren freuntschafft so sie mit ehrlichen leuten gehabt gelichem falle erben oder zu einem erblichen besitz oder egenthumb uberkommen und erlangen.« (Blatt 9 r) Die lateinische Version ist dann wieder bedeutend straffer: »Omnino enim decet libros [sic!] ut haereditatis paternae, ita etiam amicorum parentis participes fieri.« (Blatt 9 v)

Nach der Einleitung folgt die lange Reihe von Ratschlägen und Lebensregeln, die den Präzeptoren des 16. Jahrhunderts als eine so geeignete Lektüre für ihre Zöglinge erschienen. Einige Beispiele mögen einen Eindruck davon vermitteln:

61 Vormbaum, 1860, S. 65. 281.

§ 6 (Blatt 11 r+v)
»Die riche tage [= Reichtum] oder uberflüssich geldt und guet gibt offt und file mher ursache zur bosheit den zur tugent. Den sihe geben ursache zur mussicheit und lediggank und reizen iunge leute zur wollust. Die sterke der leiber hatt filen gehulfen und gefurdert, so sie mitt der vernunfft ist geregiert, aber wen sie nich mitt sinnen ist geleitet und gefuret, so hat sie mer leuten schaden zugefuget den gefurdert.«

»Divitiae et affluentia auri et argenti maiores dant occasiones ad malitiam et pravitatem in vita quam ad virtutes: praebent etiam causam ignaviae et ocij [= otii] et invitant iuvenilem aetatem ad voluptates. Robur corporis multis profuit, qui id ratione regere noverunt, pluribus obfuit non gubernatum prudentia et intelligentia.«

§ 13.14 (Blatt 15 r+v)
»Fur das erste so forchte Gott und lebe Gotselich nitt allein mit uberflussigem [= reichlichem] opfferen, sondern auch das du den geschworenen eid festichlich haltest ... Sie also gesinnet iegen [= gegen] diene elteren als du wollest das diene kinder iegen dich solten gesinnet und geschicket sien. Ube dienen lieb mitt solcher ubung welche deinet nitt zur sterke sondern zu der gesuntheit. Das kanstu erlangen wen du auffherest mitt arbeiten wen du noch woll arbeit zu thun vermochtest.«

»Imprimis venerare Deos et exerce pietatis officia non solum victimas offerendo sed etiam iusiurandum constanter et firmiter servando ... Ita sis animatus erga parentes, sicut velles liberos tuos esse erga te affectos. Exerce corpus eiusmodi exercitiis quae non robori sed sanitati prosunt, hoc facile assequeris cum finem facis laborandi cum adhuc laborem sustinere posses.«

§ 16 (Blatt 16 v)
»Strebe und jage nach lusten, so ehrlich und loblich sien. Dan die lust wen sie ehrlich ist so ist sie lieblich, wen sihe aber nit erlich ist so ist sihe ein schrecklich und schetlich ding.«

»Quaere et persequere honestas voluptates. Nam voluptates si cum honestate et gravitate coniunctae sint, sunt laudabiles, si vero absque honestate suscipiuntur sunt res turpis et perniciosa.«

§ 20 (Blatt 18 v + 19 r)
»Ihn deinen zitten [= Sitten] und geberden gewenne dich das du freundlich und leutselich seist, das ist so dir begegnen oder furkommen mitt lieblichen reten [= Reden] ansprechest. Ihn dienen reten befleisse dich das du nitt allein mitt freundlichen wortten ander leute anredest sondern auch ihre rete auffnemest. Ihn summa schicke dich freundlich iegen ieder man und gehe teglich umb und halte dich zu den furtrefflichsten und besten, also wirst du bie iedermennichlichen gunst und freundtschafft erlangen und dienen freunden wirstu ubermassen lieb sien und angenem.«

»In moribus et universa vita studeas esse humanus, affabilis, comis et blandus, ut omnes obviam tibi facti vel alloquentes te experiantur singularem animi tui facilitatem et bonitatem in sermone item eam ostendas humani ingenii mansuetique animi significationem, quae decet hominem literis et moribus egregie excultum. Breviter, humanum et affabilem declares te omnibus et quotidie adiungas te melioribus et doctioribus, et eorum consuetudine delecteris. Hac ratione apud omnes favorem et benevolentiam tibi conciliabis, et amicis tuis eris charus et acceptus.« Man beachte, wie stark die lateinische Übersetzung von der deutschen Textfassung abweicht!

§ 21 (Blatt 19 r+v)
»Übe dich mit arbeite den du dir selbest außerwelest und aufferlechst das du kunnest auß stehen arbeit so dir wider deinen willen furkumpt.«

»Exerce te laboribus voluntariis et ultra electis ut facilius labores tibi impositas aliunde sustinere et perferre queas.«

§ 24 (Blatt 21 r)
»Mache dir keinant [= niemand] zu freunde eher du den erfarest wie ehr sich zuforen iegen siene frewende gehalten hatt. Den du mussest vermuten sein das ehr sich iegen dir wirt schicken und verhalten, welcher gestalt ehr sich zuvor iegen die anderen gehalten hatt.«

»Neminem facias tibi amicum nisi prius exploraveris quomodo usus sit prioribus amicis. omnino enim talem se tibi praebebit, qualem se erga priores amicos gessit.«

§ 27 (Blatt 22 r)
»Was der kleidung betrifft halte dich fein ehrlich und ansehentlich aber meide uberflussigen und weibischen zartlichen schmuck. Dan ein ehrlich kleid stehet manhafftig und erbar aber zarter und weibischer schmuck ist zu unnotigem uberfluß.«

»In vestitu serva mundiciem et honestatem, sed vita exquisitam elegantiam et muliebria ornamenta. Nam vestitus honestus et mundus ornat corpus non speciosus ornatus.«

§ 32 (Blatt 25 r+v)
»Sehe dich auch woll fur wen du bie geselschafft bist bie dem truncke. Und so es die zeit gebe das du musses da bei sein so stehe auff ehe dan du truncken wirst. Dan wen der menschen gemute ist von dem wein ubergeweltiget und ihn genommen, so gehet es ihm als einem wagen oder rosse welche seinen regirer verloren hatt dan der wagen wirt unendtlicher weise hin und wider geschleffet ausserhalben seines furers gelichen falles strauchelt auch der menschen gemute wan er die vernunfft verloren hatt.«

»Fugias quantum potes compotationes et si quando te interesse necesse est, abeas priusquam inebrieris. Nam cum mens humana obruta est vino, tunc accidit ei quod amisso vel excusso agitatore equis vel curribus. Nam sicut currus hinc inde disijcitur amisso auriga, ita etiam mens hominis vagatur vino oppressa et occupata.«

§ 37 (Blatt 27 r)
»Wen du zum Regemente kummest, so furdere oder gebrauche keine bose leute zur bestallung der regementer. Das was die selbigen werden sundigen oder verseumen das wirt man dir zuschreiben oder zulegen.«

»Cum ad gubernationem accesseris ne improbos tibi adiungas quod enim isti commiserint id tibi imputabitur, ac si a te perfectum sit et tu eiusmodi sis ingenio.« Wiederum alles andere als eine wörtliche Übersetzung!

§ 50.51 (Blatt 32 r+v)
»Dan es schriben die Poeten und fabulen das Jupiter solte gezeuget haben Herculem und Tantalum wie es dan die leute auch dafur halten. So hatt ehr aber den Herculem umb seiner tugent halben und loblichen thaten unsterblich gemacht, aber den Tantalum hatt ehr umb seiner bosheit willen grossen straffen unterworffen. Dises sol uns ein warnung und anleitung sein zur tugent und sollest nicht allein ahnnemen was ich dir itzunder ehr indere [= erinnere] sondern auch aus den Poeten und Philosophen das beste nemen.«

»Poetae enim fabulantur Iovem procreasse Herculem et Tantalum quod et omnes homines credunt, sed Herculem propter virtutem et res heroicas donasse immortalitate: sed Tantalum propter improbitatem aeternis subiecisse suppliciis. Quae quidem narratio fabulosa calcar nobis addere debet ad virtutis culmen, et tu non solum hanc admonitionem suscipere debes, sed etiam exempla Poetarum et Philosophorum diligenter observare.«

Auf diese Weise wird die ganze Isokratesrede abgehandelt. Der Text ist vollständig. Am Anfang des § 30 (Blatt 23 v) allerdings fehlt im Deutschen ein Satz, der im lateinischen Text, in Übereinstimmung mit dem griechischen Vorbild, sehr wohl *nicht* ausgelassen ist: »Assentatores singulari odio fugito non aliter sicut manifestos seductores.« (Schmeichler sollst du mit besonderem Haß meiden, nicht anders als offenkundige Verführer.) Demnach kann die versio Latina unmöglich aus der vorausgehenden deutschen Fassung hergestellt worden sein, die diesen Satz gar nicht enthält. Der gleiche Sachverhalt wird uns später bei den Stilübungen »Ex epistolis Ciceronis« wieder begegnen.

Epistolae aliquot,

einige Briefe, bilden den zweiten Teil des Manuskripts 81. Sie füllen die Blätter 33 r bis 44 v und sind vergleichbar mit den »Alia exercitia scribendi« des Manuskripts 80 (Blatt 121 r bis 136 v).

Es handelt sich um 19 fingierte Briefe, die sich mit aktuellen Themen der Zeit Simons beschäftigen. Stets wird erst der deutsche Text gegeben, dann die lateinische Fassung, die, wie immer in diesen Übungen, sehr selbständig ist und sich durchaus nicht genau nach dem Deutschen richtet. So heißt es z.B. auf Blatt 36 r, man höre, »das es auff der sehe [= See] allenthalben unsicher sei«; das wird lateinisch ausgedrückt: »mare undequaque infestari praedonibus et pyratis«, »das Meer werde überall unsicher gemacht durch Räuber und Piraten«; auf Blatt 39 v lautet eine Wendung: »filer leute kinder ..., die nach hir nachmals landt und leute kirchen und schulen können bedienen« – »multorum virorum filii ... qui posthac Ecclesiae et Reipublicae utiles esse possint«. Dabei ist im ersten Fall »praedonibus et pyratis« ein sinnvoller, aber im Deutschen nicht vorgegebener Zusatz; an der zweiten Stelle wird »landt und leute, kirchen und schulen« mit »Ecclesiae et Reipublicae« verkürzt, aber doch angemessen wiedergegeben. Treffende Ausdrucksweise in der fremden Sprache hat also stets den Vorrang vor sklavischem Übersetzen Wort für Wort.

Grußformeln am Briefanfang fehlen, Daten kommen nicht vor, Empfänger und Absender werden nie genannt.

Aber ein sinnvoller Zusammenhang zwischen den Briefen ist durchaus zu erkennen, und zwar in zwei Gruppen: Brief 1-9 und Brief 10-19. Die Briefgruppe 1-9 handelt weithin von dem Thema Krieg und Kriegsgefahr, das bereits in mehreren Briefen des Manuskripts 80 angeklungen war. Korrespondent A lebt, so läßt sich erschließen, in den Niederlanden, wo kriegerische Verwicklungen sich abzuzeichnen beginnen; Korrespondent B erkundigt sich besorgt nach Neuigkeiten. Die drei ersten Briefe sind mit Allgemeinplätzen gefüllt: Entschuldige, daß ich nur so kurz schreibe, ich habe geschäftlich so viel zu tun; aber es geht mir gut – Danke für Deinen Brief, hoffentlich schreibst Du bald ausführlicher, mir geht es auch gut – und so weiter. Derartiges mochte als allgemeine Briefstilübung brauchbar sein.

In Brief 4 kommt B dann auf Kriegsrüstungen zu sprechen, die dem Vernehmen nach in der Gegend, in der A wohnt, vor sich gehen sollen. Er erhält auch Auskunft von A, aber eigentlich möchte B immer gern mehr von A erfahren, als der zu berichten weiß. Der Krieg droht zwischen England und Burgund, zuletzt weiß A im 9. Brief zu melden, »das schon der krig zu wasser sich hat angefangen«; »die Niderlender rusten sich auch sehre aber bisher haben die Engelischen vor ihnen den furteil gehabt.«

Dieser Briefwechsel ist im steten Wechsel zwischen A und B soweit in sich konsequent, nur bezieht sich B im 4. Brief auf eine Nachricht von A, die in unserem Text nicht vorkommt, und im 8. Brief ist von zwei nacheinander eingetroffenen Briefen des Partners die Rede; so gibt unser Manuskript die Korrespondenz aber nicht wieder. (Doch bietet der Briefanfang von Nr. 8 »Binas a te accepi litteras«, »Ich habe zwei Briefe von Dir bekommen«, die Möglichkeit, a) einen originalen ciceronianischen Ausdruck zu imitieren, b) eine grammatikalische Besonderheit zu üben, nämlich die Verwendung des distributiven Zahlworts neben echten Pluralia tantum. Man merkt an solchen Einzelheiten die Lehrabsicht dieser Stilübungen.)

Die zweite Briefgruppe beschäftigt sich wieder mit dem auch aus Mansukript 80 bekannten Thema einer florierenden Universität. Zunächst schreibt ein imaginärer Korrespondent (nennen wir ihn C) dreimal nacheinander an einen guten Freund, der in Wittenberg studiert und höchst Erfreuliches von dort berichtet hat: die Professoren halten fleißig Vorlesungen, »freie künste und nötige sprachen« (bonae artes et disciplinae) werden eifrig betrieben, ein starker Zustrom von Studenten läßt erhoffen, daß Kirche und Staat viele tüchtige Diener durch solche Studien gewinnen werden. Daraufhin entschließt sich C, einen jungen Verwandten zum Studium nach Wittenberg zu schicken, und bittet seinen dortigen Freund D, sich des jungen Mannes anzunehmen, »das ehr nicht durch bose geselschafft zu faulem lediggange oder sunsten zu einem unordentlichen lebende muchte geraten.« So geschieht es, der Junge beginnt zu studieren und kann bei D Schlaf- und Tischgast sein. C und D korrespondieren weiter in diesem Sinne, der vorletzte Brief ist ein Dankschreiben des jungen Studenten an seinen Wohltäter C, der ihn von Kindesbeinen an wie einen eigenen Sohn erzogen und ihm den Weg auf die Universität ermöglicht hat.

Je zwei Briefe aus beiden Themenkreisen mögen, im Wortlaut wiedergegeben, die Art dieser in Form einer Korrespondenz gekleideten Übersetzungsübungen verdeutlichen. Zunächst Brief Nr. 2 (Blatt 33 v - 34 r); der von uns oben als Briefpartner B bezeichnete Schreiber wendet sich an seinen Freund A:

»Das du deiner zusage hast nachgesetzet [= nachgekommen bist, entsprechend gehandelt hast] und mir einmal einen freundlichen breff zugeschriben ist mir hertzlich lieb gewesen, und habe lange zeit ein groß verlangen darnach gehabt. Aber diß verdreußet mir das du so ghar kleinen bericht gethan hast von allen sachen welcher gestalt sie sich bie euch verhalten. Sonderen ich neheme diene entschuldigunge ahn das du von wegen deiner filen gescheffften un obligene [= Anliegen, Verpflichtungen] siest verhindert, versehe mich deretwegen genzlich du wirst mir balte wieteren bericht thun. Dein schreiben aber ob es woll kurtz ist es mir doch lieb gewesen das ich daraus vernommen das ihr noch alle gesunt und frisch seit. Von meinen sachen weiß ich itzo nitt sundriges [= Besonderes] zu vermelten dan das noch alle sachen benebenst guter gesundtheit sich gelucklich bie uns verhalten. habe dich woll und sie frisch und schreib widerumb.«

»Quod promissioni tuae satisfecisti et mihi aliquando perhumanas literas mististi rem gratam mihi fecisti, quia diu summo desiderio eas expectavi. Ceterum hoc unum mihi debes quod omnibus de rebus tam breviter scribis, et quo in statu res vestrae sint. Verum excusationem tuam accipio quod variis occupationibus impeditus plura scribere non potueris. spero igitur te quam primum omnibus de rebus me certiorem facturum. Literae tuae etiam si breves, tamen iucundae fuerunt, eo potissimum quod intellexi vos omnes adhuc bene valere. De meis rebus nil certi tibi scribere possum nisi quod bene valemus et adhuc salva sint omnia apud nos. Vale et ad omnia quam primum poteris respondeto.«

Brief Nr. 5 (Blatt 35 v – 36 r), A schreibt aus dem vom Krieg bedrohten Gebiet an B:

»Ich wolte verlangest [vorlängst, schon längst] auff dine schribendt geantwortt haben ich habe aber keine gelegen botschafft kunnen haben, itziger zeit aber dieweile file kauffleute ihrer handelung halben zu euch auff das markt verreisen habe ich dir wollen schriben das noch alle ding bie uns ihm zimlichen wolstande ist und auch eine gute zeit, alleine das das krigesvolck welches sich nehrmal [= jüngst] bie uns versammelte dem haus man [hausmann = Haushaltungsvorstand, namentlich Bauer] ihn flecken und dorfferen grossen schaden gethan welches doch sunst ahn [= ohne] grossen iammer ist abgegangen. Meine sachen de stehen noch sunst woll, ich gedencke dich zu besuchen so balte ich meine handelung ein wenich habe verrichtet weiteren bericht wirstu woll von den kauffhandelern [= Kaufleuten] vernehmen. Hi mitt Gott beuohlen. sie frisch und schrib balte widerumb.«

»Iam dudum ad literas tuas respondissem si commodum nuntium habere potuissem, quia vero hoc tempore mercatores hinc ad vos proficiscuntur ad mercatum negotiorum suorum causa, scribere tibi volui, quod adhuc apud nos sit mediocris status et annona sat commoda. Praeterquam quod milites qui nuper in his locis confluxerunt in castellis, villis et pagis, colonis et rusticis magnum damnum dederunt, quod tamen sine aliqua clade hominum factum est. Res meae adhuc sunt integrae, te quam primum videre constitui ubi paululum ocij [= otii] nactus fuero. Caetera ex mercatoribus cognosces. Deo optimo maximo commendatus vale, et cito rescribito.«

Ferner zum Thema »Universität und Studium« Brief Nr. 11 (Blatt 39 r + v), C schreibt in die Universitätsstadt:

»Das du mir ihn deinem iungesten schribende freundlich hast vermeltet von dene wolstand ewerer weit berumbten Universitet hastu mir einen grossen gefallen gethan und habe es auch fur eine sunderliche antzegung [= Anzeigung, Bezeigung] deines guten willen iegen mir verstanden und aufgenomen, bin es auch ihn gelichen fall widerumb zu verschulten erbeitig iegen dir. Es ist mir aber eine sonderliche zeitung gewesen zu vernehemen das ewere schole mitt so filen statlichen und gelerten leuten versehen ist und alle Lectiones so zu guter unterweisung aller geschicklichkeit dienen so woll bestalt sein darzu auch das so file studenten da furhanden sein das es zu verhoffen ist, es wirt unsern loblichen vatterlande hie ihn ghar file gedeinet sein. Aber hievon zu gelegener zeit weiter. Vale.«

»Ouod proximis tuis literis mihi scripsisti de statu celebris vestrae Academiae pergratum mihi fecisti quia ex eo officio animum tuum benevolum et propensum erga me intellexi, tibique pro ea benevolentia omne studium defero. Fuit enim mihi admodum iucundum auditu quod vestra Universitas instituta sit tot prestantibus et doctis viris, quodque etiam lectiones quae pertinent ad comparandam eruditionem omnis generis tam bene ordinatae sint. Praeterea etiam magna frequentia studiosorum ibi versatur adeo ut magnam concipiamus spem fore ut communis nostra patria magnum emolumentum inde sit perceptura. Sed hac de re oportuno tempore plura.«

Schließlich Brief Nr. 15 (Blatt 41 r + v), D berichtet an C Löbliches über den jungen Studenten, den er in sein Haus aufgenommen hat:

»Ich habe deinen negesten brieff empfangen und dar aus verstanden das du ser sorchfeltig bist fur deinen blutes verwanten welchen du aus guter meinung ihn unsere Universitet fur weinig monaten hast geschicket so kan ich dir nun nitt verhalten [= verschweigen] das ich ihn bie mich ihn mein haus hab auffgenomen und habe selbest achtung auff ihn, damitt ehr nicht muge verfuert werden oder ihn boser geselschafft geraten, ich vermercke aber anderes nicht ahn ihm sonder das ehr fleissig und zuchtig ist und wartet seines studirens empsig aus, hatt auch nich lust zu anderer geselschafft dan welche fleissig studiret und da ehr etwas von lernen mag. Darfst derhalben nicht sorg haben. habe dich woll auff ein ander mal weiter. Vale.«

»Ex proximis tuis literis intellexi res tui consanguinei, quem ante paucos menses ad nostram Academiam, bono consilio, misisti, tibi magnae curae esse. Scire autem te volo quod eum ad me recepi in aedes meas, curamque ipsius ago ne seducatur, neve malorum consuetudine seu consortio corrumpatur, licet in eo nil deprehendam, quod a diligentia et modestia alienum sit, sedulo incumbit suis studiis neque delectatur aliorum consuetudine, quam a quibus utiliter aliquid discere et audire potest. Propterea non angeris animo. Vale et alias plura.«

Die restlichen Übungsbriefe findet der an Einzelheiten Interessierte im Anhang.

Ex epistolis Ciceronis

ist der dritte Teil des Manuskripts 81 überschrieben, der die 21 Blätter 45 r bis 65 v umfaßt. Er ist eine Fortführung der »Exercitia styli ex epistolis Ciceronis« im Manuskript 80 und ist grundsätzlich ebenso zu betrachten und einzustufen, doch verdienen über die bloße Beschreibung hinaus einige Einzelheiten immerhin Beachtung und Erwähnung.

Die äußerlichen Merkmale dieser Übungstexte sind schnell genannt: Nur vier Briefe füllen die 21 Manuskriptblätter. Alle sind in mehrere Stücke aufgeteilt, so daß Pensen vom üblichen Umfang gebildet werden. Bearbeitet worden sind die Briefe Cicero epist. 4,5 (in 8 Abschnitten), epist. 4,6 (5 Abschnitte), epist. 5, 12 (11 Abschnitte) und Att. 8,3 (8 Abschnitte). Immer geht eine deutsche Übersetzung voraus, dann folgt der lateinische Text. Grußformel und Datum fehlen stets, am Schluß steht jeweils das übliche »vale«, nur nicht beim letzten Brief, der nicht vollständig wiedergegeben worden ist, sondern in § 7 abbricht.

Der Anfang gleich des ersten Briefes, Cicero epist. 4,5, läßt aufmerken: Hier ist eine wichtige und auffällige Änderung vorgenommen worden. Das Original ist ein Beileidsschreiben, das der ehemalige Konsul und bedeutende Jurist Servius Sulpicius Rufus im März 45 v. Chr. an Cicero gerichtet hat, als dieser im Monat vorher seine geliebte Tochter Tullia verloren hatte. Es beginnt: »Als ich die Nachricht vom Heimgang Deiner Tochter Tullia erhielt, war ich natürlich aufs tiefste erschüttert.« Stattdessen steht im Manuskript: »Diewile mir ist gewisse kundtschaft zugekommen, das Caius unser beiter guter freundt nach lanckwiliger kranckheit totlich ist abgangen, habe ich mich wie billich hertzlich betrubet.«

An Stelle der verstorbenen Tullia ist also ein (erfundener) Freund Caius eingesetzt worden. Und auch die sich anschließenden Sätze zeigen mehr Veränderungen im Vokabular, auch leichte Verkürzungen des Textes, als die überwiegende Mehrzahl der im Manuskript 80 bearbeiteten Cicerobriefe. Das läßt an bestimmte Anweisungen der Schulordnungen des 16. Jahrhunderts denken, die dem Präzeptor ausdrücklich vorschreiben, er solle im Rahmen der Stilübungen bei der Aufgabenstellung für die Schüler die phrases auctorum, also das originale Latein, variieren, indem er die »Numeros, Personas, Casus, Modos und Tempora« abändert.[62] Doch bleibt der Magister Thodenus diesem Verfahren nicht lange treu. Bereits das nächste Pensum, Blatt 45 v + 46 r, beginnt mit einem eingeschobenen und frei erfundenen Satz: »Ich vernehme, das du dich zu heftig bemuhest umb deine leibe dochter«, »Intellego te vehementer animo angi ob praematuram mortem filiae tuae«, für den das lateinische Original keinerlei Vorbild bietet und der die echte Situation wiederherstellt – der Tod Tullias wird betrauert, von dem Freund Caius ist keine Rede mehr.

Nun folgt das Manuskript wieder recht getreu dem ciceronianischen Text. Freilich gibt es noch Abweichungen, aber nur geringfügiger Art, so z.B. Verdopplungen des Ausdrucks: Cicero »egerit« – Mscr. »luserit et egerit«; Cicero »erepta« – Mscr. »erepta et adempta«; Cicero »cara« – Mscr. »chara et grata«; Cicero »dolores« – Mscr. »dolores et cruciatus« (Blatt 46 r). Auf Blatt 48 r schreibt Simon im Manuskript »praeterea«, wo der Originaltext »populi Romani«, in der Abkürzung »p.R.«, bietet. Das »praeterea« im Manuskript ist eine falsche Auflösung der Abkürzung. Sie wirkt im Zusammenhang aber nicht sinnstörend.

Der nächste Brief, epist. 4,6, ist Ciceros Antwort auf das eben genannte Kondolenzschreiben. Das Manuskript folgt hier fast durchweg wörtlich treu dem Text des Vorbilds. Das gilt auch für das anschließende Schreiben, epist. 5,12.

62 Württembergische Schulordnung von 1559, abgedruckt bei Vormbaum, S. 84; wörtlich gleichlautend die kursächsische Schulordnung von 1580, Vormbaum, 1860, S. 242.

Der Inhalt dieses letztgenannten Briefes hat seinem Verfasser bei der Nachwelt viel Kopfschütteln, Kritik, ja empörte Vorwürfe eingetragen. Cicero schreibt im Juni 56 v. Chr. an den Historiker L. Lucceius und dringt in ihn, seine, Ciceros, Taten vom Konsulatsjahr (63 v. Chr.) an bis zur Rückkehr aus der Verbannung (57 v. Chr.) in einem Geschichtswerk zu verherrlichen. Er tut das mit einer geradezu peinlich wirkenden Aufdringlichkeit (»Ich bin rein versessen darauf – und es besteht, meine ich, kein Anlaß, mich dessen zu tadeln –, meinen Namen durch Deine Schriften verherrlicht und gefeiert zu sehen.« § 1), und versöhnlich wirkt dabei höchstens die entwaffnende Offenheit, mit der er seine dringende Bitte vorträgt (»Wer einmal die Grenzen der Bescheidenheit überschritten hat, der muß auch ordentlich unbescheiden sein.« § 3). Cicero war sich über das Ungewöhnliche, um nicht zu sagen über die Unverschämtheit seines Anliegens durchaus im klaren, bezeichnenderweise steht am Anfang seines Briefes ein Satz, der zum geflügelten Wort geworden ist: »epistola non erubescit« – ein Brief errötet nicht.

Falls es noch des Beweises bedürfte, daß die Stilübungen unserer Manuskripte keine Übersetzungen des mitgebotenen, freien deutschen Textes sind, sondern daß sie das Vorbild Cicero imitieren und kopieren, mag es nun schriftlich vorgelegen haben oder diktiert worden sein – viele Stellen aus diesen Briefen könnten ihn liefern, so zum Beispiel die folgende aus dem an Lucceius gerichteten Schreiben.

Bei Cicero heißt es (epist. 5,12,2): (Überlege Dir, ob es sich empfiehlt, bei Deiner Schilderung so vorzugehen) »wie viele Griechen es gemacht haben, Kallisthenes mit dem Phokischen Kriege, Timaios mit den Pyrrhuskriegen, Polybios mit dem Numantinischen – alle drei haben die genannten Kriege von ihrer fortlaufenden Darstellung abgetrennt behandelt.« Die versio Latina des Manuskripts hat auf Blatt 53 r diesen Satz wörtlich übereinstimmend mit Ciceros Original (bis auf das Versehen, daß statt des weniger bekannten Phokischen Krieges der berühmte Trojanische genannt ist, Troicum statt Phocicum), aber im deutschen Text steht: »wie etzliche Graische schreibenden gethan haben welche ihrer Historien von anderen krigen haben abgesundert«; die Beispiele aus der griechischen Historiographie fehlen also völlig und können somit unmöglich aus dem Deutschen des Manuskripts in die lateinische Fassung übertragen worden sein.

Durch eine andere Stelle kommt man vom umgekehrten Sachverhalt her zum gleichen Ergebnis. Auf Baltt 49 r schließt im Deutschen das 7. Teilstück des Briefes epist. 4,5 mit: »und also die erzurnest welchen das gelucke alles in ihre hand gegeben hat.« Von diesem Halbsatz findet sich bei Cicero kein Wort und im Lateinischen des Manuskripts auch nicht. Wieder erkennt man: Der deutsche Text im Manuskript ist nicht Grundlage für den lateinischen.

Schließlich noch eine interessante Beobachtung aus epist. 5,12,6 (Blatt 57 r). Hier liest man: »in quibus perpetuam rerum gestarum historiam complecteris, secernas hanc quasi fabulam rerum gestarum (historiam rerum gestarum complecteris secernas hanc quasi fabulam rerum) eventorumque nostrorum.« Der Text außerhalb der Klammern ist, wie auch die vorangehenden und die folgenden Sätze, wörtlich Cicero – bis auf das Wort »gestarum« vor der Klammer. Die Klammern stehen im Manuskript, wie soeben angegeben, die von ihnen eingeschlossenen Wörter sind dünn durchgestrichen. Beim Übersetzen aus einer deutschen Vorlage kann solch ein Irrtum, die Wiederholung von fast zwei Textzeilen, kaum vorkommen. Vielmehr ist ganz offensichtlich das Auge des Schreibers während des Abschreibens bei dem Wort »rerum« (kurz vor der Klammer) zurückgeglitten auf die gleiche Vokabel acht Wörter vorher, und dann hat Simon die schon einmal abgeschriebene Wortgruppe versehentlich wiederholt; bei der nachträglichen Korrektur hätte er nur eigentlich das Wort »gestarum« mit einklammern und streichen müssen. Nicht völlig auszuschließen ist auch die Möglichkeit, daß die Dittographie durch einen Irrtum beim Diktat entstanden ist. Auf jeden Fall beweist auch dieses Beispiel eindeutig, daß Simons Aufgabe nicht darin bestand, aus seiner deutschen Muttersprache ins Lateinische zu übersetzen. Er hatte vielmehr einen ihm vorgelegten Cicerotext zu kopieren, dabei ständig die vorher niedergeschriebene deutsche Fassung zu vergleichen und so sein sprachliches Können und seinen lateinischen Stil zu schulen.

Der letzte Brief dieser Gruppe, Cicero Att. 8,3, bietet wieder das gewohnte Bild: Das Manuskript gibt fast wörtlich den Cicerotext wieder, der aus der den einzelnen Teilabschnitten jeweils vorausgehenden deutschen Übersetzung unmöglich so genau hätte rekonstruiert werden können. Im § 7 des Briefes bricht die Übersetzung ab. Das ist vermutlich darauf zurückzuführen, daß Simon im Begriff stand, Detmold zu verlassen und sich nach Wolfenbüttel zu begeben. Thodenus sollte ihn auf dieser Reise begleiten und ihn weiter unterrichten, und der Magister wird es für angebracht gehalten haben, am neuen Ort die Arbeit mit einem neuen Thema fortzusetzen.

Agapetos: »Ad Justinianum Caesarem«

Der vierte und letzte Teil des Manuskriptes 81 beginnt auf Blatt 65 v. Dort steht in Thodenus' charakteristischer Handschrift:

Agapeti utilissima praecepta ad Iustinianum Caesarem.
In Guelphorum castro ao. LXIX 17. Novembris.

Zu deutsch: Des Agapetos höchst nützliche Weisungen für Kaiser Justinian. Im Welfenschloß, 17. November (15)69.

Agapetos ist Diakon gewesen, vermutlich an der Hagia Sophia in Konstantinopel. Nachdem Justinian I. 527 den Thron des oströmischen Reiches bestiegen hatte, hat der Geistliche dem Kaiser eine Schrift gewidmet, die in 72 Thesen oder Kapiteln dem Regenten Ratschläge geben, vorbildliches Verhalten nahelegen wollte – also einen Fürstenspiegel.[63] Diese Leitsätze bieten inhaltlich nichts Außergewöhnliches oder Neues, es ist das an solcher Stelle übliche Gedankengut: Mahnung zu Gottesfurcht, Warnung vor Überheblichkeit sowie vor Schmeichlern und Heuchlern, Aufruf zur Fürsorge für die Armen usw. Der griechische Text enthält ein Akrostichon: Die Anfangsbuchstaben der 72 Thesen ergeben, hintereinander gelesen, die Widmung »Unserem göttlichen und frommen Kaiser Justinian – Agapetos der geringe Diakon.«

63 Der Text, mit lateinischer Übersetzung, bei Migne, J.P., Patrologiae cursus completus, Series Graeca, Paris 1857 bis 1866, Bd. 86, S. 1164-1186.

Einige Beispiele mögen einen Eindruck davon vermitteln, was Agapetos dem Herrscher des großen oströmischen Reiches zu empfehlen für richtig hielt und der Magister Thodenus für den künftigen Landesherrn der kleinen Grafschaft Lippe als beherzigenswerte Lehren ansah. Dabei ist die deutsche Fassung des Manuskripts eine freie, aber sinnentsprechende Wiedergabe des griechischen Originals von ungefähr gleicher Länge. Die laufende Numerierung der Leitsätze steht im Manuskript stets am Rand, erst neben der lateinischen Version, später neben der deutschen.

These 1:
»Derweile du grosse ehere und herlichkeit uber alle anderen uberkommen hast so isset billich und recht das du Gott der dich so hoch ehrhoben, fur allen dingen eherest derweile ehr dich zum erdischen kunig gemacht hat, das du den menschen lerest dei gerechtigkeit halten und dei selbigen straffest so sich dawider muttwillich aufflegen, damit du und deine untertanen der gerechtichkeit gemes leben.«

»Postquam magnam dignitatem et honorem prae caeteris omnibus adeptus es iustum est, ut Deum imprimis honore afficias qui te ad summum dignitatis fastigium evexit et honorem regium tibi contulit, deinde etiam iusticiam praestare discas eamque aliis servandam tradas, atrociter etiam eam violantes punias, denique ut te tuosque iusticiae per omnia subiicias.«

These 2:
»Ein Herr der muß geleich wie ein schiffmann so das schiff regeret weit mit den augen seines sinnes umbsehen, damitt ehr gewisse de gerechtigkeit muge ausfuhren und alle ungerechtigkeit muge vermeitenn und abschaffen, Das also dei zirliche und nottwendige politie ordnung nitt muge untergehen, gelich wie ein schiff durch wasser wellen wirt erseuffet und untergetruckett.«

»Gubernatorem oportet non aliter sicut nauclerum attente circumspicere oculis suis, ut possit recte iustitiam administrare et persequi, et quicquid cum iustitia pugnat avertere et abolere, ut ita pulcherrima politia vel gubernationis forma consistere queat, ne instar navis fluctibus obruatur vel opprimatur.«

These 11:
»Der menschen sachen die wenden sich balte umb unten und oben wie ein Circel und seindt also ungeleich geschaffen das nichtes aller ding bestendig bleibet. Darumb ist dir hoch von noten aller mechtigster herr das du in diser schwinden und eiligen veranderung und unbestendigkeit ein bestendig und stanthafftiges Gottseliges gemute behaltest.«

»Res humanae sunt tamquam periodus quidam vel volubilis circulus, et ita se habent ut nihil sit in eis durabile et perpetuum. Qua de causa tibi potentissimus Rex summo studio elaborandum erit, ut in tam variatis casibus et in tantis rerum mutationibus animum pium atque constantem retinere possis.«

These 12:
»Hute dich fur der heuchler oder schmeichler verfurerische und bedrechlische [?] rede, als fur der raben diepsche art und natur. Den dei raben kratzen alleine nur dei augen aus der menschen leibe, aber dei heuchler dei verblenden dei augen der gemuter, das dei herren nitt

sehen kunnen dei warheit der sachen. Dan dei heuchler loben gemeinlich was scheltenswert ist, und schelten offte welcher lobes wert ist, das als das gute ihrent halben offte gelastert wirt, und das bose gelobet und ehrhalten.«

»Diligenter caveas assentatorum vel adulatorum fallaces et insidiosas sermones, non aliter sicut corvorum rapacem vel furacem naturam. Nam corvi effodiunt tantum oculos corporis, sed gnat[h]ones aulici mentis aciem obtundunt et hebetant, ne possit cernere veritatem negociorum. Nam assentatores plerumque ea laudant, quae vituperationem merentur et quae laudem merentur, ea vituperant, atque ita saepe fit ut quae optima sint vituperentur et quae mala sint approbentur.«

These 17:
»Zu unseren zeiten haben wir die gluckselige zeit ehrreicht, von welcher der alten einer christlich gesagt hatt das es zu wunschen, das dei regenten geschickt oder geleret weren, oder aber das die gelerten regeren muchten (Platon!), ihn dir ist gewislich dise rede erfullet dan du bist ein gelerter und hoher Potentat, und hast noch lust zur geschicklichkeit.«

»Vere aureum illud saeculum vita nostra attigimus, de quo sapiens quidam Philosophus graviter dixit, optandum esse ut aut gubernatores essent Philosophi, aut sapientes gubernarent. Nam verissime sapientis Philosophi oratio ad te tuamque gubernationem pertinet. potentissimus enim et excellentissimus es rex et expetis sapientiam et eruditionem.«

Die Schrift des Agapetos ist eine Sammlung »großenteils moralisch-religiöser Gemeinplätze« genannt worden[64], und dieses kritische Urteil ist ohne Zweifel berechtigt. Dennoch hat man sie in der Humanistenzeit gern im Unterricht verwendet und seit 1509 oft gedruckt, nicht nur im griechischen Urtext, sondern auch in lateinischen und deutschen Übersetzungen. Zwei dieser Ausgaben besitzt die Lippische Landesbibliothek. Beide sind erst 30 Jahre und mehr nach der Entstehung des Manuskripts 81 erschienen und können somit keine Rolle für Simons Lateinstudien gespielt haben. Sie sollen aber dennoch kurz vorgestellt werden, um einen Eindruck davon zu vermitteln, wie dieser heute unbekannte Traktat in der Zeit um 1600 beachtet und kommentiert worden ist.

Die erste Ausgabe[65] hat der Pastor primarius Martin Möller[66] in Görlitz auf deutsch drucken lassen. Die Vorrede ist 1599 datiert, ein handschriftlicher Vermerk auf dem Titelblatt besagt, daß das Buch »Ex Bibliotheca Casparis Pezelii Ao. 1600« stammt. In der Vorrede an seinen Landesherrn, den Herzog Karl zu Münsterberg in Schlesien, schreibt Möller recht anschaulich, warum und wozu er diese seine Arbeit für nützlich hält:

»Was aber diß Büchlein an sich selbs belanget/ sol E.F.G. ich in tieffster Demuth nicht bergen/ das es/ so viel die Aphorismos belanget/ ein fast altes Büchlin/ und vor Eilftehalb Hundert Jahren dem Kayser Iustiniano/ dieses Namens dem Ersten/ zu einem täglichen Handt-Buch/ von einem Diener oder Prediger der Christlichen Gemeine zu Constantinopel ist gestellet worden/ und von menniglich SCHEDA REGIA/ das ist/ Regenten Büchlin/ oder des Kaysers Büchlein/ ist genennet worden.

64 Paulys Realencyclopädie der classischen Altertumswissenschaft, Stuttgart 1893 ff., I 1, Sp. 734.
65 LLB Sign. St 151.
66 Das Evangelische Kirchengesangbuch enthält noch heute vier Choräle von ihm.

Weil es aber anfenglich in Griechischer Sprachen beschrieben/ und bißher gar unbekandt gewesen/ Ich aber durch Göttlich verleyhen gemercket/ das es sehr gut/ und das Ampt einer Christlichen Obrigkeit/ nach allen Umbstenden/ so wol und artig darinnen verfasset und vorgeschrieben ist/ Als habe ich mich darüber gemacht/ und dasselbe mit allem fleiß/ nicht allein verdeutschet/ sondern auch alle und jede Aphorismos (welche im Griechischen vom Autore nur bloß gesetzt) mit Sprüchen der Heyligen Schrifft/ und etlichen sententiis Poetarum/ so wol mit vielen vornemen Exempeln/ beyde ex sacris & prophanis Authoribus genommen/ illustriret und erkläret/ auff das es allen Christlichen Regenten/ hohes und nidrigen Standes/ die wegen vielfeltigen Geschäfften nicht weile haben/ grosse Volumina und Regenten Bücher oder Taffeln zu lesen/ ein kleines/ tägliches/ und ob GOtt wil/ sehr nützliches HandtBüchlein sein möchte.«

Also das gleiche Anliegen, das gut 30 Jahre früher Georg Lauterbeck bewogen hatte, den Fürstenspiegel des Giovanni Pontano verkürzt herauszugeben in einer Form, die dem letzten Teil des Manuskripts 80 als Vorlage gedient hat.

Möller schickt seiner Übersetzung der Agapetos-Thesen jeweils eine Kurzfassung voraus, die deren Inhalt überschriftartig auf einen Satz komprimiert, und läßt den Ausführungen des Griechen eine Reihe von Bibelsprüchen folgen, aus denen sich die Ratschläge des Diakons ableiten lassen. Dann schließt er Beispiele aus dem Alten Testament und aus der Profangeschichte an, um zu zeigen, welche Herrscher sich zu ihrem Heil nach diesen Regeln gerichtet, welche zu ihrem Verderben dagegen verstoßen haben. Seine Exempel reichen von den Pharaonen bis zu den Habsburgern seines Jahrhunderts, und auf diese Weise füllt er mit seiner Übersetzung und der viel umfangreicheren Kommentierung ein Buch von über 300 Seiten.

Die zweite alte Agapetos-Ausgabe der Landesbibliothek[67] stammt von Heinrich Kitsch, Rektor in Dessau, später Bibliothekar in Zerbst und Direktor des Schloßgartens in Köthen.[68] Sie ist 1612 in Zerbst in lateinischer Sprache erschienen und gibt die 72 Leitsätze des Agapetos nur stark verkürzt wieder; »Aphorismen« nennt Kitsch selbst diese knappen Formulierungen und unterstreicht die Lehre eines jeden Aphorismus durch ein Wort aus der Heiligen Schrift, oft auch dazu noch durch das Zitat eines antiken Autors oder einer anderen Autorität, durch ein Sprichwort, einen Sinnspruch oder dergleichen.

Simons Übungen von 1569 dagegen beschränken sich auf die Bearbeitung des Agapetostextes selbst. Der Leitsatz Nr. 24 ist versehentlich ausgelassen, stattdessen die These 25 als Nr. 24 gezählt worden. Dann bricht die Übersetzung ab. Ein Schlußvermerk, eine Datierung wie am Ende des Manuskripts 80, findet sich nicht, ein Grund dafür wird nicht ersichtlich.

Diesen letzten Teil der uns erhaltenen Exercitia Latina hat Simon im November (und sicher auch im Dezember) 1569 »in Guelphorum castro« niedergeschrieben, also im Welfen-

67 Sie ist enthalten in einem Sammelband mit der Signatur R 951.

68 Vor seiner Dessauer Zeit, nämlich 1592, hatte Kitsch sein Amt an der Universität Leipzig wegen seiner Neigung zur reformierten Lehre verloren; auch Martin Möller wurde in Görlitz als angeblicher Kryptocalvinist angefeindet. Was den beiden Agapetos-Übersetzern in Sachsen und in der Lausitz zum Vorwurf gemacht worden war, konnte in Lippe für sie nur eine Empfehlung sein!

schloß, das heißt während seines Aufenthalts in Wolfenbüttel am Hofe des Herzogs Julius von Braunschweig. August Falkmann, der verdientsvolle Biograph und vorzügliche Kenner des Lebens Simons VI., hält die fast zweieinhalb Jahre in Wolfenbüttel geradezu für den wichtigsten Abschnitt im Leben des heranwachsenden jungen Grafen[69], der damals, im Alter von 15 1/2 bis fast 18 Jahren, seine geistigen Fähigkeiten und charakterlichen Anlagen recht eigentlich auszubilden und auszuprägen Gelegenheit fand. Und eine bessere Umgebung für diese entscheidende Entwicklungsphase konnte er nach dem Urteil Falkmanns nicht finden als den Welfenhof, wo Herzog Julius ein musterhaftes Hof- und Familienleben führte und für Simon ein väterlicher Freund und ein Vorbild war. Julius hatte gerade erst 1568 in seinem Land die Reformation eingeführt, 1576 hat er die Universität Helmstedt gegründet.

Simons Studien haben in jenen Jahren nicht geruht. Wenn er von Wolfenbüttel aus zusammen mit dem Magister Thodenus für einige Zeit nach Gandersheim ging, dann geschah das gewiß, um dort die von Herzog Julius gestiftete gelehrte Schule kennen zu lernen. Und speziell von den lateinischen Sprachstudien, die Simon auch am braunschweigischen Hof fortgesetzt hat, legt eben der letzte Teil des Manuskripts 81 Zeugnis ab, das uns in Verbindung mit dem Manuskript 80 die Exercitia Latina Simons von Anfang 1568 bis Ende 1569 erhalten hat und ihre Ziele dokumentiert:

- Sprachlich-stilistische imitatio des exemplarischen Vorbilds Cicero,
  (Mscr. 80: Exercitia styli ex epistolis Ciceronis; Mscr. 81: Ex epistolis Ciceronis)
- Übungen im Schreiben von Briefen nach den Bedürfnissen der Gegenwart,
  (Mscr. 80: Alia exercitia scribendi; Mscr. 81: Epistolae aliquot)
- Beschäftigung mit Schriften belehrend-mahnenden Inhalts, mit Lebensregeln und Fürstenspiegeln.
  (Mscr. 80: Pontano, »De prinicpe«; Mscr. 81: Isokrates, »Ad Demonicum«, Agapetos, »Ad Justinianum Caesarem«)

69 Falkmann, 1847/1902 3, S. 52.

Manuskript 131

Beschreibung des Manuskripts – Die Handschriften

Das Manuskript 131 besteht aus elf Lagen. Deren erste umfaßt 23 Blätter, die zweite bis fünfte je 24 Blätter, Lage 4 hat sich aus der Heftung gelöst. Lage 6 enthält ein loses Blatt und 22 weitere Blätter, Lage 7 nur acht Blätter, Lage 8 24 Blätter, von denen die letzten sieben zum Teil unaufgeschnitten sind. Lage 9 hat 16, Lage 10 und 11 je 24 Blätter, die letzten zwölf sind wiederum unaufgeschnitten. Das Format ist 17 mal 10 cm, das Papier trägt kein Wasserzeichen. Der Pergamenteinband ist stark abgegriffen und zeigt die Randleisten sowie in den Ecken und in der Mitte des Buchdeckels die kleinen Zierornamente, die auf den Bucheinbänden der gräflichen Bibliothek um 1600 üblich sind. Auf seiner Vorderseite ist oben, nur noch schwach lesbar, eingeprägt: S(imon) C(omes) E(t) N(obilis)) D(ominus) I(n) L(ippia), unten die Jahreszahl 1598.

Um einen Überblick über den schier verwirrend vielfältigen Inhalt des Manuskripts zu ermöglichen, sei hier zunächst eine Übersicht im groben gegeben:

Die Blätter 2-34 enthalten grammatikalische Übungen, durchgeführt an Hand der »Disticha Catonis«.

Auf den Blätter 35-99 schließt sich eine Vielzahl von Notizen und Aufzeichnungen zu ganz unterschiedlichen Themen an, die vorerst unter der Überschrift »Verschiedenes« zusammengefaßt werden mag.

Blatt 122-140 folgt ein »Index vocabulorum«.

Blatt 143-167 (= Lage 7 und 8) wird gefüllt von einem »Liber exercitiorum«.

Blatt 175-224 (= Lage 9, 10 und 11) enthält einen »Liber exercitiorum extemporalium«.

Von entscheidender Bedeutung für die Einordnung und Zuweisung des ganzen Manuskripts ist Blatt 143 r, der Beginn der 7. Lage, wo wir lesen:

Liber exercitiorum
Com. Sim.
Frustra discimus multa, nisi eadem
scribendo & loquendo ad usum transferamus.
1598

(»Übungsbuch des Grafen Simon«. Dann ein lateinisches Motto: »Vergeblich lernen wir vielerlei, wenn wir das alles nicht im Schreiben und im Sprechen in die Praxis umsetzen.«)

Dieser Schreiber- und Besitzervermerk hat in Verbindung mit der Jahreszahl und den gleichlautenden Angaben auf dem Einband dazu geführt, daß man bisher Mscr. 131 als ein Übungsbuch des 1598 regierenden Grafen Simon VI. ansah. Unterstützt wurde diese Auffassung dadurch, daß August Falkmann in seiner ausführlichen Simon-Biographie erwähnt, der Graf habe seit 1591 bei seinem ehemaligen Lehrer, dem Magister Nikolaus Thodenus, wieder lateinische Stunden genommen, wahrscheinlich Autorenlektüre getrieben.[70] Falkmann gibt in seinem so gründlichen und schätzenswerten Werk leider hier wie fast immer keine Quelle für seine Behauptung an. Die Jahresangabe kann jedenfalls nicht stimmen, Thodenus ist erst 1593 aus Wittenberg nach Lippe zurückgekehrt. Und wenn Simon VI. dann wirklich noch die Zeit gefunden hat, sich mit dem Lateinischen zu beschäftigen (was bei dem geistig vielseitig interessierten Mann durchaus denkbar ist), dann ist es freilich wahrscheinlich, daß er unter Thodenus' Anleitung lateinische Schriftsteller gelesen hat. Dafür aber bietet Mscr. 131 keinen Anhaltspunkt. Zwar zeugt es zum Teil auch von der Behandlung lateinischer Autoren (Disticha Catonis, Tibull, Cicero, Vergil), aber auf Anfängerniveau. Cicerobriefe hatte Simon VI. bereits als 13jähriger in Straßburg gründlich durchgearbeitet. Inzwischen hatte er jahrelang selbständig lateinisch korrespondiert und Tagebuch geführt – der Art von Übungen, wie sie Mscr. 131 enthält, war er längst entwachsen. Hat er tatsächlich noch in den 90er Jahren mit Thodenus Lektüre getrieben, so ist uns kein schriftliches Zeugnis davon erhalten, jedenfalls nicht in Mscr. 131.

Sodann ist die *Frage der Handschrift* zu bedenken und zu prüfen. Wie Simon VI. schrieb, wissen wir genau. Wir haben die Mscr. 80 und 81 von seiner Hand, lateinisch und deutsch, aus den Jahren 1568 und 1569. Wir haben drei handschriftliche Briefe von ihm aus Straßburg vom März 1568.[71] Wir besitzen zahlreiche Dokumente, die er selbst geschrieben hat, aus den folgenden Jahrzehnten: Briefe, die ausschließlich lateinischen Eintragungen in sein Ebersches Calendarium historicum (1583-85)[72], ein eigenhändig geführtes Tagebuch aus den Jahren 1589-93[73], seinen langen Bericht über die Gesandtschaftsreise in die Niederlande 1591/92 im Auftrag des Kaisers.[74] Und wir müssen feststellen: Mscr. 131 enthält Simons Handschrift nicht, enthält sie nirgends.

Dennoch gehörte dieses Manuskript dem Comes Simon und ist auch von ihm geschrieben worden. Aber Graf Simon hieß nicht nur der Landesherr von 1598, sondern auch sein zweiter Sohn. Dessen Brüder trugen ja auch den Titel und hießen Graf Bernhard, Graf Otto, Graf Hermann. Wollte man den Vater von seinem gleichnamigen Sohn unterscheiden, so sprach man von Simon dem Älteren und Simon dem Jüngeren, wie z.B. auf dem Prachteinband des oben (Seite 36) erwähnten Lauterbeckschen Regentenbuches. Und die Handschrift des Mscr. 131 ist eindeutig die eines Jungen, nicht die eines Mannes in den vierziger Jahren. Simon der Jüngere ist am 30. Dezember 1587 geboren worden, wurde also Ende 1598 elf Jahre alt.

Für die Datierung des Manuskripts ist die Jahreszahl 1598, Blatt 143 r und auf dem Einband, der wichtigste Anhaltspunkt. Zwar erscheinen Bl. 215 r und 216 r auch die Zahlen 1587 und 1589, sie gehören aber zur Datierung eines fingierten Briefes, die auch fiktiv sein

70 Falkmann, 1847/1902, Bd. 5, S. 328.
71 Vgl. oben S. 17 f.
72 LLB Sign. G 631.
73 StA DT L 7 A XV A 1.
74 StA DT L 44. 3/1.

muß und sich schon allein dadurch verdächtig macht, daß für die deutsche Ausgangsfassung 1587, für die Übersetzung ins Lateinische 1589 angegeben wird. Mag diese Differenz in der Angabe des Jahres auch nur ein Flüchtigkeitsfehler sein, so ist diese Übung doch mit Sicherheit später geschrieben worden als das den Comes Simon nennende Blatt 143, das die Jahreszahl 1598 trägt. Aus den 80er Jahren stammt dieser Übungsbrief also bestimmt nicht. Realistisch mutet dagegen die Datumsangabe auf Bl. 167 r, am Schluß des »Liber exercitiorum«, an, wo es am Ende eines Übungsbriefes heißt: »Datum Brack den 10. Junii Ao. 1600«. Bis zu diesem Zeitpunkt, möglicherweise auch noch etwas länger, mag Simon d.J. an unserem Manuskript gearbeitet haben. Im Jahre 1601 ist er zum Besuch einer hochangesehenen Schule nach Kassel geschickt worden (davon wird in anderem Zusammenhang noch die Rede sein), aber nichts deutet in Mscr. 131 darauf hin, daß es an einem anderen Ort als in Brake, dem Wohnsitz der gräflichen Familie, weiter geschrieben worden ist. Dagegen hatte in den Mscr. 80 und 81 Simon d.Ä., bzw. der Magister Thodenus, jeweils vermerkt, welche Partien in Straßburg, welche in Köln oder in Wolfenbüttel entstanden waren.

So können wir als Entstehungszeit des Mscr. 131 die Jahre 1598-1600, vielleicht auch noch Anfang 1601, ansetzen. Damals war Simon d.J. 10 bis 13 Jahre alt. Und die Schrift eines Jungen in diesem Alter – freilich eines Jungen, der schon früh sich fleißig hat im Schreiben üben müssen – ist es, die die Seiten unseres Manuskripts bedeckt: teilweise etwas kindlich-unbeholfen, oft unausgeglichen, schwankend in der Sorgfalt, mit der sie ausgeführt ist.

Die Blätter sind bestimmt nicht fortlaufend vom ersten bis zum letzten beschrieben worden, wie das in den Mscr. 80 und 81 der Fall ist. Dagegen spricht schon, daß an mehreren Stellen eine mehr oder minder große Zahl von Seiten frei gelassen worden ist. Vielmehr ließ die ganz verschiedene Art der Übungen es angebracht erscheinen, dann und wann neu einzusetzen, so am Anfang der Lage 4 mit einem »Liber vocabulorum et phrasium«, bei Lage 6 mit dem »Index vocabulorum«, Lage 7 mit dem »Liber exercitiorum« und Lage 9 mit dem »Liber exercitiorum extemporalium«. Dennoch gehören die Lagen zusammen, sind nicht etwa erst nach dem Beschreiben als Stücke unterschiedlicher Herkunft willkürlich zu einem Buch vereinigt worden. Denn mehrmals geht der Text vom Ende einer Lage nahtlos auf den Anfang der nächsten über, nämlich von Lage 1 auf 2, von 7 auf 8, von 9 auf 10, von 10 auf 11. Und der »Index vocabulorum« in Lage 6 gibt zu jeder aufgenommenen lateinischen Vokabel eine Seitenzahl an, die stets genau mit dem Vorkommen des betreffenden Worts auf den handschriftlich paginierten Blättern der Lage 1 übereinstimmt.

Aufs ganze gesehen herrscht im Mscr. 131 eine geradezu verwirrende Vielfalt. Viele völlig verschiedene Themen sind behandelt worden, die Aufgabenstellung ist ganz unterschiedlicher Art; die Schrift ist bald flüchtig und nachlässig, bald sauber und exakt, die Tinte, wohl auch die Feder, jedenfalls aber die Sorgfalt der Handschrift wechselt häufig auf ein und derselben Seite; öfters sind Seiten und Blätter unbeschrieben gelassen worden, teils mitten in einer Lage, teils bis zum Ende einer Lage. Vor allem aber: Mscr. 131 ist offensichtlich nicht von einer einzigen Hand geschrieben worden. Auf den ersten Blick wagt man nicht einmal zu sagen, wieviele Schreiber beteiligt waren.

Nun gibt es in den Lagen 2-5 Partien, einzelne Zeilen und auch ganze Seiten, die eine einwandfrei vom übrigen abweichende, besser ausgeschriebene, feinere Schrift zeigen. Das ist die Handschrift des Lehrers. Präzeptor Simons d.J. war der Theologe Gerlach Wolff, wir kommen auf diesen Mann später noch zurück. Für den Augenblick genügt die Feststellung, daß uns seine Handschrift bekannt ist, denn es sind Briefe von ihm im Original erhalten. Und eben diese Schrift erscheint auf den erwähnten Zeilen und Seiten des Mscr. 131. Auch der Inhalt dieser Partien bestätigt, daß wir hier Aufzeichnungen des Lehrers vor uns haben: teils handelt es sich um anspruchsvollere Texte, teils um Anfänge zu bestimmten Übungen, durch die dem Schüler zunächst ein Beispiel dafür gegeben wird, in welcher Weise er weiterzuarbeiten hat. Außerdem hat Wolff in der gleichen Schrift da und dort Korrekturen und kurze Zusätze in den Exerzitien seines Schülers angebracht.

Aber auch der nicht vom Lehrer geschriebene, weitaus größere Teil des Manuskripts wirkt zunächst uneinheitlich in seiner Schrift und muß näher untersucht werden. Diese Prüfung setzt am besten bei den letzten beiden größeren, zusammenhängenden Teilen des Buches ein, beim »Liber exercitiorum«, der sich ausdrücklich als von Simon geschrieben zu erkennen gibt, und beim »Liber exercitiorum extemporalium«. Der erste umfangreichere Abschnitt, Blatt 2-34, kann in diese Untersuchung gleich mit einbezogen werden. Diese Partien (sie umfassen zusammen 108 Blätter, also immerhin zwei Drittel des ganzen Manuskripts, die leeren Blätter nicht mitgerechnet) sind ziemlich unproblematisch, was die Zuweisung ihrer Handschrift betrifft, denn man erkennt bald, daß sie von ein und demselben Schreiber stammen. Die Buchstaben sind, zumal am Anfang, voneinander abgesetzt, in den lateinischen Texten bleibt das auch weithin so. Auf den in deutscher Sprache und mit deutschen Buchstaben beschriebenen Seiten entwickelt sich je länger desto deutlicher eine Art Kursive. Das Schriftbild ist nicht gleichmäßig. Bald werden die Buchstaben größer gebildet – dann passen weniger Zeilen auf eine Seite; bald sind sie kleiner – dann steigt die Zeilenzahl an; einmal wird sorgfältiger geschrieben, fast gemalt, ein andermal flüchtiger. Das ist kein Wunder, geht vielmehr bis zu einem gewissen Grade wohl jedem Schreiber so und ist bei einem Jungen geradezu mit Sicherheit zu erwarten. Wichtig ist aber, daß die Bildung der einzelnen Buchstaben in lateinischer wie auch in deutscher Schrift in allen Textpartien der in Rede stehenden Abschnitte grundsätzlich die gleiche ist und die gleichen Charakteristika aufweist – eingerechnet den Umstand, daß einem Schreiber für einen Buchstaben je nach seiner Verbindung mit anderen Lettern verschiedene Versionen der Form zur Verfügung stehen können, eingerechnet auch die Tatsache, daß wir mit einer Entstehungszeit von zwei bis drei Jahren für unser Manuskript zu rechnen haben. In einem solchen Zeitraum verändert sich die Handschrift eines Jungen. Sie schreibt sich aus, wird ausgeprägter. Das läßt sich zumal an den Lagen 10 und 11 gut beobachten und trägt wesentlich dazu bei, daß sich der Gesamteindruck des Schriftbildes jüngerer Partien von dem älterer Abschnitte unterscheidet. Diese Differenzen sprechen jedoch nicht gegen die Verfasserschaft von *einer* Hand, wenn die Hauptcharakteristika der Buchstabenbildung die gleichen bleiben, und das ist hier der Fall.

Auch scheinbare Nebensächlichkeiten bestätigen die Feststellung, daß die bisher untersuchten 108 Blätter von der Hand eines einzigen Schreibers stammen. Sinnabschnitte in diesen Texten werden nämlich häufig durch eine Art von Zierleisten markiert. Die sind oft rührend ausgeführt: mit Diagonalstrichen, mit Rautenmustern oder mit Punkten und kleinen Kreisen geschmückt, manchmal liebevoll gemalt, manchmal aber auch nur flüchtig hingesetzt, sind diese Leisten Gliederungshilfen, die ein Junge in seinen schriftlichen Arbeiten angebracht hat. Und diese Zierleisten finden sich in den Lagen 1 und 2 ebenso wie in den Lagen 7 bis 11. Auch ein Zeichen wie das Kürzel & für das lateinische »et« ist beachtenswert. Es erscheint in Handschriften um 1600 häufig und hat dann meistens, auch in der Schrift des Präzeptors Gerlach Wolff, als Abstrich eine Diagonale von links oben nach rechts unten. Der Schreiber des Mscr. 131 benutzt es selten. Wenn er es aber tut, dann setzt er diesen Strich stets sehr konsequent waagerecht von links nach rechts. Andere Kürzel kommen in seiner Schrift so gut wie gar nicht vor, dagegen hat Simon d.Ä. sie in den Mscr. 80 und 81 bei seinen lateinischen Stilübungen in großer Zahl und Mannigfaltigkeit benutzt. Für lateinische Vorsilben, Endungen und gewisse Buchstabenverbindungen waren zu jener Zeit in Schrift und Druck viele Abkürzungen gebräuchlich.

Alle diese Beobachtungen machen es zur Gewißheit, daß *ein* Schreiber, und zwar Simon d.J., die bisher untersuchten Blätter des Mscr. 131 gefüllt hat. An dieser Überzeugung kann noch einmal Zweifel aufkommen, wenn man die letzten acht Blätter prüft. Hier wirkt das Schriftbild so viel ausgeglichener, »schöner« als in den vorhergehenden Partien, daß man zunächst doch an eine andere Hand glauben möchte. Bei näherem Hinsehen aber zeigt sich: Erstens beschränkt sich dieser Eindruck auf die lateinischen Texte; was deutsch geschrieben ist, bleibt sich praktisch gleich. Zweitens trägt zu der veränderten Wirkung offensichtlich die Verwendung einer neuen Tinte, möglicherweise auch einer neuen Feder, bei. Drittens und hauptsächlich aber: es gibt keinen abrupten Wechsel von der älteren, weniger gefälligen Schrift zur neuen, vollkommeneren, der letzten Seiten. Vielmehr ist auf Blatt 218 r ein Übergang zu bemerken, und zwar mitten in einem Übungsstück, dessen erster Teil durchaus noch so geschrieben ist wie die Texte vorher. Im zweiten Teil dieser Übung dagegen hat sich der Schreiber einige neue Buchstabenformen angewöhnt, zum Beispiel für das d und das r. Diese Umstellung ist ihm, wie nicht anders zu erwarten, nicht in einem Schritt konsequent gelungen. Anfangs tauchen die alten Formen noch relativ oft neben den neuen auf, dann nimmt ihre Häufigkeit immer mehr ab, zum Schluß erscheinen nur noch die neuen. Der Bogen über dem Buchstaben u, ursprünglich klein und ziemlich unauffällig, wird auf den letzten Seiten immer mehr zu einer langen, flachen Schleife, die sich über drei, vier, ja manchmal noch mehr Buchstaben hinzieht. Im ganzen hat man den Eindruck, der Schreiber habe sich hier am Ende des Manuskripts ganz besondere Mühe gegeben, er habe schön schreiben wollen. Ob aus eigenem Antrieb, ob dazu aufgefordert und angehalten, das können wir nicht sagen.

Diese Beobachtungen sind auch hilfreich für die Einordnung der Schrift jener Texte, die die Lagen 2 (zweite Hälfte) bis 6 füllen und die wir bisher noch nicht untersucht haben. Diese Blätter wirken ganz besonders uneinheitlich. Das bezieht sich sowohl auf die Handschrift als auch auf den Inhalt, der in unserer Übersicht vorläufig unter dem Begriff »Verschiedenes« zusammengefaßt worden ist. Für den Augenblick genügt zu wissen, daß der größte Teil dieser Blätter Vokabelsammlungen enthält. Der Schreiber wird das Anlegen von Vokabularien für eine untergeordnete Arbeit angesehen haben, minder im Vergleich zu den Exerzitien der Lagen 7-11. Jedenfalls hat er hier oft flüchtig geschrieben, geradezu geschmiert. Das wirkt dann auf den ersten Blick stellenweise so, als habe in diesen Abschnitten eine andere Hand die Feder geführt. Aber genaue Betrachtung des Schriftbildes ergibt auch hier: charakteristische Einzelheiten markanter Buchstaben begegnen uns in dieser »Schmierschrift« in derselben Form wie in den bereits untersuchten Partien, in deutscher und in lateinischer Schrift. Das trifft sogar auch auf die eigentümlich lang gezogenen Schleifen über dem u zu. Und auch die erwähnten Zierleisten als Abschnittsmarkierungen tauchen in Lage 2-5 ab und zu wieder auf, hier besonders dürftig und flüchtig ausgeführt, wie es zum äußeren Gesamtbild dieser Seiten paßt. Man darf auch nicht übersehen, daß es gerade diese Lagen sind, in denen der Präzeptor seine Muster, Anweisungen und Beispiele beigesteuert hat. Das trägt natürlich dazu bei, das Ganze uneinheitlich aussehen zu lassen.

So kommt man bei gründlicher Prüfung des anfänglich so verwirrend und heterogen wirkenden Mscr. 131 zu dem schlüssigen Ergebnis: Das Manuskript ist ein umfangreiches, mit Aufgaben der verschiedensten Art angefülltes lateinisches Übungsheft, geführt in den letzten Jahren des 16. Jahrhunderts vom jungen Grafen Simon, dem späteren Grafen Simon VII. zur Lippe, unter der Anleitung seines Präzeptors Gerlach Wolff.

Graf Simon VII. zur Lippe

Graf Simon der Jüngere interessiert in unserem Zusammenhang in erster Linie als Schüler, eine Beschreibung und Erläuterung des Mscr. 131 kann es sich nicht zur Aufgabe machen, seine Biographie erschöpfend darzustellen. Aber ein kurzer Überblick über sein Leben ist doch wohl angebracht. Auf eine wissenschaftlichen Ansprüchen genügende Lebensbeschreibung, wie sie für Simon den Älteren aus der Feder von August Falkmann vorliegt, können wir uns dabei nicht stützen. Zwar existiert eine ausführliche handschriftliche »Historia Graf Simonis VII.« von dem Blomberger Pastor Johannes Piderit aus dem Jahre 1627[75], aber diese Chronik kann begreiflicherweise kein Ersatz für eine moderne historische Darstellung sein.

Simon ist am 30.12.1587 geboren worden als zweiter Sohn Graf Simons VI. und seiner zweiten Frau, der Gräfin Elisabeth von Holstein-Schaumburg. Nach ihm hatte das gräfliche Paar noch acht Kinder. Er wuchs auf Schloß Brake auf, in einen wichtigen Teil des Unterrichts, den er dort erhalten hat, gewinnen wir Einblick durch das Manuskript 131. Als er 14 Jahre alt war, schickte sein Vater ihn zusammen mit seinem älteren Bruder Bernhard nach Kassel. Dorthin waren die Beziehungen von Lippe aus seit jeher eng, auch Simon VI. hatte, wie schon sein Vater Bernhard VIII., in seiner Jugend einige Zeit am hessischen Landgrafenhof zugebracht. Die Edelherren und späteren Grafen zur Lippe hatten bereits 1449 Stadt und Schloß Blomberg den Landgrafen von Hessen zu Lehen aufgetragen, 1517 auch die Schlösser Brake, Lipperode und Varenholz der Lehnspflicht Hessen gegenüber freiwillig unterworfen. Seit 1592 regierte in Kassel Landgraf Moritz, dem die Nachwelt den ehrenden Beinamen »der Gelehrte« gegeben hat und der manche Ähnlichkeit mit dem 18 Jahre älteren Simon VI. zur Lippe aufzuweisen hatte: Beide waren ungewöhnlich vielseitig interessiert und aufgeschlossen für Fragen der Wissenschaften und der schönen Künste; beide führten in ihrem Land kurz nach 1600 den Calvinismus ein, auch gegen heftigen Widerstand mindestens eines erheblichen Teils der Bevölkerung; beide ließen im Sinne der re-

75 StA DT D 71 Nr. 86.

formierten Lehre Andachtsbilder und Gemälde aus den Kirchen entfernen, beide waren aber zu große Freunde der Musik, speziell der Kirchenmusik, als daß sie die Orgeln ebenso behandelt und abgeschafft hätten, wie es streng calvinistischer Eifer nahegelegt hätte und andernorts auch praktiziert hat.

Moritz von Hessen hatte 1595 in Kassel eine Hofschule gegründet, die im Schloß untergebracht war und um deren Arbeit und Ergehen sich der hochgebildete Landgraf persönlich intensiv kümmerte. 1599 war unter dem Namen »Collegium Mauritianum« im Gebäude der nahen Kanzlei eine Art Akademie hinzugekommen, und beide Institutionen waren eng miteinander verbunden. Auf diese Schule schickte Simon VI. 1601 seine beiden ältesten Söhne.[76] (Bernhard, der Erstgeborene, hatte sich zuvor schon studienhalber in Marburg aufgehalten.[77]) Am 26.2.1602 schrieb der Präzeptor der Junggrafen aus Kassel noch an den »gräfflichen Lippischen Radt und Drosten zum Sternbergk Johann von Offelen«: »Was unsere junge herrschafft meyne g. herrn und meine geringe person betreffendt, soll E.G. uns semblich und sonderlich noch frisch und gesundt wissen.«[78] Und am 22. Mai desselben Jahres teilt Landgraf Moritz seinem »wohlgebornen lieben Neven, Schwager, Gevatter und Getreuen« Simon zur Lippe mit, »das wir gern einen guten Musicum und Instrumentisten haben möchten, welcher uff unserer Hoffschuel die junge Herschafft unnd studirende Edelknaben inn dieser kunst underrichtete«, und bittet den Grafen, den auf Schloß Brake und in Lemgo mit großem Erfolg wirkenden Musiker und Organisten Cornelius Conradi für die Hofschule in Kassel freizugeben[79]; dieser Brief spricht von Simons Söhnen gar nicht, geschweige denn, daß er eine Besorgnis erkennen ließe. Aber im Sommer erkrankte Bernhard schwer, und am 23. Juli 1602 ist er, noch nicht 16 Jahre alt, in Kassel gestorben.

Die Trauer war groß. Bernhard muß sich in Kassel in der Tat großer Beliebtheit erfreut haben. Seine Lehrer und Mitschüler verfertigten kunstvolle lateinische Trauergedichte auf den unzeitig frühen Tod des jungen Lippers und ließen sie gedruckt erscheinen.[80] Eines von diesen »Epicedia«, ein Gedicht von elf elegischen Distichen, stammt von einem Mitschüler, der einer der ganz Großen seines Jahrhunderts werden sollte: von Heinrich Schütz; der später so berühmte Musiker und Komponist, nur ein Jahr älter als der Verstorbene, war seit 1599 Kapellknabe und Schüler an der Hofschule und am Mauritianum. Nach Bernhards Tod rief der Graf zur Lippe Simon den Jüngeren und seinen Präzeptor nach Brake zurück.

76 Vgl. den Brief des Landgrafen Moritz von Hessen vom 29. 1. 1602 an die »heimbgelassenen Cantzlaren und Rathen« des Grafen zur Lippe (Simon VI. hielt sich zu der Zeit am kaiserlichen Hof in Prag auf), StA DT L 7 Nr. 3 b (4).

77 Vgl. den Brief des Marburger Apothekers Matthias Schrodt vom 1.2.1598 an Graf Simon, mit dem er um die Begleichung von Mietschulden bittet: »Demnach E.G. Sohn mit sampt seinem Magistro Ludolffen [Mensching] zeyt ihres hiesigen studirens bey mir... ihre herbrige, stuben, cammer ... gehabt.« StA DT L 7 A X 3 a.

78 StA DT L 12 Bd. 3, Bl. 201.

79 StA DT L 43, 26 num. 4 c.

80 »Epicedia in praematurum obitum illustris et generosi Comitis ac Domini, Dn. Bernardi Comitis & Nobilis Domini in Lippia ... Cassellis, anno MDCII.« StA DT L 7 A VII zu 3 a; LLB Sign. LC 73. Siehe auch Schütz-Jahrbuch 1989, S. 15-22.

Graf Simon VII. zur Lippe, aus: Joh. Piderit: Historia Graf Simonis VII, 1627, StA DT D 71, Nr. 86.

DEr Indianſche Flachs / ſehr lange bletter hat /
Die man auch ſpinnen kan: der Lange nun genennet /
Ich von den blettern bin: Sie ſtercken in der that /
Als des krauts artzeney in wirckung wird erkennet:
Wan iſt mit reu und leid der ſünder abgemat /
Und mit busfertigkeit zum heil' in Chriſto rennet /
Dan Gott ihm ſtärck' und troſt von oben rab verleiht /
Und alle ſeine ſünd' aus gnaden gantz verzeiht.
S.G.U.E.H.Z.D.L. 1626.

Symbol Simons VII. in der »Fruchtbringenden Gesellschaft«, Lippische Landesbibliothek Detmold.

Im Jahre 1606 schickte Simon VI. seinen nunmehr ältesten Sohn auf die übliche standesgemäße Kavalierstour. Begleiter des jungen Simon war Hans Adam von Hammerstein, der später, als sein jetziger Schützling Landesherr geworden war, eine wichtige Rolle in der lippischen Regierung gespielt hat. In einem Brief vom 24.10.1606 aus Straßburg[81] berichtet Hammerstein von der Reise durch die Landschaften Dauphinée, Languedoc und Provence bis nach Marseille. Der junge Graf war unterwegs gefährlich an den Blattern erkrankt, doch hatte man »herrliche gute medicos« hinzugezogen, und so war der Kranke vollständig geheilt worden und »ohne einig naruen [= Narben] darvonkommen.«

Am 8. Dezember 1613 starb der alte Graf, Simon d.J. übernahm als Graf Simon VII. die Regierung. Er hat, des ewigen Streits mit den aufsässigen Lemgoern überdrüssig, Hof und Regierung wieder von Brake nach Detmold zurückverlegt, hat auch 1617 im Röhrentruper Rezeß die Streitigkeiten zwischen dem Landesherrn und der Stadt Lemgo, die die letzten Lebensjahre seines Vaters so verbittert hatten, zu einem Abschluß gebracht.

Dann kam der große, verheerende, nicht enden wollende Krieg. Über die Belastungen und Leiden, die er dem kleinen Land Lippe brachte, hat Johannes Piderit ausführlich in einer »Relatio historica« im Rahmen der »Historia Graf Simonis VII.« berichtet.[82]

Bereits 1607 hatte Simon die noch nicht siebzehnjährige Gräfin Anna Katharina von Nassau-Wiesbaden-Idstein geheiratet. Sie hat ihm zwischen 1609 und 1622 zwölf (!) Kinder geboren und ist 1622 im Kindbett gestorben. 1623 schloß Simon eine zweite Ehe, und zwar mit der Gräfin Maria Magdalena von Waldeck-Wildungen, am 17. Geburtstag der Braut. Von ihr hatte er noch drei Kinder.

Im Jahre 1626 wurde Simon Mitglied der »Fruchtbringenden Gesellschaft«, der ältesten jener Sprachgesellschaften des 17. Jahrhunderts, die sich die Förderung, Reinerhaltung und Pflege der deutschen Sprache und Poesie zum löblichen Ziel gesetzt hatten.[83] Die Fruchtbringende Gesellschaft, auch Palmenorden genannt, weil sie als Bildzeichen einen »indianischen Palm- oder Kokosbaum« führte, war am 24.8.1617 im Schloß zu Weimar ins Leben gerufen worden. Unter den acht Gründungsmitgliedern waren allein drei Herzöge von Sachsen-Weimar und zwei Fürsten von Anhalt. Überhaupt dominierten in der Gesellschaft, deren Oberhaupt satzungsgemäß ein »teutscher Fürst des Reichs« sein mußte, die Fürsten und der Adel: bis 1662 waren unter den 789 Mitgliedern ein König, drei Kurfürsten, 49 Herzöge, vier Markgrafen, zehn Landgrafen, acht Pfalzgrafen, 19 Fürsten, 60 Grafen, 35 Freiherren und 600 Edelleute, Gelehrte und »andere vornehme bürgerlichen Standes Personen«. Unter den Bürgerlichen findet man viele, deren Namen in der deutschen Literaturgeschichte einen guten Klang haben, wie Martin Opitz, August Buchner, Georg Philipp Harsdörffer, Johann Michael Moscherosch (= Philander von Sittewald), Johannes Rist, Andreas Gryphius. Jedes Gesellschaftsmitglied führte einen Ordensnamen, das war

81 StA DT L 7 A X 3 b.

82 Diese Kapitel, die von den Drangsalen der Jahre 1621-27 erzählen, sind auch in den »Blättern für lippische Heimathkunde«, Jg. 1 (1900) - Jg. 3 (1902), abgedruckt worden.

83 Zur »Fruchtbringenden Gesellschaft« im allgemeinen und zu den im folgenden aufgezeigten Verbindungen lippischer Adliger zu ihr im besonderen siehe: Neumark, 1668; Barthold, 1848; Krause, 1855.

für Simon »Der Lange«, dazu das Bild einer Pflanze oder Frucht (Simon: »Indianischer Flachs oder süßer Aloe«) und ein Wort als Beischrift (Simon: »In stärkenden Blättern«). Ferner war jedem ein Sinngedicht oder »Reimgesetz« gewidmet, das in Simons Fall lautete:

Der Indiansche Flachs/ sehr lange bletter hat/
Die man auch spinnen kann: der Lange nun genennet/
Ich von den blettern bin: Sie stercken in der that/
Als des krauts artzeney in wirckung wird erkennet:
Wan ist mit reu und leid der sünder abgemat/
Und mit busfertigkeit zum heil' in CHRisto rennet/
Dan Gott ihm stärck' und trost von oben rab verleiht/
Und alle seine sünd' aus gnaden gantz verzeiht.

In demselben Jahr wie Simon VII. sind noch drei weitere Grafen zur Lippe der Gesellschaft beigetreten, nämlich Simons Bruder Otto (Name: »Der Braune«; Bild: »Brauner Kohl«; Wort: »Zur Gesundheit«; dazu die hübsche Devise [Prov. 15,17]: »Es ist besser ein gericht Krautt mit liebe, dann ein gemesteter Ochse mit haß«), sein jüngster Bruder Philipp und sein Sohn Simon Ludwig. Ihnen folgten später als Mitglieder Jobst Hermann zur Lippe (1646), Simons VII. Sohn aus zweiter Ehe und Stifter der Linie Lippe-Biesterfeld, und Augustus zur Lippe-Brake (1659), Ottos Sohn, an den Epitaphien in der Kirche zu Brake und in der Elisabethkirche zu Marburg erinnern. Mehrere Herren vom lippischen Adel schlossen sich wie ihr Landesherr 1626 dem Palmenorden an: Hans Adam von Hammerstein, Johann von der Borch, Heinrich von Oeynhausen, Anton Hederich von Exter, Levin von Donop. Auch fand Graf Simon im Orden Mitglieder vor, die ihm von seiner Schulzeit in Kassel her bekannt waren: Friedrich Ludolph Graf zu Bentheim und Dietrich von dem Werder. Der Letztgenannte hat in seinem bewegten Leben – er war unter anderem Oberhofmarschall in Kassel, Ephorus des dortigen Collegiums Mauritianum, unter Gustav Adolf Regimentskommandeur bei den Schweden – als eines der tätigsten Mitglieder der Fruchtbringenden Gesellschaft auch Bemerkenswertes für die deutsche Literatur geleistet, so Ariosts »Orlando furioso« und Tassos »Gierusalemme liberata« ins Deutsche übersetzt und an den sprachpflegenden und poetologischen Arbeiten des Palmenordens sehr rege Anteil genommen.

In den ersten drei Jahrzehnten der Gesellschaft nahm die führende Stellung in ihr Fürst Ludwig von Anhalt-Köthen ein, der seit 1626 in zweiter Ehe mit Simons VII. Schwester Sophie verheiratet war. Diese Verschwägerung war es auch, die Simon, seine Brüder und seinen Sohn im Jahre der Hochzeit ihrer Schwester und Tante Sophie dem Orden zugeführt hatte – über sprachpflegerische Arbeiten oder dichterische Versuche ist von keinem der lippischen Grafen etwas bekannt. Aber auch für Sophie selbst ergab sich durch ihre Eheschließung die Gelegenheit zum Eintritt in eine ähnliche, wenn auch kleinere und weniger bedeutende Gemeinschaft: ihres Mannes älterer Bruder, Fürst Christian I. zu Anhalt-Bernburg, hatte Anna, eine geborene Gräfin zu Bentheim, zur Frau, und diese Fürstin Anna hatte 1617 »La Noble Academie des Loyales« oder den »Güldenen Palmenorden« gegründet, eine Gesellschaft nur für Damen, der sich 1626 Sophie, die neue Schwägerin der Gründerin, ebenso anschloß wie Simons VII. zweite Gattin Maria Magdalena. Fürst Christian I. von Anhalt-Bernburg und seine Frau Anna sind übrigens in der 6. Generation direkte Vorfahren der rühmlich bekannten Fürstin Pauline zur Lippe (1769-1820).

Es ist Simon VII. nicht beschieden gewesen, der Fruchtbringenden Gesellschaft lange Zeit anzugehören, denn er ist schon am 26. März 1627, dem Ostermontag dieses Jahres, noch nicht vierzig Jahre alt, gestorben und wie sein Vater, seine Mutter (die ihn um elf Jahre überlebt hat), zwei seiner Brüder, seine beiden Gattinnen und vier seiner Kinder in der Gruft der Klosterkirche zu Blomberg zur letzten Ruhe gebettet worden. Als Regent folgte ihm sein Sohn Simon Ludwig, den der Vater, wie Piderit in seiner »Historia« schreibt, zusammen mit dem jüngeren Bruder Johann Bernhard regelmäßig zum Besuch der Schule in Detmold, das heißt des heutigen Gymnasiums Leopoldinum, angehalten hatte. Bei eben dieser Schule, die damals im ehemaligen Augustinerinnen-Kloster in der Schülerstraße untergebracht war, hatte der Graf auch 1614 aus den Beständen der Büchersammlung Simons VI. die »Gräfliche öffentliche Bibliothek« gegründet, aus der die Lippische Landesbibliothek hervorgegangen ist.

Der Präzeptor Gerlach Wolff

Der Mann, der in den Jahren um 1600 die Studien des jungen Grafen Simon leitete, der sein Präzeptor, insbesondere sein Lateinlehrer war, hieß Gerlach Wolff (oder Wulff) und stammte aus Blomberg. Das älteste bekannte Zeugnis über ihn ist ein Brief, den er am 9. September 1584 aus Korbach an den Amtmann Höcker in Blomberg gerichtet hat und in dem er den Adressaten darum bittet, ihm, dem Schreiber, vom Grafen Simon VI. ein Stipendium zu verschaffen, damit er sein Studium in Korbach fortsetzen könne.[84]

Korbach besaß seit 1579 ein florierendes Gymnasium, und die Beziehungen von Waldeck nach Lippe waren mannigfaltig. Das trifft zunächst auf die regierenden Häuser zu: Schon Simon I. und Bernhard VI. zur Lippe hatten waldeckische Gräfinnen zu Gemahlinnen. Bernhard VIII. hat Katharina von Waldeck geehelicht – seitdem taucht der achtstrahlige waldeckische Stern auf Allianzwappen am und im Detmolder Schloß auf –, die Simons VI. Mutter wurde. Bernhards Schwester Anna hatte ihrerseits einen Grafen von Waldeck zum Mann, und Simon VI. ist jahrelang der Vormund dreier waldeckischer Grafenkinder gewesen, die ihren Vater früh verloren hatten; sein Vetter Franz von Waldeck war, nach Falkmann, sein vertrautester Freund. Und auch Simon VII. hat später in zweiter Ehe eine Waldeckerin geheiratet, ebenso sein Sohn Simon Ludwig.

Aber auch unter den Schulen der beiden Grafschaften Lippe und Waldeck gab es viele und bemerkenswerte Verbindungen. Schon an der Gründung des Korbacher Gymnasiums war mit Bernhard Copius maßgeblich ein Mann beteiligt, der bis 1565 das Gymnasium in Lemgo geleitet hatte, nach heftigem Streit mit der lutherischen Geistlichkeit dieser Stadt aber sein Amt dort wegen seiner calvinistischen Neigungen hatte aufgeben müssen und Professor in Marburg geworden war. Copius hat die »Generalschulordnung und Dispositio lectionum« für Korbach verfaßt und damit auf Geist und Ausrichtung der neuen Schule bestimmenden Einfluß genommen. Lazarus Schoner, der erste Korbacher Rektor, ging später nach Lippe, war 1588-93 Rektor in Lemgo und wurde 1602 Gründungsrektor der

84 StA DT D 72, Nachlaß Wasserfall, Nr. 25.

Provinzial- oder Landesschule in Detmold. Heinrich Crantz, Konrektor und bis 1604 Rektor in Korbach, wurde dort als Calvinist angefeindet und zog ebenfalls nach Detmold, wo er 1608 Schoners Nachfolger im Rektorenamt wurde. Aus der Grafschaft Lippe stammte Hermann Germberg[85], der zu Copius' Zeit das Gymnasium in Lemgo besucht hatte, von 1581-84 Konrektor in Korbach war und dann wie Schoner und Crantz Waldeck wegen seiner calvinistischen Gesinnung verlassen mußte.

Die vielfältigen Beziehungen und der wechselseitige Austausch zwischen den Gymnasien in Lemgo und Detmold einerseits und in Korbach andererseits waren alles andere als zufällig. Vielmehr beruhten sie eindeutig und evident auf einer verwandten Geisteshaltung, die diese Schulen miteinander verband. (Das gilt jedenfalls für Korbach und Detmold, für Lemgo liegen die Dinge etwas komplizierter.) Diese Gemeinsamkeit bestand in einer großen Aufgeschlossenheit gegenüber der reformierten Lehre, bis hin zum ausgesprochenen Calvinismus, und fand ihren sichtbaren Niederschlag nicht nur in Äußerungen und Stellungnahmen zur Abendmahlsfrage und zum Katechismus, sondern auch in der Bevorzugung des philosophischen Systems des Ramismus. Dieses System des französischen Humanisten Petrus Ramus (Pierre de la Ramée), der 1572 ein Opfer der Bartholomäusnacht wurde, war von großem Einfluß auf das Schul- und Erziehungswesen der Zeit. Seine Anhänger galten als und waren wohl auch der reformierten Lehre grundsätzlich nahestehend, die Ramisten wurden mit den Reformierten oder mindestens den Kryptocalvinisten praktisch gleich eingestuft. Daß die lutherischen Grafen von Waldeck an ihrem Gymnasium in Korbach den Ramismus überhaupt duldeten oder sogar förderten, ist erstaunlich genug; freilich sind auch zu pointiert vorgetragene calvinistische Ansichten leitender Männer dieser Schule mehrfach, wie wir sahen, Anlaß dafür geworden, daß Rektoren und Konrektoren Korbach verlassen mußten. In Lemgo haben sich wenigstens zeitweise reformierte Strömungen am Gymnasium, den Lutheranern der städtischen Obrigkeit zum Trotz, halten können. Für die Detmolder Schule war unter dem Schutz Simons VI. eine calvinfreundliche Haltung sowieso gern gesehen oder sogar gefordert. Diese konfessionelle Lage erklärt den mehrfachen Wechsel führender Schulmänner zwischen Waldeck und Lippe.[86]

Gerlach Wolff also schrieb 1584 aus Korbach nach Blomberg, und bezeichnenderweise schließt er seinen in schwungvollem Latein abgefaßten Brief mit »Gerlacus Wolffius Rameae philosophiae studiosus«; er bekennt sich demnach ausdrücklich zur Philosophie des Petrus Ramus. Damit lag er von vornherein auf einer Linie, die ihm für sein späteres Vorwärtskommen in seinem Heimatland Lippe nur förderlich sein konnte.

Im Juni 1587 wurde Wolff als Student in Wittenberg eingeschrieben. Dort muß Nikolaus Thodenus ihn kennengelernt haben, und der alte Präzeptor Simons VI. scheint einen guten Eindruck von dem jungen Landsmann und Untertan seines ehemaligen Schülers gewonnen zu haben. Denn er setzte sich beim Grafen für ein Stipendium für Gerlach Wolff ein, das

85 Sein Heimatdorf Gehrenberg oder Germberg lag im Norden des Amtes Blomberg, heute ist es ein südlicher Ortsteil von Donop.

86 Zu den Gymnasien in Korbach und Lemgo: Medding, 1955, S. 158-176, und Schormann, 1978, sowie Schormann, 1980, S. 7-32.

geht aus einem Brief vom 12. Dezember 1588 von Antonius Beneken, einem der gräflichen Sekretäre, an den Amtmann Höcker in Blomberg hervor.[87]

Thodenus ist bekanntlich 1593 aus Wittenberg nach Lippe zurückgekehrt und hat neben Aufgaben in der Kirchenleitung vor allem die Aufsicht über die Erziehung der jungen Grafen übernommen. Bei der Erfüllung dieses pädagogischen Auftrags hat Gerlach Wolff ihn unterstützt, das heißt, er hat die eigentliche Arbeit des Lehrers, zumal im Lateinischen, geleistet. So hatte es Simon VI. bereits im Mai 1592 vorgesehen; in seinem Tagebuch[88] notiert er den Plan, den Magister Nikolaus »für einen diener und aufseher meiner kinder« zu verpflichten, »Gerlachius soll zum praeceptori gebraucht werden, der Magister aber soll ein aufseher sein«. So geht es auch aus dem Büchlein »De Parentalibus faciendis Lino Grammatico« hervor, das der Pfarrer Andreas Wedemeyer 1594 veröffentlicht und den jungen Grafen gewidmet hat. Der Autor preist darin die erstaunlichen Fortschritte, die Simons VI. Söhne Bernhard (geb. 21.9.1586), Simon (geb. 30.12.1587) und Otto (geb. 21.12.1589) bereits im Französischen und in der Musik unter der Anleitung des Musikers Bonaventura Borchgreving[89] gemacht haben, und rühmt besonders die Leistungen der beiden älteren Brüder im Lateinischen, wobei sie Gerlach Wolff als Präzeptor, Nikolaus Thodenus aber als »dux«, als Leiter und Führer ihrer Studien, zur Seite hätten.[90]

Von Gerlach Wolffs Hauslehrertätigkeit auf Schloß Brake legt für die Jahre 1598 bis 1600/01 das Manuskript 131 Zeugnis ab. Von seinem anschließenden Aufenthalt in Kassel als Präzeptor der Junggrafen Bernhard und Simon war oben die Rede. Und Wolff hat seine Aufgabe als Lehrer und Erzieher der jungen Herren offensichtlich zur vollen Zufriedenheit seines Auftraggebers und Landesherrn erfüllt. Denn am 7.2.1605 unterschrieb und siegelte Simon VI. eine Urkunde[91], mit der er »dem Erbaren undt wolgelarten unsre jungen herschafft praeceptoren undt lieben getreuwen Gerlachen Wolffen undt Annen Wewels seiner getreuwen Ehehausfrauwen, undt Ihrer beider Erben von wegen seiner getreuwen dienste, die ehr uns bey der institution unser jungen herschafft eine geraume zeit getreuw undt auffrichtig geleistet, zu bezeignuß unseres gnedigen und danckbaren gemuths hiebevohr mit unsern hoff in unser dorffschafft Brack belegen, undt des Grothen hoiff geheissen, sambt der darzu behörigen lendereye donatione simplici inter vivos begifftiget«, ihn also mit diesem Hof beschenkte. Dazu war die Bestimmung getroffen, da Wolff »die darzu behörige ländereyen nach gelegenheit seines angezogenen dienstes, darmit ehr uns noch zur zeit verhafft, selbst nicht bestellen kan, daß wir derhalben in betracht dessen auf zwolf jar lang dieselbige durch unsern hoffmeister bestellen zu lassen angenommen« und daß Wolff so lange in Naturalien entschädigt werden sollte.

87 StA DT L 65 Nr. 210.

88 StA DT L 7 A XV A 1.

89 Borchgreving hat vor und nach seinem Aufenthalt in Lippe an den Höfen in Gottorf, Kopenhagen und Dresden gewirkt.

90 LLB Kps. 83/581. Wedemeyer war 1588-96 Pfarrer an St. Marien zu Lemgo, anschließend bis 1600 in Salzuflen, später an der Liebfrauenkirche in Bremen. Bei seinem Scheiden aus dem Amt in Lemgo und in Salzuflen haben beidemal Spannungen zwischen den lutherischen Gemeinden und dem reformiert eingestellten Pfarrer eine entscheidende Rolle gespielt.

91 StA DT L 27 Nr. 27.

1611 ist Wolff Pfarrer in Lüdenhausen geworden und geblieben bis zu seinem Tode 1625. Sein Kirchenbuch aus jener Zeit ist noch vorhanden; es ist das älteste, das sich in Lippe erhalten hat.[92] Wolffs ehemaliger Schüler war 1613 als Simon VII. zur Regierung gelangt. Ihm schrieb Gerlach Wolff aus Lüdenhausen am 24.5.1621 einen Brief in seinem schönsten Latein, einer Mischung aus Cicerostil und höfischen Höflichkeitsfloskeln der Zeit, nicht ohne ein Vergilzitat (Aeneis 1,73) einzuflechten, und lud den Grafen untertänigst zur Hochzeit seiner Tochter Elisabeth ein.[93] Und wer war der Bräutigam, wem gab der Pfarrer von Lüdenhausen seine Tochter zur Frau? »Honesto iuveni Petro Bollio, Tuae Generos. sobolis praeceptori« – dem ehrsamen jungen Mann Petrus Bollius, Präzeptor der Kinder Euer Hochwohlgeboren! Das Amt des Erziehers der Junggrafen blieb also in der Familie.

Disticha Catonis
Zum Unterricht in der lateinischen Grammatik

Die Blätter 2-34 des Manuskripts 131 (ihre Seiten sind von Hand durchnumeriert von 1-66) enthalten eine einheitliche, konsequent durchgeführte grammatische Übung: Der Schüler mußte elfmal je zwei lateinische Hexameter aufschreiben und dann gründlich und ausführlich nach Gesichtspunkten der Sprachlehre analysieren. Das geschah fast ausschließlich auf lateinisch, nur wenige deutsche Wörter kommen auf den 66 Seiten vor.

Die auf diese Weise bearbeiteten Verse stammen aus dem 3. nachchristlichen Jahrhundert und wurden später fälschlich dem älteren Cato (234-149 v.Chr.) zugeschrieben, gleichwohl gehen sie noch heute üblicherweise unter seinem Namen als Disticha oder Dicta Catonis. Diese Spruchsammlung, aus der der Präzeptor Gerlach Wolff für seinen Schüler elf Beispiele ausgewählt hat, war ihres belehrenden und moralischen Inhalts wegen lange Zeit hindurch ungemein beliebt und populär: »Kein Werk hat während des Mittelalters eine entfernt so weite Verbreitung gefunden wie die unter dem Namen des Cato bekannten lateinischen Distichen. Sie waren das Faktotum beim Unterrichte der Jugend, die aus ihnen die Anfangsgründe der Grammatik, Poesie und Moral lernte, sie bleiben meistens ein Lieblingsbuch auch noch der Erwachsenen.«[94] Unser Manuskript zeigt, daß der Kern dieser

92 StA DT L 112 A Bd. 1.

93 StA DT L 16 L V 3. Man möchte hoffen, daß mit dieser Hochzeit der Lebensweg eines jungen Mannes eine glückliche Wendung genommen hat, der noch kurz zuvor zu Sorgen Anlaß gegeben hatte. Petrus Bollius war am 20.7.1618 zum Konrektor der Schule in Detmold ernannt worden, muß aber dann, noch nicht zwei Jahre später, mit unbekanntem Ziel verschwunden sein. Sein Vater Johannes Bollius, Pfarrer in Stade, schreibt jedenfalls am 22. Mai 1620 an die »Kommissare des Generalkonsistoriums der Grafschaft Lippe«, er könne sich das Verschwinden und Dienstversäumnis seines Sohnes durchaus nicht erklären, vielleicht halte sich Peter bei seinem Bruder Alexander in Leiden auf und sei durch Krankheit oder aus einem anderen Grund dort festgehalten worden. (StA DT L 69 Nr. 77) Weitere Nachrichten fehlen.

94 Zarncke, 1852, S. 1.

Aussage durchaus noch bis in die Zeit um 1600 Gültigkeit hat. Denn die moralisierende Tendenz der Sprüche hat sicherlich bei ihrer Auswahl eine Rolle gespielt – bemerkenswert viele Partien aller unserer drei Manuskripte zeichnen sich ja durch diese Eigenschaft aus. Poesie, Verskunstlehre, ist im Mscr. 131 freilich nicht geübt worden, vermutlich weil das ein für den kleinen Simon noch zu anspruchsvolles Gebiet war. Aber die Grammatik als Grundlage für alle höheren Stufen auf dem Wege zur Eloquenz ist an Hand der elf ausgewählten Disticha Catonis eifrig betrieben worden, und zwar auf folgende Weise:

Auf den Text des Zweizeilers folgt zunächst eine sogenannte »Analysis etymologica«, das ist nach der Ausdrucksweise von heute eine Bearbeitung unter dem Gesichtspunkt der Formenlehre. Die geschieht in jedem Falle sehr ausführlich. Dann folgt eine wesentlich kürzere »Analysis syntactica« mit knappen Anmerkungen zur Satzlehre, über deren Eigenart noch zu sprechen sein wird. Den Schluß der Übung bilden »Phrases«, eine Sammlung von Ausdrücken und kurzen Wortkombinationen, die der Schüler sich einprägen soll und die auch verdeutscht werden. Fast nur hier tauchen im Rahmen der ganzen Übung deutsche Wörter auf.

Diese Ordnung wird bei allen elf Exempeln korrekt eingehalten. Lediglich beim ersten Distichon fehlen die »Phrases«, und das letzte ist überhaupt nur ganz flüchtig behandelt worden, man sieht das schon an der Schrift, auch hat Simon hier nur das erste Wort »etymologisch« analysiert (und das noch fehlerhaft!), dann bricht die Übung ab.

Die Behandlung eines Distichons füllt auf diese Weise im Durchschnitt sechs Manuskriptseiten. Nie hat Simon es versäumt, den Abschluß einer solchen Übung durch einen Schlußstrich, durch eine oft liebevoll ausgemalte Zierleiste, zu markieren. Man sieht es dem Skriptum förmlich an, wie froh der Schüler war, wenn er wieder solch ein umfangreiches Exerzitium absolviert hatte! Die Übungen sind nachträglich vom Lehrer durchgesehen und, wo es nötig war, korrigiert oder ergänzt worden, das zeigen zahlreiche Eintragungen von Wolffs Hand.

Um die Ausarbeitungen recht verstehen zu können, muß man mit der grammatikalischen Terminologie der Zeit vertraut sein. Die sah z.B. für die Bestimmung der Form eines Nomens noch andere Kategorien vor als die uns geläufigen genus, numerus und casus. Man fragte auch nach der *figura nominum* und meinte damit die Unterscheidung, ob ein Wort *simplex*, einfach, oder *compositum*, zusammengesetzt, sei (Beispiel: aptus – ineptus). Und man stellte fest, ob ein Wort *primitivum*, ein Stammwort seiner Art, oder *derivativum*, abgeleitet, sei (Beispiel: aper – aprinus). Diese Einteilungskategorie hieß *species*.

Noch mehr bedürfen der Erläuterung die Angaben unseres Manuskripts zur Analysis syntactica. Hier finden sich ausschließlich kurze Vermerke wie »utimur verbis primae &«, die, so für sich genommen, unverständlich sind. Erst ein Blick in eine lateinische Grammatik des 16. Jahrhunderts zeigt, was gemeint ist: Es handelt sich bei diesen Kurzzitaten jeweils um den Anfang einer grammatikalischen Regel, deren Kenntnis der Schüler nachweist, indem er ihre ersten Wörter angibt. So lautet unser Beispiel vollständig: »Utimur verbis primae et secundae personae dissimulatis fere pronominibus: quae numquam propemodum ponuntur, nisi discretionis aut emphasis causa.« Diese Regel gehört zu dem Kapitel »Konstruktion des Verbums« und besagt: »Man gebraucht Verben in der 1. und 2. Person im allgemeinen ohne Pronomina. Diese werden fast nie hinzugesetzt, es sei denn um der Unterscheidung oder um des Nachdrucks willen.«

Die Lippische Landesbibliothek besitzt auch solche alten Grammatiken, die für das Verständnis der ersten 66 Seiten des Mscr. 131 außerordentlich hilfreich, ja unentbehrlich sind. Besonders interessant ist das Exemplar Sign. Ph 740, eine Grammatica Latina, gedruckt in Lemgo 1581 von Bartholomaeus Schlottenius, denn ihre Regeln stimmen haargenau mit den von dem jungen Simon zitierten überein. Gleichwohl kann Simon gerade dieses Buch nicht benutzt haben, denn er gibt oft[95] Seitenzahlen an (eben um nur andeutungsweise genannte Regeln der Syntax zu belegen), die sich ohne Zweifel auf seine Grammatik beziehen, die aber mit den Seiten der Lemgoer Grammatik nicht übereinstimmen. Doch muß sein Lehrbuch dem Schlottenius-Druck sehr ähnlich gewesen sein, und das ist aus folgendem Grund leicht erklärlich:

Philipp Melanchthon hat sich seines Ehrentitels eines »Praeceptoris Germaniae« schon allein dadurch würdig erwiesen, daß er die wohl erfolgreichste lateinische Schulgrammatik verfaßt hat, die je geschrieben worden ist. Er hatte sie zunächst nur für einen Privatschüler konzipiert, und die erste gedruckte Auflage war 1525 in Hagenau ohne sein Einverständnis erschienen. Aber an späteren, erweiterten und revidierten Auflagen hat er dann selbst mitgewirkt, hat auch 1540 Jacob Micyllus und 1550 Joachim Camerarius zu Überarbeitungen des Lehrbuchs veranlaßt, und diese Grammatik hat bis ins 18. Jahrhundert hinein eine kaum übersehbare Zahl von Neuauflagen und Neubearbeitungen erlebt. Im Corpus Reformatorum[96] werden 141 Titel aufgezählt, und diese Liste ist noch nicht einmal vollständig; die Lemgoer Ausgabe von 1581 fehlt darin ebenso wie ein anderer Lemgoer Druck von 1591[97], der sogar Melanchthon als eine Quelle neben anderen in seinem Titel nennt. Nach Karl von Raumer, Geschichte der Pädagogik I 205, ist der Einfluß von Melanchthons lateinischer Grammatik deutlich nachweisbar bis in die führenden Schulgrammatiken des 19. Jahrhunderts hinein.

Die Lemgoer Ausgabe von 1581 nennt auffälligerweise weder auf dem Titelblatt noch in ihrem ausführlichen Nachwort an den Leser einen Verfasser. Dabei hätte sich der anonyme Autor dieses seines Nachworts durchaus nicht zu schämen brauchen. Er beginnt mit einer Anspielung auf den berühmten, noch heute jedem Lateinschüler bekannten Anfang von Caesars »Bellum Gallicum«, indem er sein Buch beschreibt als »divisum in partes duas, quarum altera ...« (an anderer Stelle läßt er den nicht minder berühmten Anfang des Livius-Proömiums anklingen), und entwickelt dann eine Reihe sehr ansprechender pädagogischer und didaktischer Gedanken. Daß diese Grammatik sich eng an die melanchthonianische anschließt, zeigt ein Vergleich mit dem Lehrbuch des Magisters Philippus deutlich. Und was lag näher, als daß Gerlach Wolff, in Wittenberg gebildet und nunmehr in Brake Adlatus des Melanchthonschülers Thodenus, seinem Lateinunterricht die sowieso allgemein anerkannte Grammatik des großen Wittenberger Reformators und Professors, beziehungsweise eine Neubearbeitung dieses Werks, zugrunde legte? Auf die Rückseite des Titelblatts der anonymen Lemgoer Ausgabe hat ein Besitzer oder Benutzer des Buchs in alter Zeit das Distichon geschrieben:

95 Bl. 5 r, 10 r, 25 v, 31 r et v, 32 v.
96 CR 20, Sp. 193-244.
97 LLB Sign. Ph 740, angebunden an den Druck von 1581.

Qui negat haec magni deducta e fonte Philippi
se sana hoc ipso mente valere negat.
(Wer nicht zugibt: dies Buch ist ein Werk des Magisters Philippus,
der gibt zu daß er selbst nicht ist bei klarem Verstand.)

Der Mann hat recht. Und wenn Simon auch nicht genau diese Ausgabe benutzt hat, dann doch bestimmt ein ihr sehr ähnliches Werk.

Der junge Simon hat auf die grammatischen Exerzitien der ersten 66 Seiten seines Übungsbuchs viel Fleiß verwenden müssen. So mag es dem heutigen Leser auch zugemutet werden, wenigstens *ein* Beispiel der elf Übungen im vollen Wortlaut zur Kenntnis zu nehmen. Es ist ein Exempel für die gründliche Art, auf die ein lippischer Grafensohn 1598 ins Lateinische eingeführt wurde. Blatt 22 r beginnt:

Dilige sic alios, ut sis tibi charus amicus.
Sic bonus esto bonis ne te mala damna sequantur.

Analysis Etymologica.

1 Dilige est verbum generis activi, primitivae speciei, praesentis temporis, Imperativi modi, simplicis figurae, secundae personae, singularis numeri, tertiae conjugationis a verbo Diligo, dilexi, dilectum, diligere, ut legere.
2 Sic est adverbium similitudinis.
3 Alios est nomen adjectivum, habens tres terminationis, us, a, ud, generis masculini, pluralis numeri, accusativi casus, in nominativo alius ut dominus vide paginam 25.
4 Ut est adverbium similitudinis, vide paginam 3.
5 Sis est verbum substantivum, generis neutri, secundae personae, singularis numeri, conjunctivi modi, a verbo sum, vide paginam 2.
6 Tibi est pronomen, dativi casus, sing.num., primitivae speciei, in nominativo tu, vide paginam 4.
7 Charus est nomen adjectivum habens tres terminationes us, a, um; generis masculini, singularis numeri, nominativi casus, secundae declinationis, positivi gradus regularis comparationis, simplicis figurae, primitivae speciei, declinatur ut dominus.
8 Amicus est nomen substantivum generis masculini, singularis numeri, nominativi casus, secundae declinationis, simplicis figurae, primitivae speciei, ut dominus.
1 Sic est adverbium similitudinis, vide paginam 4.
2 Bonus est nomen adjectivum habens 3 terminationes, generis masculini, singularis numeri, nominativi casus, secundae declinationis, positivi gradus irregularis comparationis, simplicis figurae, primitivae speciei.
3 Esto est verbum substantivum generis neutri, imperativi modi, futuri temporis, tertiae personae, singularis numeri a verbo sum vide pag. 2.
4 Bonis est adjectivum, habens tres terminationes, generis masculini, pluralis numeri, dativi casus, secundae declinationis, positivi gradus, irregularis comparationis, simplicis figurae, primitivae speciei, in nominativo bonus.
5 Ne est adverbium prohibendi.

6 Te est pronomen primitivae speciei, accusativi casus, singularis numeri, in nominativo tu, vide paginam 4.

7 Mala est nomen adjectivum, habens tres terminationes us, a, um, generis neutri, pluralis numeri, nominativi casus, secundae declinationis, positivi gradus irregularis comparationis, simplicis figurae, primitivae speciei.

8 Damna est nomen substantivum, generis neutri, pluralis numeri, nominativi casus, secundae declinationis, simplicis figurae, primitivae speciei, in nominativo damnum ut scamnum.

9 Sequantur est verbum, generis deponentis, primitivae speciei, praesentis temporis, conjunctivi modi, simplicis figurae, tertiae personae, pluralis numeri, tertiae conjugationis, a verbo sequor secutus sum sequi ut legor.

Analysis syntactica

Dilige) Utimur verbis primae &.
Dilige sic) Adverbia subjiciuntur.
Dilige Alios) Activa verba.
ut sis) conjunctio ut habet conjunctivum.
tu sis amicus) verba substantiva.
charus tibi) Dativum adsciscunt.
sic esto) Adverbia subjiciuntur.
tu esto bonus) verba substantiva.
bonus bonis) Dativum adsciscunt.
ne sequantur) Ne prohibentis subjunctivo.
mala damna) Adjectivum & substantivum.
sequantur te) Activa verba.
charus amicus) Adjectivum & substantivum.

Phrases

Diligere aliquem   einen lieben
Iste vir est mihi charus amicus   der man ist mir ein lieber freundt.
Ego ero bonus bonis, ne mala damna me sequantur   Ich wil mich from gegen fromen erzeigen daß mir darauß kein schade entstehe.

In dieser Art sind alle elf Sprüche behandelt worden. Auf den letzten Seiten wird die Schrift größer, dadurch passen weniger Wörter in eine Zeile, und in der Analysis syntactica des 10. Distichons werden die zitierten Anfänge der grammatischen Regeln noch radikaler und abrupter abgekürzt als vorher. »Nominati« – das muß reichen für »Nominativus praecedit verbum personale finitum simili numero & persona«. Die Bearbeitung des elften und letzten Zweizeilers beschränkt sich, wie schon gesagt, auf die Bestimmung seines ersten Worts, dann bricht die gesamte Übung ohne ersichtlichen Grund ab.

Gerlach Wolff hat seinen Schüler die Sprüche Nr. 1-3, 5, 7 und 10-15 des ersten Buchs der Disticha Catonis analysieren lassen. Wir geben sie hier wieder zusammen mit einer Übersetzung, die besser als jede andere zu unserem Manuskript von 1598 paßt, stammt sie doch von Martin Opitz, der, nur zehn Jahre jünger als Simon VII., diese Verse 1629 in Breslau im Druck hat erscheinen lassen.

Si Deus est animus, nobis ut carmina dicunt,
Hic tibi praecipue sit pura mente colendus.

Ist Gott ein reiner Geist wie die Poeten lehren/
So solt du gleichfals ihn mit reinem Hertzen ehren.

Plus vigila semper, nec somno deditus esto:
Nam diuturna quies vitiis alimenta ministrat.

Sey wache mehrenteils/ und nicht dem schlaff ergeben:
Dann gar zu lange rhue macht lang' in Lastern leben.

Virtutem primam esse puta, compescere linguam:
Proximus ille Deo est, qui scit ratione tacere.

Die erste Tugend ist die Zunge beugen können:
Er ist ein halber GOtt wer schweigt mit klugen Sinnen.

Si vitam inspicias hominum, si denique mores:
Quum culpes alios, nemo sine crimine vivit.

Beschawe was der Mensch im Leben denckt und thut:
Wir tadeln frembde schuldt/ und ist doch keiner gut.

Constans & lenis, ut res expostulat, esto:
Temporibus mores sapiens sine crimine mutat.

Sey standhafft und gieb nach wie fug und zeit begehren:
Ein Weiser kan zur noth die Sitten wol verkehren.

Contra verbosos noli contendere verbis:
Sermo datur cunctis, animi sapientia paucis.

Du solt mit dem der schwätzt zu schwätzen nicht beginnen:
Die red' hat jedermann/ nicht viel denn witz und sinnen.

Dilige sic alios, ut sis tibi carus amicus:
Sic bonus esto bonis, ne te mala damna sequantur.

Biß andern also huldt daß du aüch freund seyst dir:
Sey guten Leuten gut/ schaw' aber selbst dich für.

Rumores fuge, ne incipias novus autor haberi:
Nam nulli tacuisse nocet; nocet esse loquutum.

Fleuch Zeitung/ daß man nicht die Schuld auff dich darff laden;
Dann schweigen strafft man nie/ das reden bringt zu schaden.

Rem tibi promissam certo promittere noli:
Rara fides ideo est, quia multi multa loquuntur.

Traw' auff Verheissung nicht als könne sie nicht fehlen:
Trew ist ein tewres ding/ weil viel auch viel erzehlen.

Quum te aliquis laudat, iudex tuus esse memento:
Plus aliis de te, quam tu tibi credere noli.

Lobt einer etwan dich/ nim dich zum Richter für/
Und gleube keinem mehr als du dir selbst von dir.

Officium alterius multis narrare memento:
Atque aliis quum tu benefeceris ipse, sileto.

Hat einer dir gedient so zeig' es vielen an;
Schweig aber hast du gleich bey andern was gethan.

Verschiedenes

Mit Blatt 35 r beginnt ein umfangreicher Teil des Manuskripts, der, teils vom Schüler, teils auch vom Lehrer geschrieben, Vokabelsammlungen, Übungen manngifacher Art, Notizen, Zitate und sonstigen Lehrstoff in schier verwirrender Vielfalt enthält. Vieles ist flüchtig geschrieben und schwer lesbar, nicht jedes Wort ist sicher zu deuten, aber im ganzen ergibt sich doch ein klares Bild von dem, was man behandelt hat, und davon, wie der Schüler zur Arbeit angehalten worden ist. Wir werden diese Blätter 35-99 nicht Seite für Seite durchgehen, sondern Themengruppen zusammenstellen, das wird den bunt gemischten Inhalt übersichtlicher erscheinen lassen. Dabei bilden wir folgende Abschnitte:

Tibull
Cicerobriefe
Dialektik
Verschiedene Gedichte
Texte zur kirchlichen Lehre
Dialogi und Colloquia
Lateinische Grammatik
Sonstiges
Vergil

Verhältnismäßig breiten Raum nehmen im Manuskript die Notizen zu den Cicerobriefen, zu den Sonntagsevangelien und zur lateinischen Grammatik ein.

Tibull
Zur Art der Vokabelsammlungen

Den Anfang machen »Vocabula ex floribus Tibuli«, also Vokabeln aus besonders berühmten Stücken der Gedichte Tibulls. Zunächst hat Wolff zur Feder gegriffen und seinem Schüler gezeigt, wie er eine solche Vokabelsammlung anzufertigen habe. Weil diesen Seiten exemplarische Bedeutung zukommt, sollen sie hier etwas ausführlicher vorgestellt werden. Spätere Vokabelsammlungen zu anderen Autoren sehen ähnlich aus, wir können sie dann kürzer behandeln und uns darauf beschränken, gegebenenfalls Besonderheiten zur Kenntnis zu nehmen. Es fällt bei dem Tibull-Vokabular sofort auf, daß diese Arbeit sehr gründlich, ja weitschweifig angelegt ist und sich mitnichten auf die Wörter des Dichtertextes beschränkt, sondern stammverwandte Vokabeln mit einbezieht und darüber hinaus Wortverbindungen und gängige Ausdrücke mit einschließt, die z.B. die richtige Konstruktion der Verben exemplifizieren und den Wortschatz des Lernenden erweitern sollen. Das sieht in praxi so aus:

»Divitiae, arum« wird erläutert durch die Synonyma »opes, opulentia, rerum abundantia« und verdeutscht mit »reichthumb, hab und gut«. Weiter geht es mit »dito = divitem facio Ich mache reich; ditesco = dives fio Ich werde reich«. Es folgt eine Sentenz: »Regium est ditare potius quam ditescere« (Königsart ist eher reich machen als sich selbst bereichern). Dann: »abundare, affluere divitiis – reich sein; congerere, cogere, corradere divitias – reichthumb samlen«. Alle diese Angaben beziehen sich lediglich auf die beiden Wörter »divitias« und »congerat« bei Tibull!

Es folgen weitere Vokabeln, und dann muß der junge Simon nach diesen Vorgaben des Lehrers die Sammlung selber fortsetzen. Zu »iuger – ein morgen landes« gibt er sämtliche Deklinationsendungen im Singular und Plural an, zu »opto – ich wünsche« auch die Komposita ad-, co-, ex-, praeopto, und Wolffs feine Schrift merkt noch zusätzlich an, daß auch »adoptivus filius« und »adoptio« zu dieser Wortfamilie gehören. Der von der Analyse der Disticha Catonis nicht in Anspruch genommene Raum von Blatt 34 v wird auch noch mit einschlägigen Vokabelangaben gefüllt, z.B. mit dem zum Wortschatz passenden lateinischen Sprichwort »dives aut est iniquus aut est iniqui heres« (der Reiche ist entweder ein Schelm oder eines Schelmen Erbe)[98] und mit der lehrhaften Bemerkung »divitiae non semper optimis contingunt« (Reichtümer werden nicht immer den Besten zuteil); Stammformen werden angegeben wie in Lehrbüchern von heute: »culti a verbo colo ich ehre, lui, tum, ere«. Auch wird warnend auf Wörter hingewiesen, die man leicht verwechselt: »solum Subst. die erd, (Gen.) i; solum adject. und solum adverb. allein (Gen.) ius«.

Drei Seiten des Manuskripts werden gefüllt mit solchen und ähnlichen Angaben zu Vokabeln, die nur den ersten vier Versen von Tibull, carm. 1,1 entnommen oder die mit diesem Wortschatz in Verbindung zu bringen sind.

Es folgen sieben leere Seiten.

98 Otto, 1971, S. 119.

M. T. CICE-RONIS EPISTOLA-RVM LIBRI QVATVOR

à Ioanne Sturmio puerili educationi confecti: & ad castigatissima Ciceronis exempla-ria collati.

ADIECTVS EST VBIQVE AD SIN-gulas epistolas geminus numerus, quorum prior li-brorum, posterior Epistolarum cuiusque libri ordinem obseruat.

COLONIAE,
Apud Gosuinum Cholinum.
Anno M. D. XCV.

Titelblatt der von Johannes Sturm besorgten Ausgabe der Cicerobriefe, Köln 1595, Lippische Landesbibliothek Detmold, Sign. Ph 950 a.

Auf Bl. 44 r beginnt ein neuer Abschnitt, der zehn Blätter umfaßt und (fast) ausschließlich *einem* Thema gewidmet ist: Cicerobriefen. (Ihm gehen wiederum sieben leere Seiten voraus. Auf ihnen läuft die Paginierung von alter Hand weiter, aber dem Schreiber ist ein Fehler unterlaufen: er hat die Seitenzahl 81 zweimal vergeben. Daher wird nun Bl. 43 v als pag. 83 gezählt.) Den Anfang macht wieder, wie bei dem Tibull-Vokabular Bl. 35 r, Wolff selbst, der unter der Überschrift »Phrases latinae linguae observatae ex 1. epla. libri 16 Cicer. ad familiares« auf über sieben Seiten seinem Schüler vorexerziert, wie ein Cicerobrief sprachlich ausgewertet werden kann. Seine charakteristische, flüssige Schrift gleicht völlig der, die wir aus seinen Briefen kennen. (Auf Bl. 40 r hatte er zunächst einen Text, der erst später besprochen werden wird, etwas sorgfältiger, gezierter niedergeschrieben und war erst am Ende der Seite in seinen üblichen, flüssigeren und wohl schneller zu Papier gebrachten Schriftduktus verfallen.)

Der erste bearbeitete Brief ist nach heutiger Zählung Cicero, epist. 16,5. Wolff schreibt nicht etwa nur einfach Vokabeln ab, nein, er macht genaue stilistische Beobachtungen, stellt Regeln auf, bildet selbständig Beispiele. Das sieht im einzelnen so aus: »Esse in aliquo magnam suavitatem = esse suavem vel esse suavibus moribus Sehr freundtlich sein.« (Es folgt die Übertragung der gleichen Ausdrucksweise auf sechs andere Begriffe: statt »freundtlich« nun »fressig [gefräßig], fleißig, faul, trawerig, frolig«.)

Dann (wir übersetzen der Einfachheit halber Wolffs Latein ins Deutsche): »Vide« (sieh) bedeutet ziemlich dasselbe wie »crede mihi« (glaub' mir), wird aber anders gebraucht. »Vide« wird vorausgestellt wie hier in diesem Brief (es ist das erste Wort von epist. 16,5). »Crede mihi« stellt man in die Mitte, wie in

Regia, crede mihi, res est, promittere multum
Sed praestare fidem rusticitatis opus.

(Das bissige Distichon behauptet: »Königsart ist es, glaub' mir, viel zu versprechen. Aber sein Versprechen einlösen, das ist bäurische Art.«)

Wörter werden erklärt (auf Lateinisch):

»Hospes [Gastgeber] und Caupo [Gastwirt] unterscheiden sich: der eine nimmt Fremde in seinem Haus auf aus Menschenfreundlichkeit, der andere um des Geldes, um seines Profits willen.«

Regeln werden aufgestellt:

»Auf Verben, mit denen wir einen Befehl oder Vorstellungen unseres Geistes ausdrükken, folgt ut, nicht quod.«

Stilistische Feinheiten werden beobachtet:

»Videbis: Hier wird aus Höflichkeit das Futur statt des Imperativs[99] gesetzt, weil man den unangenehmen Eindruck des Befehlens vermeiden will.«

Vor Fehlern, die Deutschen gern beim Lateinschreiben unterlaufen, wird gewarnt:

»Si firmior esses wen du sterker wehrest. Germanolatini [»Deutsche, die sich lateinisch

99 Schreibfehler im Manuskript: Infinitivo statt Imperativo.

ausdrücken« – ergänze: »würden vielleicht sagen«:] si fortior esses [Aber:] Fortis geht auf körperliche Kraft, nicht auf Gesundheit und Unversehrtheit.«

Den Schluß bilden zwei Bemerkungen zur Rhetorik und zur Dialektik, die ja wichtige Disziplinen humanistischer Schulbildung waren. Beide beziehen sich auf den ersten Satz der behandelten Epistel. So füllt Wolff über sieben Seiten mit klugen, kenntnisreichen Beobachtungen zur Sprache des Cicerobriefs. Wenn sein Schüler das alles aufzunehmen und zu verstehen imstande war, hatte er daraus eine Menge gelernt!

Glücklicher- und erstaunlicherweise können wir sogar feststellen, mit Hilfe welcher Ciceroausgabe Wolff den jungen Simon unterrichtet hat. Die Lippische Landesbibliothek besitzt unter der Signatur Ph 950 a ein Exemplar von »M. T. Ciceronis epistolarum libri quattuor, a Ioanne Sturmio puerili educationi confecti, & ad castigissima Ciceronis exemplaria collocati«, also eine von Johannes Sturm, dem Straßburger Rektor, für den Unterricht der Jugend veranstaltete Sammlung von Cicerobriefen, deren Text nach den besten Ausgaben gestaltet ist, gedruckt 1595 in Köln. Das Büchlein ist fast genauso eingebunden wie unser Manuskript 131, lediglich das zentrale Ornament auf Vorder- und Rückseite des Einbandes ist auf dem Cicero größer als auf der Handschrift. Beide Bücher tragen auch den gleichen Besitzervermerk eingeprägt: S.C.E.N.D.I.L. (Simon Comes et Nobilis Dominus in Lippia), die Ciceroбriefe dazu die Jahreszahl 1597 (das Manuskript, wie mehrfach erwähnt, 1598).

Der von Wolff, Mscr. 131, 44 r bis 47 v, so gründlich behandelte Brief hat in der Sturmschen Sammlung die laufende Nummer 36 und wird dort zitiert als »famil. 16. Epist. 1« – also genauso wie im Manuskript, während moderne Ausgaben ihn als 5. Brief des 16. Buchs zählen. Schon dieser Umstand läßt vermuten, daß Sturms Edition die Vorlage für Wolffs Unterricht war. Vor allem aber: In dem Exemplar Ph 950 a sind genau die Wörter und Wortgruppen unseres Briefes unterstrichen, die im Manuskript so penibel erläutert werden! Über das Verbum »deportares« ist klein darübergeschrieben »conferre«: im Mscr. Bl. 45 r heißt es ebenso »deportare se aliquo = conferre   sich wohin begeben«. Und im Buch hat Wolff ganz klein an den Rand eine Erläuterung geschrieben: »in portu esse significat videre, si naves sint, quae ad nos velint proficisci« (sich im Hafen aufhalten bedeutet hier: Ausschau halten, ob Schiffe da sind, die zu uns auslaufen wollen), und dabei benutzt er für »significat« dieselbe Abkürzung »scat« wie im Mscr. Bl. 45 r.

Es gibt noch mehr Beweise dafür, daß das Exemplar Ph 950 a der Sturmschen Ausgabe für die in Mscr. 131 festgehaltene Arbeit benutzt worden ist. Hinweise darauf finden sich nämlich nicht nur in dem schon genannten Brief 36, den Wolff so gründlich ausgewertet hat, sondern auch in anderen Episteln:

Im gedruckten Exemplar ist im Brief 27 handschriftlich ein »quam« zwischen den Zeilen hinzugefügt. Das bringt die Handschrift auch: »quam velim ...«.

In Brief 29 ist der gedruckte Text »quod futurum« verbessert in »quod furtum« – immerhin ein gewaltiger Unterschied im Sinn! Die Handschrift bietet in Übereinstimmung mit dieser Korrektur »quod furtum factum esset – das der diebstal geschehen«.

In Brief 32 des Drucks ist eine Wortreihenfolge durch handschriftliche Vermerke vertauscht: statt »inertia – ignaviam« nunmehr »ignavia – inertiam«. Mscr. 131 richtet sich wiederum nach dieser Verbesserung. (Übrigens stimmen alle diese handschriftlichen Textkorrekturen mit der Lesart heutiger Ciceroeditionen überein.)

Es kann kein Zweifel bestehen: mit dem uns erhaltenen Exemplar der Cicero-Briefauswahl aus der gräflichen Bibliothek hat Gerlach Wolff gearbeitet, um die Seiten 44 r - 47 v unseres Manuskripts zu füllen.

An Ausgaben der Cicerobriefe für den Schulgebrauch war an sich kein Mangel. Es ist aber bezeichnend, daß man sich in Brake beeilte, das von Sturm herausgegebene Buch recht bald nach seinem Erscheinen anzuschaffen. So stark wirkten offensichtlich die Eindrücke nach, die Simon VI. und sein Präzeptor dreißig Jahre vorher in Straßburg empfangen hatten; man fühlte sich am lippischen Hof weiterhin dem Rektor Sturm und seiner humanistischen Richtung dankbar verpflichtet. Und welch wichtige Rolle Sturm in seinem Unterrichtsprogramm gerade den Cicerobriefen zuwies, das sagt er selber noch einmal deutlich im Vorwort zu dem 1595, also erst nach dem Tode des Herausgebers, erschienenen Druck (im Original natürlich auf lateinisch):

»Den Anfang [der für sprachliche Bildung nun einmal unentbehrlichen Cicerolektüre] kann man richtigerweise mit den Briefen machen, wenn man umsichtig beachtet, welche inhaltlich leicht sind, von bekannten Gegenständen handeln und einen Wortschatz bieten, der uns geläufig ist. Diesem Grundsatz bin ich bei der Konzeption dieser vier Bücher gefolgt, und ich habe weder die am kunstvollsten verfaßten noch die mit den weisesten Gedanken gefüllten Briefe ausgewählt, sondern solche, die Jungen verstehen können, die uns geläufige Wörter enthalten, Sätze der Alltagssprache und deren Ausdrücke, die, wenn sie schon bei uns nicht gebräuchlich sind, doch verständlich, elegant und gebildet sind.«

Zwölf Cicerobriefe aus der Sturmschen Auswahl hat Simon nach Ausweis des Manuskripts bearbeitet, davon acht en bloc auf Blatt 48 r - 54 v, vier bei späterer Gelegenheit.[100] Alle haben gemeinsam die Zählung nach der Sturmschen Ausgabe und die gleiche flüchtige Kursivschrift, die geradezu geschmiert wirkt und sonst im ganzen Manuskript nur noch an zwei kürzeren Stellen vorkommt. Man mag, wie oben schon gesagt, diese Schrift auf den ersten Blick kaum dem Schreiber der vielen anderen Seiten zuweisen. Erst genauere Prüfung erweist die Übereinstimmung gewisser Buchstabenformen und anderer typischer Einzelheiten mit den Charakteristika der übrigen (nicht vom Lehrer geschriebenen) Texte. Diese meist sehr eng stehenden Zeilen sind offenbar sehr rasch aufs Papier geworfen worden. Eine Untersuchung des Inhalts wird zeigen, daß man mit hoher Wahrscheinlichkeit den Grund dafür angeben kann, warum Simon hier so flüchtig geschrieben und damit ein Schriftbild produziert hat, das von den anderen Stücken des Manuskripts absticht. (Für die zwei anderen Partien in gleicher Schrift wird derselbe Grund gelten.)

In der Weise, wie Gerlach Wolff 44 r - 47 v den Brief epist. 16,5 ausgewertet hatte, konnte Simon das selbstverständlich nicht tun. Das setzt die überlegene Kenntnis des Fachmanns voraus. Und so könnte man meinen, er habe nur seltene oder besonders wichtige Vokabeln

100 Es handelt sich um folgende Briefe: Sturm Nr. 21 = Cic. epist. 13, 20; Sturm Nr. 22 = Cic. 10, 29; Sturm Nr. 23 = Cic. 7,4; Sturm Nr. 24 = Cic. 10, 14; Sturm Nr. 25 = Cic. 9,23; Sturm Nr. 26 = Cic. 4, 15; Sturm Nr. 27 = Cic 9,12; Sturm Nr. 28 = Cic 2,14; Sturm Nr. 29 = Cic 7, 22; Sturm Nr. 30 = Cic 11, 15; Sturm Nr. 31 = Cic 6,9; Sturm Nr. 32 = Cic 12, 20.

aufgeschrieben. So ist es aber nicht. Seine Arbeitsweise wird am ehesten deutlich, wenn man die Gruppe der Briefe 27-32 (nach der Sturmschen Zählung) betrachtet, dort ist sie am konsequentesten durchgeführt.

Erstaunlicherweise ist nämlich von dieser Briefgruppe *jedes Wort* im Manuskript abgeschrieben und fast jedes übersetzt worden. Man wird Simon nicht unterstellen, er habe nicht gewußt, was »ego« oder »nam« heißt. Dennoch sind auch solche Selbstverständlichkeiten und Lappalien mit aufgenommen worden, und interessant ist dabei, in welcher Reihenfolge das geschehen ist. Simon hat nämlich nicht etwa Satz für Satz abgeschrieben und so eine abschnittsweise Übersetzung gegeben, nein: in ganz kleinschrittiger Folge sind Wörter oder kurze Wortgruppen so aneinandergereiht, wie der Schüler einen lateinischen Satz konstruierend versteht.

Diese Übersetzungstechnik sich klarzumachen ist lohnend. Man erfährt daraus nämlich, wie Simon an solchen Texten arbeiten mußte, in welchem Stadium des Lateinlernens er sich befand, ja letztenendes sieht man sogar ein, warum er so rasch geschrieben hat. Deshalb sei das Verfahren hier kurz vorgestellt am Beispiel des Briefes 31 der Sturmschen Sammlung (im Mscr. Bl. 52 v), Cicero, epist. 6,9. Dessen erster Satz lautet:

»Cum A. Caecina tanta mihi familiaritas consuetudoque semper fuit, ut nulla maior esse possit.« (Mit A. Caecina stehe ich seit je in den denkbar engsten freundschaftlichen Beziehungen.)

Simon gibt das so wieder:

»tanta mihi familiaritas semper fuit   ich habe alle Zeit große freundschafft gehabt   que consuetudo   und so große Gemeinschafft   cum Aulo Cecinna   mit aulo cecinna   ut nulla possit esse maior   das keine großer mochte sein.«

Im folgenden, längeren Satz holt er, um die Satzkonstruktion deutlich werden zu lassen, das Prädikat »dilexi« in seiner Aufzeichnung so weit nach vorn, daß er damit vier Druckzeilen überspringt; alles Dazwischenstehende wird dann in der Handschrift nachgeliefert.

Ferner: Am Schluß dieses Briefes spricht Cicero von dem hohen Grad der Wertschätzung, den er beim Adressaten für sich, den Briefschreiber, voraussetzen kann: »quanti me a te fieri intellego« (wie hoch ich von Dir geschätzt werde, wie ich weiß). Das wird im Manuskript so konstruiert: »quanti   wie hoch   intellego   ich verstehe   me fieri a te   das ich von dir werde gehalten.«

So geht ein Schüler vor, der einen lateinischen Satz noch nicht gleich beim ersten Lesen überblickt, so »konstruiert« er. Und in dieser Art ist die ganze Briefgruppe 27-32 aufgearbeitet worden. Die Vollständigkeit geht so weit, daß Simon bei jedem dieser sechs Briefe den Schlußgruß brav mit abschreibt und übersetzt: »vale   hirmit gott bevohlen«! Bei den anderen Briefen hat er sich etwas kürzer gefaßt, da fehlen einzelne Wörter.

Dieses Verfahren hat Simon sich nicht selbst ausgedacht, in dieser Reihenfolge ist ihm höchstwahrscheinlich diktiert worden, und zwar schnell – daher die flüchtige Schrift. Es läßt sich sogar beweisen, daß der Lehrer beim Niederschreiben dieser »observationes ex epistolis« dabei war, läßt sich beweisen dadurch, daß Zusätze und Erläuterungen in das Manuskript eingeflossen sind, die ein Schüler von sich aus nicht wissen kann, die der gedruckte Text nicht bietet, die vom Lehrer stammen müssen:

In Brief 21 ist die Rede von der »valetudo meorum«, vom Gesundheitszustand der Meinen. Hier steht im Manuskript: »Meorum, scil. Tironis quem ex Cilicia decedens aegre Patris reliquit.« (der Meinen: damit ist gemeint des Tiro, den er bei der Rückkehr aus Kilikien krank in Patrae zurückgelassen hatte.) Das ist ein erklärender Zusatz, den der Lehrer gegeben hat.

Eine andere Erklärung findet sich im gleichen Brief zu dem Wort medico: »ingenii homines Romae medicinam ut artem illiberalem non colebant« (die freigeborenen Römer pflegten die Medizin als eine Kunst, die nicht zu den »freien Künsten« gehörte, nicht). (Der Arzt, von dem die Rede ist, war nämlich ein Grieche.) Das ist wieder eine Zusatzinformation des Lehrers, die das Textverständnis ermöglichen soll.

In Brief 27 setzt Simon zu dem Wort aliorum (»andere Leut«) hinzu: »scil. Cesarianorum«, (»nämlich der Caesaranhänger« – als Partei in den innenpolitischen Auseinandersetzungen in Rom). Auch das hat ihm sein Lehrer sagen müssen.

Sehr deutlich sind die Lehrerinformationen auch beim Brief 32. Dessen kurz hingeworfener Schluß lautet im Original: »Plura odiosus; haec, cum essem in senatu, exaravi.« (Wenn ich Zeit habe, schreibe ich mehr; diese Zeilen werfe ich aufs Papier, während ich im Senat sitze.) Das wird im Manuskript gleich für den Schüler verständlich aufbereitet: »Plura sc. scribam   ich wil mehr schreiben.   otiosus   wen ich müssig bin.   Haec exaravi = raptim scripsi   diß hab ich in der eil geschrieben.   cum essem = versarer   alß ich war   in senatu   im radt.« Sodann wird noch erklärt (auf lateinisch): »exaravi ist ein bildlicher Ausdruck, hergenommen vom Pflüger (arator), denn Leute, die mit dem Schreibrohr auf Papier schreiben, scheinen gleichsam Furchen zu ziehen wie die Pflüger«. Und zum Schluß ist noch die Erklärung eines von Cicero benutzten griechischen Ausdrucks angefügt (obwohl diese Worte bereits im Kontext ins Lateinische übersetzt worden waren) mit dem Hinweis darauf, daß Cicero diesen Ausdruck auch noch in einem anderen Brief benutzt.

Die drei Briefe 22, 23 und 24 nach der Zählung der Sturmschen Ausgabe sind später, Bl. 95 r und v, und weniger gründlich behandelt worden. Der letzte (= Cicero epist. 10,14) schließt im Manuskript mit der Datierung »3. Idus Maij, den 13. dag des Majj«. So lautet das Datum auch bei Sturm, während heutige Editionen »III. Non. Mai.«, also den 5. Mai, schreiben. Das ist ein weiterer Hinweis darauf, daß Wolff und Simon mit Sturms Buch gearbeitet haben.

Als letzte Zeile auf Bl. 95 v stehen die Abkürzungen »O.F.E.S.1.2.«, die zu entschlüsseln bisher nicht gelungen ist.

Zusammenfassend läßt sich über die Behandlung der Cicerobriefe im Mscr. 131 feststellen:

1. Es ist aus dem Lateinischen ins Deutsche übersetzt worden. Dem Schüler wird nicht zugemutet, von seiner Muttersprache ausgehend das Vorbild des antiken Autors auf Lateinisch zu erreichen.
2. Es ist überaus gründlich gearbeitet worden. Jedes Wort des Urtextes ist von der Bearbeitung erfaßt, und zwar in einer Reihenfolge, die dem Schüler das Verständnis der lateinischen Saztkonstruktion erleichtert.
3. Der Lehrer hat sachliche Erklärungen zum Inhalt hinzugefügt.

Die Art, in der hier der junge Simon arbeiten mußte, ist eine völlig andere – eine dem weniger fortgeschrittenen Stadium des Schülers angepaßte – als die, die 30 Jahre früher von seinem damals bereits etwas älteren Vater in Straßburg, Köln und Detmold bei der Lektüre der gleichen Schriften verlangt worden war. Sämtliche im Mscr. 131 von Gerlach Wolff mit Simon dem jüngeren behandelten Cicerobriefe hatte seinerzeit auch der Magister Thodenus mit Simon dem Älteren gelesen. Aber Thodenus hatte 1568 einen 14jährigen unterrichtet, der in seinem Lateinlernen immerhin schon so weit fortgeschritten war, daß er im sicheren Besitz der *praecepta*, der grammatischen Grundregeln, das *exemplum* des Cicerotextes als Vehikel benutzen konnte, um dem Fernziel der *imitatio*, der selbständigen Nachahmung des Vorbildes, immer näher zu kommen. Wolff dagegen hatte eine Generation später einen 11jährigen anzuleiten, bei dem es erst einmal darum gehen mußte, das Verständnis des fremdsprachigen Textes zu sichern. Dieser grundlegende Unterschied im Wissensstand der beiden Schüler war es, der im Unterricht Simons d.J. eine gänzlich andere Methode erforderlich machte als in dem seines Vaters.

Es sei noch angemerkt, daß die im Mscr. 131 bei der Ciceroübersetzung angewandte erklärende, für den Schüler hilfreiche Arbeitsweise auch andernorts und von anderen Lehrern benutzt worden ist: Schon 1551 hat Johannes Friese, ein Theologe und Schulmann in Zürich (1505-1565), im Vorwort zu seiner Ausgabe der Disticha Catonis[101] (mit denen sich die ersten 66 Seiten unseres Manuskripts beschäftigen) erklärt, er habe die lateinischen Sätze zur Erleichterung für die Schüler »servato constructionis ordine disiungere«, »unter Beibehaltung der Reihenfolge der Satzkonstruktion auseinandernehmen« wollen. So könnten die Jungen an Hand seiner zweisprachigen Ausgabe Latein und Deutsch gleichzeitig ohne große Mühe lernen. Friese beruft sich für dieses Vorgehen auf das Beispiel des französischen Gelehrten Maturinus Corderius, dessen Name uns später wiederbegegnen wird und der für französische Schüler eine lateinisch-französiche Cato-Ausgabe nach dem gleichen Grundsatz gestaltet hatte. Im eigentlichen Text seines Buches gibt Friese dann jeweils nach einer inhaltlichen Zusammenfassung, einer gereimten deutschen Übersetzung und dem lateinischen Text eines jeden Distichons stets eine Wort-für-Wort-Verdeutschung, die demselben Prinzip folgt, das Gerlach Wolff bei der Cicerobrieflektüre mit Simon angewendet hat: Jedes Wort wird wiedergegeben, und zwar in einer dem deutschen Schüler verständlichen, erleichterten Reihenfolge. Es war also eine erprobte und bewährte Methode, die Wolff in seinem Unterricht angewendet hat.

Dialektik
Syllogismen mit konfessionell polemischer Tendenz

Auf Blatt 58 r beginnt ein völlig neues Thema. Zweieinhalb Seiten, nur von Wolff beschrieben, sind der Dialektik gewidmet.

Unter Dialektik hat man im Laufe der Zeiten recht Verschiedenes verstanden, betrachtet man die Verwendung des Wortes von Platon und Aristoteles an bis hin zu Hegel und zu den Autoren des dialektischen Materialismus oder der dialektischen Theologie.

In den Gelehrtenschulen und Universitäten des 16. Jahrhunderts spielte die Dialektik eine bedeutende Rolle, gehörte sie doch seit jeher zum Kanon der »septem artes liberales«,

101 Catonis Disticha Moralia, Zürich 1575.

der sieben freien Künste, der bei den Griechen entwickelt und von den Römern übernommen worden war, den das Mittelalter tradiert hatte und der auch im Bildungsprogramm der Humanisten weiterlebte. Dialektik und Rhetorik bildeten dort den krönenden Abschluß der Studien in den obersten Klassen der Gelehrtenschulen und gehörten unabdingbar zum Pensum der Artistenfakultät in den Universitäten. Das Studium der Grammatik mußte diesen beiden Disziplinen vorausgegangen sein, Dialektik und Rhetorik wurden dann als eine Art Propädeutik für die Philosophie betrachtet. Dabei verstand man unter Dialektik die Kunst der richtigen, geordneten Darstellung seiner Gedanken, die Fähigkeit zu wirkungsvollem Argumentieren. Man beschäftigte sich in der Dialektik mit der Lehre von den Begriffen, mit Definitionen, Urteilen, mit der Syllogistik, der Lehre vom Schluß, auch mit Fang- und Trugschlüssen. Es wurde also unter ihrem Namen viel abgehandelt, was man heute dem Gebiet der formalen Logik zuweisen würde – dieser Begriff taucht in den Lehrplänen des 16. Jahrhunderts nicht auf.

Viele Schulordnungen jener Zeit empfehlen als Lehrbuch für die Dialektik Melanchthons »Erotemata dialectices«, ein Werk, das im Corpus Reformatorum immerhin 214 Spalten umfaßt. Angesichts dieser Stoffülle klingt es erstaunlich, wenn der verdienstvolle Schulmann Michael Neander, Rektor des angesehenen Gymnasiums in Ilfeld am Harz, schreibt: »Dialecticam aber und Rhetoricam kan man so artig und kurtz fassen, das alles was darinnen nötig, und einem Knaben zu wissen gut und nütz, ein Knabe in einem viertheil jahre, oder auffs allerlengeste, in einem halben jahre lernen müge.«[102]

Diese Meinung ist freilich nicht überall geteilt worden. Übrigens ist der Dialektik auch der älteste in Lemgo erschienene Druck gewidmet, der sich nachweisen läßt. Es sind die »Partitiones dialecticae ex Platone et Aristotele«, 1560, von dem bereits erwähnten Rektor Bernhard Copius.[103]

Stets nahm bei der Behandlung der Dialektik breiten Raum die Lehre von den Syllogismen ein, also von den Schlüssen vom Allgemeinen auf das Besondere, nach der Art:

Alle Menschen sind sterblich.
Sokrates ist ein Mensch.
Also ist Sokrates sterblich.

Diese Lehre geht auf Aristoteles zurück und ist von den Scholastikern differenziert ausgearbeitet worden, haben doch gerade die Scholastik des 13. Jahrhunderts und ihre tonangebenden Hauptvertreter an der Pariser Sorbonne dem Aristotelismus gehuldigt und der Dialektik einen besonders hohen Stellenwert eingeräumt.

Man muß zum Verständnis des Folgenden wissen, daß ein korrekter Syllogismus viele Bedingungen zu erfüllen hat, darunter auch die, daß er in seinen drei Teilen, dem Obersatz (propositio maior), dem Untersatz (propositio minor) und dem Schlußsatz (conclusio) nur drei Begriffe (termini) enthalten darf. So schreibt z.B. Melanchthon[104]: »Und sieh genau zu, daß du nicht mehr als drei Termini im Syllogismus zuläßt. Ein großer Teil der falschen und trügerischen Schlüsse begeht seinen Fehler nämlich dadurch, daß er Syllogismen mit vier Termini bildet.«

102 Vormbaum, 1860, S. 758.
103 LLB Sign. PP 189 a.
104 CR 20, Sp. 732 f.; vgl. auch CR 13, Sp. 599.

Wolff aber kündigt im Mscr. 131, Bl. 58 r oben, an (natürlich auf lateinisch): »Beispiele [für den fehlerhaften Gebrauch] von vier Termini. Beiläufig wird im Untersatz nicht das gleiche, sondern ein anderes Argument herangezogen als das, welches im Obersatz gesetzt war.« Das ist ein weiterer Verstoß gegen die strengen Regeln des Aufbaus einwandfreier Syllogismen.[105] Und dann folgt das erste Beispiel:

Dextera Dei est ubique
Corpus Christi sedet ad dextram Dei
Ergo corpus Christi est ubique.

Gottes Rechte ist überall.
Christi Leib sitzt zur Rechten Gottes.
Also ist Christi Leib überall.)

Ich bestreite die Folgerichtigkeit, weil vier Begriffe in der Beweisführung enthalten sind: 1. Dextera Dei 2. Esse ubique 3. corpus Christi. 4. Sedere ad dextram Dei.

Auf ebendieselbe Weise könnte einer so argumentieren:

Dieser Stuhl ist aus Holz.
Jener Mann sitzt auf diesem Stuhl.
Also ist jener Mann aus Holz.

Es sind vier Termini da: 1. Stuhl 2. Aus Holz sein 3. Mann 4. auf dem Stuhl sitzen.

Dann folgen noch vier weitere Beispiele in dieser Art. Man fragt sich, was das soll. Warum lauter Beispiele für fehlerhafte Syllogismen, wenn daneben kein einziges richtiges gegeben wird? Von des Schülers Hand haben wir keine Zeile zu diesem Thema. Insofern ist dieser Abschnitt methodisch-didaktisch nicht so aufschlußreich wie die Seiten, die den Disticha Catonis oder den Cicerobriefen gewidmet sind. Dafür ist er aber inhaltlich besonders interessant, schneidet doch Wolff gleich mit seinem ersten Beispiel das brisanteste Thema im innerprotestantischen konfessionellen Streit seiner Zeit überhaupt an, nämlich die Frage der Ubiquität, der Allgegenwart, der leiblichen Präsenz Christi im Abendmahl.

Für die Zeit Luthers, Melanchthons, Zwinglis, Calvins und ihrer Schüler, die Zeit des Marburger Religionsgesprächs, der Confessio Augustana, des Consensus Tigurinus und der Formula Concordiae, mit einem Wort für das 16. Jahrhundert, galt im Hinblick auf die Abendmahlslehre, kurz gesagt, folgendes: Die Lutheraner lehrten die Realpräsenz Christi im Abendmahl in Übereinstimmung mit Luthers nie aufgegebener Auffassung von der wörtlich zu nehmenden Aussage der Einsetzungsworte: das *ist* mein Leib, das *ist* mein Blut. Voraussetzung für diese Lehre war eine Vorstellung von der göttlichen Natur Christi, die

105 CR 20, Sp. 732.

als eine wesentliche Eigenschaft dieser mit seiner menschlichen Natur personaliter vereinigten natura divina die Möglichkeit mit einschließt, »allenthalben zumal« (ubicumque simul) zu sein. Die Reformierten dagegen, Zwingli besonders, aber auch Calvin, bestritten diese Auffassung und argumentierten gegen diese Lehre von der Allgegenwart Christi, der Ubiquität, vor allem damit, daß Christus seit seiner Himmelfahrt zur Rechten Gottes sitze und seiner menschlichen Natur nach nicht überall zugleich sein könne.

Bekanntlich ist es in erster Linie der Streit um die richtige Deutung des Abendmahls gewesen, der eine Einigung zwischen den Protestanten in Deutschland und in der Schweiz, eine Gemeinsamkeit von Lutheranern und Reformierten, verhindert hat. Und das Stichwort »Ubiquität« war Kampf- und Reizwort in diesem Streit. Die Ubiquitätslehre vertreten hieß, den lutherischen Standpunkt einnehmen. Wenn am Alten Bürgermeisterhaus von 1564 Am Markt 34 in Bad Salzuflen die Inschrift steht: »Ubique est omniaque inspicit Deus« (Allenthalben ist und alles sieht Gott), so ist das ein Bekenntnis zum Luthertum. Und auch die »dextera Dei«, die Rechte Gottes, war ein Zentralbegriff in diesen Auseinandersetzungen. Bernhard Copius, der der reformierten Lehre zuneigende Rektor des Lemgoer Gymnasiums, hat 1565 sein Amt verloren nach einer Disputation mit dem streng lutherischen Pastor Hermann Hamelmann von St. Marien, die unter dem Titel »De dextera Dei« ausgetragen wurde, in der Tat aber ein Abendmahlsstreit war.[106]

Eben diese beiden brisanten Begriffe, die dextera Dei und die Ubiquität, sind aber nun die beiden Termini der propositio maior, des Obersatzes, im ersten Syllogismus unseres Manuskripts. Und wenn dieses von Wolff niedergeschriebene Beispiel die conclusio, den Schluß »Also ist Christi Leib überall« als falsche Folgerung aus einem von vornherein fehlerhaft angelegten Syllogismus hervorgehen läßt, ihn noch dazu ausdrücklich in Parallele setzt zu dem Schluß des nächsten Beispiels »Also ist jener Mann aus Holz«, dann liegt auf der Hand: diese Folgerung soll lächerlich gemacht werden – und mit ihr ein Kernsatz der lutherischen Abendmahlslehre.

Diese Tendenz wird im dritten Beispiel sogar gleich noch einmal wiederholt:

Deitas Christi est ubique
Humanitas est unita Deitati
Ergo humanitas est ubique

(Christi göttliche Natur ist überall.
Seine menschliche Natur ist mit der göttlichen eins.
Also ist seine menschliche Natur überall.)

»Christi divina natura (deitas) unita est humanae naturae (humanitati): Christi göttliche Natur ist vereinigt mit seiner menschlichen Natur« – so und ähnlich bekennt immer wieder die von ihren Gegnern heftig angefeindete lutherische Konkordienformel von 1577 in ihrem Abschnitt »De persona Christi«. Dieser Lehrsatz wird hier im fehlerhaften (weil mit vier Termini ausgestatteten) Syllogismus ähnlich ins Zwielicht gerückt wie im ersten Bei-

106 Schormann, 1978.

spiel die Ubiquitätslehre. Und auch das fünfte Beispiel greift die strittigen dogmatischen Fragen wieder auf, spricht vom logos (Geist) und locus (Ort) und davon, ob Christi Fleisch »im Geist« sei oder an einem (bestimmten) Ort – also wieder das Problem der Präsenz Christi nach der Himmelfahrt, und das wiederum gegen die Regeln der Dialektik mit diesmal gleich fünf Termini.

Daß ein Theologe philippistischer Provenienz wie Wolff, der am Hofe Simons VI. persona grata war, kurz vor 1600, am Vorabend der sogenannten zweiten Reformation in Lippe, die Dogmen der Gnesiolutheraner bekämpfte, kann nicht wundernehmen. Aber die Art und Weise, wie das hier geschieht, stimmt doch bedenklich. Simon d.J. war, als ihm diese Syllogismen vorgelegt wurden, etwa elf Jahre alt, also noch viel zu jung, um ernsthaft in die Dialektik eingeführt zu werden. Nur um des Inhalts der Sätze willen kann Gerlach Wolff diese Beispiele angebracht haben, nicht, um die Regeln der Logik systematisch daran zu üben. Und wenn er dabei die heikelsten konfessionellen Streitfragen der Zeit ausgesprochen ironisch anschneidet, nicht in sachlicher Auseinandersetzung, dann muß man gegen diese Methode doch wohl starke Bedenken anmelden. Es ist dies übrigens das einzigemal, daß unser Manuskript ein so fragwürdiges Vorgehen des Lehrers verrät. Im allgemeinen lesen wir aus seinen Seiten das Bemühen um sprachliche Schulung und Bildung, aus der Auswahl seiner Texte das Streben nach Vermittlung von allgemein anerkannten moralischen Grundsätzen, und bei der Behandlung religiöser Themen ist wohl dann und wann der reformierte Standpunkt deutlich zu erkennen, jedoch ohne provokative Tendenz gegen die andere Konfession. Aber hier, beim scheinbar so neutral-formalen Kapitel der Dialektik, wird ausgesprochen aggressiv polemisiert.

Die nächste Seite, 59 r, beginnt mit der Überschrift: »Libellus brevis et perspicuus De ratione solvendi Dialogismos.« Der Ausdruck »Dialogismus« läßt den Leser stocken. Er ist ein Terminus technicus der Rhetorik und bezeichnet ein Selbstgespräch, in dem jemand zweifelnd verschiedene Gedanken, Möglichkeiten, Argumente hin- und herüberlegt. Das kann hier aber keinesfalls gemeint sein. Sollte »dialogismos« verschrieben sein für »syllogismos«? Das ist unwahrscheinlich. Oder meint das Wort die Erscheinung, die man eine Diallele nennt, einen Trugschluß, dessen Fehler darin besteht, daß das, was zu beweisen ist, bereits in der Voraussetzung enthalten ist, also einen circulus vitiosus? Das käme der Sache schon sehr nahe, würde den richtigen Begriff nur unzulässig stark einengen. Denn was unsere Überschrift meint, ist klar: »Ein kurzes und deutliches Büchlein über die Methode, fehlerhafte Beweise zu entlarven.« Diese Deutung dürfen wir dem Text trotz des dunklen Wortes »dialogismus« unbedenklich geben. Wolff will nämlich das Kapitel darstellen, das Melanchthon im 4. Buch seiner Erotemata dialectices unter der Überschrift »De ratione dissolvendi vitiosa argumenta«[107] abgehandelt hat. Das ist nicht zu bezweifeln, denn die nächsten Worte unseres Manuskriptes sind ein regelrechter Extrakt aus dem melanchthonianischen Lehrbuch.[108] Erst wird festgestellt: »Jeder Fehler eines Syllogismus liegt entweder in der Materie oder in der Form.« Dann werden die Begriffe »materia« und »forma« des

107 CR 13, Sp. 715 ff.
108 CR 13, Sp. 716.

Syllogismus kurz definiert. Damit bricht die Behandlung dieses Themas aber unbefriedigenderweise auch schon ab. Wolffs Ausführungen verdienen wohl die Bezeichnung »kurz«, aber kaum die Charakterisierung »deutlich, erhellend«. – Die nächsten 17 Seiten des Manuskripts sind leer geblieben.

An späterer Stelle (96 r) kommt der Präzeptor noch einmal auf das Thema Dialektik und Syllogismus zurück. Diesmal lautet die Überschrift

Argumentum a relatis.

»Relatis« ist offensichtlich verschrieben für »relativis«. Das ist in der Dialektik ein Fachausdruck für Beziehungen zwischen Dingen oder Begriffen, im Gegensatz zu den nomina absoluta, Dingen für sich genommen. Es soll also die Beweisführung behandelt werden, die mit Begriffen arbeitet, die Beziehungen, relativa oder relationes, bezeichnen, nicht nomina absoluta. Wolff gibt aber auch zu diesem Thema nur das Beispiel eines Syllogismus und fügt dem weiter nichts hinzu:

> »Auf die sich die Sache bezieht, die durch die Taufe bezeichnet ist, nämlich die Vergebung der Sünden und die Wiedergeburt und Erneuerung der Natur, auf eben die bezieht sich auch das Zeichen.
>
> Auf die Kinder der Christen aber bezieht sich die durch die Taufe bezeichnete Sache.
>
> Also bezieht sich auf dieselben auch das Zeichen.«

Wie man sieht, ist das Beispiel wiederum dem Gebiet der Dogmatik entnommen worden, diesmal aus der Lehre von der Taufe. Die Beziehung, die zwischen der eigentlichen Taufhandlung einerseits und dem, was sie »bezeichnet«, wofür sie steht, andererseits vorliegt, ist auch ein Beispiel unter mehreren in dem Kapitel des 1. Buches der Erotemata dialectices von Philipp Melanchthon, das »De relativis« überschrieben ist und die zugehörigen Begriffe der Dialektik abhandelt. Wolff hat sich bei der Formulierung seines Syllogismus nach diesem Beispiel[109] gerichtet.

Weiter aber sagt er zu diesem Gegenstand nichts. Angesichts der Tatsache, daß das ganze Thema der Dialektik Simons Alter, wie gesagt, eigentlich gar nicht angemessen war, kann man sich mehr darüber wundern, daß es überhaupt angeschnitten worden ist, als darüber, daß in unserem Manuskript nur sehr kurze Auszüge aus dem umfangreichen Fachgebiet auftauchen.

Verschiedene Gedichte
Übersetzungshilfen

Bemerkenswert und interessant durch die Auswahl der Texte ebenso wie durch die Art der Bearbeitung ist Blatt 68. Hier finden sich ausschließlich lateinische Gedichte, fünf an der Zahl, alle im elegischen Versmaß gehalten, also Hexameter im Wechsel mit Pentametern. Die Verfasser aller fünf Gedichte werden genannt oder lassen sich feststellen. Die Handschrift ist die gleiche wie auf den ersten 33 Blättern bei den Disticha Catonis. Zahlreiche Zusätze zwischen den Zeilen und gewisse Verbindungslinien zwischen den Wörtern zeigen

109 CR 13, Sp. 545.

dem Leser, daß an diesen Gedichten sprachliche Übungen getrieben worden sind, daß Worterklärungen gesucht und gegeben wurden, daß sich der Schüler den Satzbau der lateinischen Verse klarmachen mußte.

Das erste Gedicht (68 r) ist überschrieben:

E Graeco: Haec est os ex ossibus meis.

(»Aus dem Griechischen: Das ist doch Bein von meinem Bein« – also Zitat aus der biblischen Schöpfungsgeschichte, Gen. 2,23.)

Der Text lautet:

Aspexit iuvenem formosa puella superbum,
Ipsius in vultu lumina fixa tenens.
Hic ait: in terram potius tu dejice ocellos,
Non oculos habeat casta puella vagos.
Imo, ajit haec, magis in terra tu lumina figas,
Ex terra primum nam tua facta caro est.
Nostri principium fuit ortus costa virilis,
Hanc quaero, & iungi me velit illa sibi.

Die Verse stammen von Philipp Melanchthon. Es gibt von ihnen auch eine Übersetzung[110]:

Hob ihr Auge dereinst ein Mädchen, lieblich zu schauen,
An eines Jünglings Gestalt rankte der träumende Blick.
»Ei, so schaue hinab, es ziemt der züchtigen Jungfrau
Erdwärts zu senken den Blick« – also der Jüngling ihr rieth.
»Nein, mein Freund, nicht uns, Euch Männern geziemt dieß,
Denn aus Erde erschuf Euch des Allmächtigen Hand:
Aber vom Manne hinweg ward unser Wesen genommen,
Heimweh ziehet den Blick uns in das Auge des Mannes!«

Man kommt freilich an der Feststellung nicht vorbei, daß Melanchthons Original wesentlich eleganter und geistreicher ist als die aus dem 19. Jahrhundert stammende Verdeutschung, die Wesentliches nicht wiedergibt und obendrein noch metrische Fehler enthält. Da ist doch hübscher und treffender die prosaische Nacherzählung der kleinen Szene, die sich ebenfalls in Melanchthons Werken findet.[111] Dort ist die Rede von »jenem Gedicht, in dem erzählt wird, ein junger Mann habe ein Mädchen, das ihn anschaute (man darf wohl verstehen: anhimmelte), aufgefordert, die Augen gefälligst lieber auf die Erde zu richten, den Blick züchtig zu senken. Darauf habe sie geistvoll-witzig geantwortet: ›Du bist von Erde genommen, schau lieber du zu Boden. Die Frau ist vom Manne genommen, warum soll ich also nicht den Stoff anschauen, aus dem ich entstanden bin?‹ Dadurch wird zu verstehen gegeben, daß die Liebe gegenseitig und naturgegeben ist bei Mann und Frau.«

Das steht bei Melanchthon an einer Stelle, wo man es nicht ohne weiteres vermutet, nämlich in der Postille. Diese Schrift stammt nicht direkt aus Melanchthons Feder, sie ist vielmehr eine Sammlung (in vier Bänden) von Kollegnachschriften verschiedener Wittenberger Studenten, die Christoph Pezel veranstaltet, redigiert und 1594 herausgegeben hat, eben der in Bremen wirkende reformierte Theologe Pezel, der mit Graf Simon VI. zur Lippe in

110 Das lateinische Gedicht in CR 10, Sp. 669, Nr. 386. Die Übersetzung bei Pressel, 1860, S. 27.
111 CR 24, Sp. 283.

reger Verbindung stand und auch zur Erweiterung der gräflichen Bibliothek auf Schloß Brake durch seine Vermittlung viel beigetragen hat.[112]

Ein Blick auf die melanchthonianische Postille, auf ihre Eigenart und ihre Entstehung, kann vielleicht eine Antwort auf die immerhin naheliegende Frage geben, was den Präzeptor Wolff wohl veranlaßt haben mag, seinem Schüler das gewiß außerhalb des Kanons der üblichen Schullektüre liegende Gedicht »Haec est os ex ossibus meis« vorzulegen.

Melanchthon hat in seinen letzten Lebensjahren, von 1549 bis 1560, regelmäßig das Sonntagsevangelium in lateinischer Sprache ausgelegt und erklärt, zunächst für ungarische Studenten, die noch nicht genug Deutsch konnten, um der Predigt folgen zu können.

Diese Erklärungen hat er nicht nur theologisch konzipiert, sondern auch mit sprachlichen Erläuterungen, historischen Beispielen und belehrenden Geschichten angereichert und damit so viel Anklang gefunden, daß er bald mit der Veranstaltung aus seiner Wohnung in einen Hörsaal umziehen mußte, so stark war die Zahl seiner Hörer angewachsen.[113] In der von Pezel edierten Postille sind Nachschriften dieser Evangelienauslegungen gesammelt, hier lesen wir zum Evangelium des 2. Sonntags nach Epiphanias, Joh. 2 (die Hochzeit von Kana), längere Ausführungen Melanchthons über die christliche Ehe, über Keuschheit und Zucht, und in diesem Zusammenhang erwähnt der Magister Philippus auch unser Gedicht. Dieses Beispiel läßt es verständlich erscheinen, daß Melanchthons allsonntägliche Textauslegungen bei seinen Studenten so beliebt waren. Der Magister pflegte wirklich erstaunlich viel Interessantes und Abwechslungsreiches in seine Erklärungen einzuflechten – so hat er auch bei Gelegenheit ausführlich von Arminius und der Schlacht im Teutoburger Wald erzählt und seinen Hörern zugerufen: »Diese Namen müßt ihr jungen Leute kennen, damit ihr über euer Vaterland Bescheid wißt!«[114]

Pezel schreibt, daß in Melanchthons Auditorium Vertreter aller Altersstufen am Munde des Dozenten hingen, vornehmlich aber jüngere und ganz junge.[115] Und Melanchthon war, wie das Beispiel unseres Gedichts zeigt, durchaus nicht so prüde, vor jungen Leuten ein Thema wie das der Liebe zwischen den Geschlechtern völlig auszuklammern. Da wird sich Gerlach Wolff gesagt haben: Was der Magister Philippus in Wittenberg mit so großem Erfolg ganz jungen Studenten vorgetragen hat, das kann ich auch in Brake dem jungen Grafen Simon bieten.

Das zweite Gedicht auf Blatt 68 hat keinen biblischen Bezug und stammt nicht aus der Humanistenzeit, sondern aus der Spätantike. Sein Verfasser ist Decimus Magnus Ausonius (etwa 310-395) aus Bordeaux, der zeitweise auch als Prinzenerzieher des späteren Kaisers Gratian in Trier gelebt hat. Die Verse lauten:

112 Hellfaier, 1986, S. 11; Schormann, 1970 (In: Jahrbuch für westfälische Kirchengeschichte, S. 65, Anm. 9, S. 73, S. 75.)

113 Wenn man Christoph Pezels Angaben korrigiert und nachgewiesen hat, daß Melanchthon auch schon vor dem Schmalkaldischen Krieg zwar nicht gleiche, aber doch sehr ähnliche Sonntagslektionen gehalten hat (Buchwald, 1924, S. 78-89), so ist das für unseren Zusammenhang unerheblich.

114 CR 24, Sp. 258 f.

115 CR 20, Sp. 163 f.: »quorum plerique adolescentes erant, multi etiam adhuc pueri«; auch CR 24 XLI f.

Fama est fictilibus coenasse Agathoclea regem
Atque abacum Samio saepe onerasse luto.
Fercula gemmatis cum poneret aurea vasis,
Et misceret opes pauperiemque simul.
Quaerenti causam respondit: Rex ego qui sum
Sicaniae, figulo sum genitore satus.
Fortunam reverenter habe quicumque repente
Dives ab exili progrediere loco.

Martin Opitz hat dieses Gedicht so übersetzt[116]:

Vermahnung zur Demuth

Aus schlechtem Thone ließ sich Agathocles speisen/
Und wolte diß Geschirr auff seiner Tafel weisen:
Wo eine Schüssel stund von Steinen hoch geschätzt/
Da hat er Armuth auch zum Reichthumb hingesetzt.
Ich/ sagt' er/ bin ja zwar ein König jetzt erkohren/
Doch auß Sicilien ein Töpffers Sohn gebohren.
Nimb ja dein Glück in acht der du in kurtzer frist
Von einem schlechten Ort' in Güter kommen bist.

(Agathokles war 318-289 v. Chr. Herrscher von Syrakus.)

Das Ausoniusgedicht kann man unter der Überschrift »Exhortatio ad modestiam«, Mahnung zur Bescheidenheit, in den Monumenta Germaniae historica V 2,197 nachlesen. Die Lippische Landesbibliothek besitzt unter der Signatur Ph 924 b einen Druck der Werke des Ausonius von 1501, der aus der Bibliothek Johanns von Exter stammt.

In unserem Manuskript sind zwischen den Zeilen einzelne Anmerkungen angebracht, z.B. gleich zum ersten Wort »fama« die Vokabel »rumor« als Ausdruck ähnlicher Bedeutung; zu Vers 4 die Angabe »paupertas, pauperies – armuth«; unter der Verbalform »progrediere« im letzten Vers die erklärende Hilfe »Futur«.

Blatt 68 v beginnt mit einem Vierzeiler:

Si quis de parvis vult plura absumere rebus
Quaerere quam vigili sedulitate potest:
Is mendicando victum petet ostia pulsans
Aut feret huic tristem crux laqueusque necem.

(Wenn einer von kleinem Besitz mehr ausgeben will, als er mit regem Fleiß erwerben kann, so wird er seinen Lebensunterhalt durch Betteln suchen müssen, indem er an die Haustüren klopft, oder Galgen und Schlinge werden ihm einen traurigen Tod bringen.)

Das Doppeldistichon stammt wiederum von Melanchthon. Unter seinen Gedichten ist es als Nr. 1 aufgeführt[117], und zwar als lateinische Übersetzung eines deutschen Spruchs, den des Magisters Mutter oft im Munde geführt haben soll[118]:

116 Opitz, 1640.
117 CR 10, Sp. 469. Die deutsche und die lateinische Fassung sind beide auch zitiert CR 14, Sp. 676 f., in den »Annotationes et conciones in Evang. Matthaei«.
118 Galle, 1840, S. 2, Anm. 1.

Wer mehr will verzehren
Denn sein Pflug kann ereren[119],
Der wird zuletzt verderben
Und vielleicht am Galgen sterben.

Das nächste Gedicht ist überschrieben

Precatio ex 2 Paralipomenon
20 cap expressa versibus a Ioach. Cam.

Also ein »Gebet nach dem 20. Kapitel des 2. Buches der Chronik, in Versen ausgedrückt von Joachim Camerarius« (1500-1574, dem gelehrten Humanisten und guten Freunde Melanchthons).

In tenebris nostrae, & densa caligine mentis,
  Cum nihil est toto pectore consilii.
Turbati erigimus Deus ad te lumina cordis,
  Nostra tuamque fides solius orat opem.
Tu rege consiliis actus pater optime nostros,
  Nostrum opus ut laudi serviat omne tuae.

(In der Finsternis und dem dichten Dunkel unseres Geistes, wenn in der ganzen Brust kein Rat mehr ist, richten wir unser geistiges Auge bestürzt auf dich, Gott, und unser Glaube erfleht deine Hilfe allein. Lenke du, bester Vater, unser Handeln, damit unser ganzes Tun deinem Ruhme diene.)

Camerarius' Gedicht ist eine ausführliche poetische Fassung des letzten Satzes von 2. Chron. 20,12. Wiederum wollen in kleiner Schrift hinzugefügte Wörter Verständnishilfen geben, so in Vers 2 *inest* zu *est*, Vers 3 *territi* zu *turbati*, *ocula* (was freilich *oculos* heißen müßte!) *mentis* zu *lumina cordis*, Vers 4 *implorat* zu *orat*. Außerdem zeigen etwas zittrig gezogene dünne Linien die grammatikalische Zusammengehörigkeit voneinander getrennter Wörter an: nihil – consilii, actus – nostros, nostrum – opus – omne, laudi – tuae; und im letzten Distichon sollen kleine Ziffern die Satzkonstruktion verdeutlichen: 1 pater optime 2 tu rege; 1 ut 2 omne nostrum opus 3 serviat 4 tuae laudi – rührende Hilfen für einen Anfänger in der Kunst, lateinische Verse zu verstehen. Ferner gilt der Wortverbindung »nihil consilii« der Zusatz »Atticismus«: so bezeichnete man in jener Zeit den von einem Adjektiv abhängigen Genitivus partitivus.[120]

Am Ende von Blatt 68 v folgt
  Alia Precatio Philip. Melanth.[121],
»ein anderes Gebet Philipp Melanchthons«:
Te maneat semper servante Ecclesia Christe
  Insertosque ipsi nos tua dextra tegat

119 »ereren« ist ein altes Wort für »erackern, durch Arbeit mit dem Pflug verdienen«.

120 Melanchthons lateinische Grammatik CR 20, Sp. 349; die oben genannte anonyme Lemgoer lateinische Grammatik von 1581, S. 104.

121 Der Magister Philippus hat die nach Humanistenart gräzisierte Form seines deutschen Familiennamens Schwarzert seit 1531 nicht mehr Melanchthon, sondern Melanthon geschrieben.

Tres velut in flamma testes Babylonide servas
Rex ubi praesentem te videt esse Deum.

(Unter deinem Schutz, Christus, möge die Kirche stets Bestand haben, und uns, die wir ihre Glieder sind, schütze deine Rechte, so wie du die drei Zeugen im babylonischen Feuer rettest, wo der König erkennt, daß du der hilfreiche Gott bist.) – (Mit Bezug auf die drei Männer im Feuerofen, Daniel cap. 3.)

Im Corpus Reformatorum steht dieses Epigramm in Band 10, Sp. 617. Auch in der Postille ist es aufgeführt und mit den Worten eingeleitet: »Neulich habe ich folgende Fassung eines Gebets geschrieben«.[122]

In diesen Versen finden wir wieder zugesetzte Vokabelvarianten: »exper[itur] – videt«, und Konstruktionshilfen durch dünne Verbindungslinien und durch Zahlen (bis zur 5), die eine leichter verständliche Reihenfolge der Satzteile erkennen lassen wollen.

Das Hilfsmittel, seinem Schüler den oft schwierigen Satzbau lateinischen Poesie durch übergeschriebene Ziffern zu verdeutlichen, hat Gerlach Wolff nicht erfunden. Sehr alte Codices sind bereits nach eben dieser Methode von späteren Scholiasten zur Erleichterung des Verständnisses für mittelalterliche Klosterschüler mit entsprechenden Zeichen versehen worden. So schreibt z.B. Ildefons von Arx, Stiftsbibliothekar von St. Gallen, 1824 über eine alte Handschrift seiner Bibliothek: »Jene Besonderheit hat dieser Codex, daß der Text der Gedichte durch übergesetzte, die Worte in Prosaform umordnende Zeichen zugänglich gemacht wird.« Und ein in Wolfenbüttel befindlicher Vergilcodex aus dem 9. Jahrhundert bietet, ebenfalls von Scholiastenhand, die gleichen Übersetzungshilfen. Dazu bemerken die Vergilherausgeber Johannes und Maria Götte: »Der Scholiast ... war in geradezu rührender – strenge praeceptores werden sagen: ›in platterdings empörender‹ – Weise ängstlich bemüht, seinen Schülern – vielleicht auch manchem Magister – die poetische Wortstellung so gründlich in leicht faßbare Prosaform umzuordnen, daß selbst die sprachlich Minderbemittelten, zumal da auch mit Wort- und Sacherklärungen nicht gespart worden ist, instand gesetzt wurden, den Text zu verstehen.«[123]

Genau diese »Hilfen zum syntaktischen Verständnis der Verse, deren Wortstellung bekanntlich von der aus einfacher Prosa gewohnten beträchtlich abweicht und so den Lateinschülern aller Zeiten und Zungen anfangs erhebliche Schwierigkeiten macht«[124], die der unbekannte Scholiast im Mittelalter den Klosterschülern gegönnt hat, die hat auch Wolff seinem Zögling für die letzten drei Distichen auf Blatt 68 v gegeben. Wir dürfen als sicher annehmen, daß sie Simon dem Jüngeren willkommen waren, und wollen hoffen, daß er dennoch nicht zu den oben zitierten »sprachlich Minderbemittelten« zu rechnen war.

In alten Ausgaben der Gedichte Melanchthons (die Lippische Landesbibliothek besitzt davon fünf Drucke aus dem 16. Jahrhundert) folgen die in Verse gebrachten Gebete Camerarius' und Melanchthons stets unmittelbar aufeinander, genau so wie in unserer Handschrift. Wolff wird seinen Schüler nach einer dieser Ausgaben haben arbeiten lassen. Das

122 CR 24, Sp. 797; bei der Auslegung des Evangeliums zum Sonntag Jubilate, Joh. 6.
123 Vergil/Götte, Aeneis, S. 801 f.; Landleben S. 467. 483, Anm. 1.
124 Vergil/Götte, Aeneis, S. 801.

darf man umso eher annehmen, als das Manuskript bis in Einzelheiten hinein (Formulierung der Überschrift, Abkürzungen, Satzzeichen) mit den Drucken übereinstimmt. Möglicherweise wurde die Ausgabe von 1560 benutzt, die Hildebrand Grothus oder Grathus aus Salzuflen, von 1560 bis zu seinem Tode 1607 Pfarrer an St. Nikolai zu Lemgo, veranstaltet und seinen Landesherren, den Brüdern Bernhard und Hermann Simon zur Lippe, gewidmet hat. Ein schön gebundenes Exemplar dieser Edition aus dem Besitz des Grafen Bernhard, des Großvaters Simons d.J., das auch das Exlibris des Magisters Johann von Exter trägt, ist noch vorhanden.[125] Grathus war einer der ersten Sammler und Herausgeber von Melanchthongedichten.

Mit der vierten Lage des Manuskripts, Bl. 72 r ff., beginnt ein *»Liber vocabulorum et phrasium«*, also ein Verzeichnis von Vokabeln und Phrasen, gängigen Wortverbindungen und Ausdrücken. Dieses »Vokabelbuch« als eigenes Kapitel vorzustellen empfiehlt sich nicht. Sein Inhalt ist vielfältig und bunt gemischt, und auch außerhalb des »Liber vocabulorum« findet sich vieles, was ebensogut in seinem Rahmen hätte aufgezeichnet werden können. Die verschiedensten Themen sind ganz unsystematisch teils nacheinander, teils durcheinander behandelt worden. Schüler und Lehrer schreiben abwechselnd, mitunter gibt der Lehrer Nachträge und Ergänzungen. Qualität und Sorgfalt der Schrift sind sehr unterschiedlich. Zitate, Verse, Sprichwörter sind eingestreut, wie der Zusammenhang es ergibt und wenn sie als Beispiele sinnvoll erscheinen. Ab und zu hat der junge Simon mit Strichen und Zierleisten den Schluß eines Abschnitts markiert. Es wird die Übersicht bedeutend erleichtern, wenn wir die 24 Blätter des »Liber vocabulorum« nicht Seite für Seite durchgehen, sondern so, wie für das ganze Konvolut Blatt 35-99 angekündigt, nämlich nach Themen geordnet. Dabei werden wir den größeren Abschnitt »Texte zur kirchlichen Lehre« wiederum unterteilen können in

1. Evangelientexte – 2. Zum Begriff »spiritus« – 3. Das sechste Gebot (Zur Einführung des reformierten Bekenntnisses in Lippe) – 4. Der 23. Psalm – 5. Zur Himmelfahrt Christi – 6. Ein Melanchthongedicht – 7. Aus der »Historia sacra Fabricii« – 8. Similitudines.

Texte zur kirchlichen Lehre
Zur Einführung des reformierten Bekenntnisses in Lippe

1. Evangelientexte.

Aus Evangelientexten enthält das Manuskript Vokabeln zu den altkirchlichen Lesungen zum 1. Advent – 2. Advent – 4. Advent – 3. Sonntag in der Fastenzeit (Oculi) – 7. Sonntag nach Trinitatis – 11. Sonntag nach Trinitatis – 15. Sonntag nach Trinitatis – 16. Sonntag nach Trinitatis – 18. Sonntag nach Trinitatis.

Diese Texte sind nicht etwa in der Reihenfolge des Kirchenjahrs bearbeitet worden, sondern ziemlich bunt durcheinander, manche (1. Advent, 15. Sonntag nach Trinitatis) auch

125 LLB Sign. Ph 1355. Vgl. auch Lippische Mitteilungen aus Geschichte und Landeskunde 58 (1989), S. 65-71.

mehrmals. Überhaupt ist es schwer, sich ein Bild von der Art der Textbehandlung zu machen, denn nur einmal, beim Evangelium für den Sonntag Oculi, erkennt man in den aufgezeichneten Vokabeln den Text der Vulgata mit Sicherheit wieder. In allen übrigen Fällen tauchen wohl einzelne Wörter der Perikope auf, daneben aber auch viele andere, die höchstens der Erklärung des Vulgatatextes dienen oder als Erweiterung des Wortschatzes im Zusammenhang mit dem Evangelienabschnitt verstanden werden können. So werden z.B. unter der Überschrift »Vocabula ex Dominica XVI post trinitatis« (Luc. 7,11-17; die Geschichte vom Jüngling zu Nain), wo freilich von einer Bestattung die Rede ist, volle zwei Seiten Vokabeln zum Thema Trauerzug, Beerdigung gegeben: »eine begrebniß – ein todtenbar – gebeten werden mit der leich zu gehen – ein beinhauß – ein leich predig – ein messpfaffe« usw. usf., von denen lediglich »loculus = ein sarck« und »vidua = ein widwe« im Bibeltext vorkommen.

Das Evangelienkapitel wird nur zweimal angegeben, die zur Sonntagslesung gehörigen Verse nie. Das Fehlen der Versangabe ist nicht verwunderlich, denn die Verseinteilung des Neuen Testaments war erst 1551 eingeführt worden und war gegen Ende des 16. Jahrhunderts noch nicht so allgemein gebräuchlich wie heute. (Der französische Humanist und Buchdrucker Robert Stephanus [Estienne] hat diese Verszählung für seine Sedez-Ausgabe des NT geschaffen, und zwar auf der zu Pferde zurückgelegten Reise von Paris nach Lyon. Kritiker dieser Einteilung beklagen, daß sie oft Zusammengehöriges auseinanderreiße und Nichtzusammengehöriges verbinde, und spotten, man merke es ihr an, daß sie im Sattel entstanden sei.) In einem späteren Teil des Mscr. 131 (Bl. 144 ff.) hat Simon bei übersetzten Sprüchen aus dem NT die Verse übrigens meistens mit angegeben.

Die Bearbeitung des Evangeliums für den 4. Advent (Bl. 74 v; Joh. 1,19-28) zeigt, daß und wie Wolff es nicht bei der einfachen Textübersetzung durch seinen Schüler belassen hat. Zunächst werden die Fragen der Priester und Leviten sinngemäß zusammengefaßt: »Tune es ille se excellens et magni nominis, qualis judeis promittitur?« (Bist du der, der sich heraushebt und der großen Namens ist, wie er den Juden versprochen ist?) mit Hinweis auf Deut. 18 (v. 15 ff.), wo den Juden ein Prophet verheißen wird. Dann wird aus den Fragen der Juden an Johannes den Täufer eine Schlußfolgerung gezogen, als »Sillogismus« bezeichnet und so formuliert: »cujus doctrina est insolita et ratio Babtizandi nova, is est aut Christus aut Elias aut propheta.« (Der, dessen Lehre ungewohnt und dessen Art zu taufen neu ist, der ist entweder Christus oder Elias oder ein Prophet.) Die schon oben als wichtig erwähnte Lehre von der Dialektik spielt also auch hier wieder eine Rolle.

Die Arbeit an den Sonntagsevangelien füllt viele Seiten in unserem Manuskript. Es sind aber außer diesen Perikopen (und den bereits besprochenen Gedichten von Melanchthon und Camerarius) noch einige andere Texte religiösen Inhalts durch Gerlach Wolff und Simon behandelt worden. Die Besprechung dieser Abschnitte schließen wir hier an. Die Spuren dieser Arbeit nehmen zwar im Manuskript vergleichsweise wenig Raum ein, erlauben aber dennoch bemerkenswerte Beobachtungen.

2. Zum Begriff »spiritus«.

Es ist nicht auszumachen, was der Anlaß dafür war, die unterschiedlichen Bedeutungen des Substantivums »spiritus« zu behandeln, und zwar durchweg mit Hilfe von biblischen Belegstellen. Auf Blatt 32 v heißt es:

Spiritus significat (»Spiritus« bezeichnet)

1. Ventum: Ioan. 3 spiritus ubi vult (das Nikodemusgespräch: Der Wind bläst, wo er will.)
2. Vitam: Ps. 104 auferes spiritum eorum et deficient (v. 29 b; Luther: Nimmst du weg ihren Odem, so vergehen sie.)
3. Motum animorum: Ps. 76 qui auferet spiritum principibus (v. 13; Luther: der den Fürsten den Mut nimmt.)
4. Essentiam Spiritualem: Ion. 4 Deus est Spiritus (v. 24; Gott ist Geist.)
5. Naturam Angelorum Spiritualem: Ps. 104 qui facis ministros tuos spiritus (v. 4; Luther: der du machst Winde zu deinen Boten.)
6. Animam hominis: Act. 7 Domine Jesu suscipe spiritum meum (v. 58; Herr Jesu, nimm meinen Geist auf!)
7. Spiritum sanctum.

3. Das sechste Gebot.

Blatt 86 v unten bis 87 v oben findet sich ein Wörterverzeichnis unter der Überschrift: »Vocabula ex 6. praecepto«. Zweierlei erkennt man schnell. Erstens: die Bedeutung der Vokabeln (z.B. »committere caedem ein todtschlag begehen«) legt es zwingend nahe, daß es sich um das Gebot »Du sollst nicht töten« handelt. Das ist nach lutherischer Zählung das fünfte; hier ist es das sechste genannt, also hat man sich nach der reformierten Zählung gerichtet. Zweitens: mit den wenigen Wörtern dieses kurzen Gebots kann man nicht 1 1/2 Manuskriptseiten mit Vokabeln füllen, wie es hier geschehen ist, selbst wenn Wolff seinen Schüler in diesem Zusammenhang wie meistens sinn- oder stammverwandte Vokabeln hat mit aufschreiben lassen. Es muß also eine katechetische Erklärung behandelt worden sein.

Der Heidelberger Katechismus ist 1563 erschienen, und als authentisch galt von vornherein nur seine deutsche Fassung.[126] Auch wenn man seine Fragen 105, 106, 107, die vom 6. Gebot handeln, ins Lateinische übersetzt, kommt man wohl zu vielen Vokabeln, die in unserem Manuskript in diesem Zusammenhang notiert worden sind, aber nicht zu allen. Wolff muß in seinem Unterricht mit Simon einen anderen Text benutzt haben, und das ist der des »Catechismus Angeri«.

Melchior Anger (1547-1607), reformierter Hofprediger und Pfarrer in Heidelberg, hat einen Katechismus geschrieben, von dem bekannt ist, daß er um 1600 in Lippe Eingang gefunden hat.[127] Drucke dieses Buchs sind selten, weder die Lippische Landesbibliothek noch die Bibliothek der lippischen Landeskirche besitzen ein Exemplar davon. Jedoch gibt es in der Lippischen Landesbibliothek zwei Handschriften, die den Angerschen Katechismus enthalten, eine auf lateinisch und (weitgehend auch) auf deutsch, die andere nur auf lateinisch (LLB Mscr. 135 I und 135 II). Nach diesem Katechismus hat Wolff mit Simon gearbeitet, das ist evident, denn alle Vokabeln des Mscr. 131 tauchen in der Frage 32 des lateinischen Catechismus Angeri auf. (Der mitunter etwas flüchtigen und sprunghaften Art der Führung des Vokabelverzeichnisses muß es zuzuschreiben sein, daß unmittelbar vor den Wörtern zur Frage 32 auch zwei Vokabeln erscheinen, die zur Frage 33 gehören.)

126 Wolters, S. VII, Anm. Eine lateinische Ausgabe ist 1566 erschienen (Wolters, S. 100, Anm.)
127 Wehrmann, 1984, S. 74-75.

Die Einführung des Catechismus Angeri ist ein wichtiger Schritt auf dem Wege jenes Prozesses, den manche Historiker und Theologen für Lippe wie für andere deutsche Territorien »die zweite Reformation« nennen, während andere diese Bezeichnung ablehnen. Ob der Name berechtigt ist oder nicht, das ist hier nicht die Frage; vielmehr soll lediglich festgestellt werden, was für Lippe an Fakten und Daten zu diesem Vorgang bekannt ist.

Graf Simon VI. hatte bereits 1602 in der Schloßkirche zu Brake den Gottesdienst nach reformiertem Brauch eingerichtet und wollte »die Schloßkirchenordnung« als Vorbild für die anderen Kirchen des Landes angesehen wissen.[128] Dessenungeachtet wird als Zeitpunkt der Einführung des reformierten Bekenntnisses in Lippe gewöhnlich in der Literatur der 2./12. Juni 1605 angegeben, der Tag, an dem der Graf mit seiner Familie und seinen Hofbeamten und Räten in der Detmolder Kirche das Abendmahl zum erstenmal nach reformiertem Ritus genommen hat. Das war der Übertritt vom einen zum anderen protestantischen Bekenntnis de facto. Wann aber dieser Schritt für die ganze Grafschaft (außer Lemgo) de jure getan worden ist, das läßt sich auffälligerweise nicht ohne weiteres sagen. Ohne Zweifel galt um 1600 die Kirchenordnung von 1571, und die war gut lutherisch, berief sich auf die Confessio Augustana und verlangte Luthers Katechismus. Die am 15.10.1600 erlassene Konsistorialordnung[129] sprach nicht offen aus, daß dieser Zustand geändert werden sollte. Sie regelte Fragen der Kirchenorganisation und der Ehegerichtsbarkeit, verwendete den Begriff Katechismus nur ohne Nennung eines Verfassernamens und äußerte sich zur Frage der rechten kirchlichen Lehre lediglich allgemein-protestantisch. »Damit die Lehre göttlichen Worts nach dem rechten Verstand der prophetischen und apostolischen Schrift in Unserer Graf- und Herrschaft mit Irrtümern unverfälscht geführet und getrieben ... werde« traf Simon VI., die Rechte des summus episcopus seines Landes für sich in Anspruch nehmend, seine Anordnungen. Von Luther oder von Calvin war mit keinem Wort die Rede.[130] Freilich ließ sich die so neutral formulierte Konsistorialordnung durchaus im reformierten Sinne verstehen. Nicht ohne Grund verzichtete sie darauf, die Prüfung zu verlangen, »ob etliche falsche Lehrer und Sekten, als der Wiedertäufer, Schwenkfelder, Sakramentirer, oder andern, die unsere Kirchen lästern, anhängig sind«, wie es die lutherische Kirchenordnung von 1571 noch getan hatte. Sakramentierer – das waren im Sprachgebrauch der Lutheraner jener Zeit die Anhänger der Abendmahlslehre Calvins. Für deren Verdammung war natürlich 1600 kein Raum mehr. Und es ist eine Tatsache, daß bei den Kirchenvisitationen,

128 Falkmann, 1847/1902, wie Anm. 1, Bd. 6, S. 319. Butterweck, 1926, S. 145.

129 Abgedruckt in den Landesverordnungen der Grafschaft Lippe, S. 325-351. Dort findet sich aber ein sinnentstellender Fehler: Die Ordnung legt in § 7 und § 8 zwei Fragenkataloge fest, nach denen die Visitatoren vorgehen sollen. Der erste umfaßt 19, der zweite 15 Fragen, die laut Abdruck von 1779 beide die Pfarrer zu beantworten haben. Das ist widersinnig, da die Fragen der beiden Kataloge sich weithin decken oder überschneiden. Richtig ist ohne Zweifel, was eine handschriftliche Aufzeichnung der ganzen Konsistorialordnung aus der Bibliothek Caspar Petzels (LLB Mscr. 88) an der betreffenden Stelle angibt: Der zweite Fragenkatalog (der im Manuskript nicht 15, sondern 16 Fragen enthält) soll nicht wie der erste den Pfarrern, sondern vielmehr den »Kirchenältesten, Dechen, Templierern und anderen vertrauenswürdigen Personen« vorgelegt werden.

130 Ähnlich indifferent hat Simon sein Glaubensbekenntnis in den Testamenten vom 23.7.1583 und vom 30.8.1597 formuliert (Falkmann, 1847/1902, wie Anm. 1, Bd. 4, S. 91. 92 und 5, S. 353).

die die Konsistorialordnung von 1600 vorschrieb und die ab 1602 in der ganzen Grafschaft laufend und regelmäßig durchgeführt wurden, von den Pfarrern nachdrücklich verlangt wurde, im reformierten Sinne zu lehren und zu predigen und im Gottesdienst den reformierten Ritus einzuführen. Wenn aber in der Literatur gelegentlich behauptet wird, die Konsistorialordnung von 1600 oder eine Instruktion vom 21.11.1601 zur Durchführung der Kirchenvisitationen habe angeordnet, das Abendmahl nach reformierter Art (mit der fractio panis) zu spenden, den Exorzismus bei der Taufe abzuschaffen, Angers Katechismus an Stelle des lutherischen zu verwenden, Lobwassers Psalmen den Vorzug vor Luthers Chorälen zu geben usw.[131], so ist das ein Irrtum. Die Instruktion von 1601[132] ist vielmehr lediglich eine dienstliche Anweisung an den Superintendenten Heinrich Dreckmeier, die Visitation in seinem Sprengel durchzuführen, und sie vermeidet zur Frage der kirchlichen Lehre und des Zeremoniells ebenso peinlich jede Festlegung auf lutherisch oder reformiert, wie das die Konsistorialordnung tut. Sie gebraucht vielmehr fast genau wörtlich die gleiche Formulierung von der »Lehre göttlichen Wortes nach dem Verstand der heiligen prophetischen und apostolischen Schrift«, wie sie eben aus § 1 der Konsistorialordnung zitiert wurde. Das konnte (und sollte!) man gewiß im reformierten Sinne verstehen – präzise ausgedrückt und in Worte gefaßt ist das aber weder in dem einen noch in dem anderen Dokument. Begriffe wie Catechismus Angeri, Austeilung des Abendmahls, Lehre von der Natur der Person Christi, kommen auch in der Instruktion von 1601 überhaupt nicht vor.

Demnach bestätigt sich, was Wilhelm H. Neuser 1983 in Stapelage vor der lippischen Landessynode vorgetragen hat: Für Lippe läßt sich, im Gegensatz zu anderen deutschen Territorien, ein exaktes und offizielles Datum für die rechtliche Einführung des reformierten Bekenntnisses nicht angeben. In praxi ist diese Umorientierung seit 1602 mit Nachdruck betrieben worden, aber eine amtliche schriftliche Fixierung ist nicht erfolgt – es sei denn, die uns überkommenen Aktenbestände wiesen gerade in diesem wichtigen Punkt entscheidende Lücken auf, was angesichts der Fülle des erhaltenen Dokumentenmaterials als völlig unwahrscheinlich gelten darf. Wir haben vielmehr zu konstatieren, daß Graf Simon seine schriftlichen amtlichen Instruktionen absichtlich allgemein und protestantisch-konfessionsneutral gehalten hat, und müssen annehmen, daß die Weisungen an die drei Superintendenten, wie und mit welchem Ziel sie ihre Aufgaben als Visitatoren wahrzunehmen hätten, lediglich mündlich erteilt worden sind.[133]

131 Friedrich Wiehmann in: Wehrmann, 1984, S. 75, schreibt alle diese Einzelanweisungen der Instruktion von 1601 zu. Ebenso verfährt Schilling, 1981, S. 179, unter Berufung auf Butterweck und Falkmann, 1847/1902. Butterweck, 1926, S. 147, schreibt aber nur, die Visitatoren hätten auf Einführung der Neuerungen gedrungen »auf Grund der ... Konsistorialordnung«, und Falkmann, 1847/1902, wie Anm. 1, Bd. 6, S. 319, äußert sich noch sehr viel vorsichtiger: Die Instruktion von 1601 sei »bereits auf Untersuchung der herrschenden Glaubenslehre und deren Reinigung von Irrtümern gerichtet« und lasse sich »insofern als erster unmerklicher Schritt auf dem Wege zur Reformation bezeichnen«. Von Einzelmaßnahmen steht bei Falkmann in diesem Zusammenhang kein Wort.

132 StA DT L 8 K Sect. II num. 6.

133 Schilling, 1981, S. 183, spricht von der Zeit bis 1605 als von der »weitgehend im geheimen abgelaufenen Phase des kirchlichen Reformwerkes«.

Diese Aufgaben waren durchaus nicht einfach. In vielen Gemeinden war der Widerstand gegen die angeordneten Neuerungen erheblich, das geht aus den Visitationsprotokollen[134] deutlich hervor. Vielerorts wird Luthers Katechismus noch lange weiter benutzt, auch das Brotbrechen beim Abendmahl stößt auf Ablehnung. In Blomberg unterrichtet der Rektor gleich nach zwei lutherischen Katechismen: nach dem des Reformators selbst und nach dem des Rostocker Theologen David Chyträus[135], und sagt noch am 15.10.1606 aus, »wenn er den Catechismum Lutheri abschaffe, so kriege er nicht einen Knaben in die Schule.«

Daß Simon die Einführung des reformierten Bekenntnisses in seinem Lande gewollt, gefördert und (bis auf Lemgo) schließlich auch durchgesetzt hat, ist klar und völlig unbestritten. Schon seit langem lief seine kirchliche Personalpolitik darauf hinaus, und so haben auch schon 1596 ostfriesische Gesandte versucht, ihn beim Kaiser in Prag zu diskreditieren mit dem Argument, er sei ein Calvinist.[136] Aber er wollte nicht offiziell Konfessionswechsel nennen, was doch jedermann als solchen ansah. Vielmehr behauptete er weiterhin mit Entschiedenheit, auf dem Boden der Confessio Augustana zu stehen, weil er sehr wohl wußte, daß ihm nur als »augsburgischem Religionsverwandten« die Rechte des Augsburger Religionsfriedens von 1555 zustanden. In deren Genuß kamen die Calvinisten nicht, und Simon legte begreiflicherweise Wert auf die Episkopalrechte des Landesherrn.[137]

Daher also erfolgte die Einführung der reformierten Lehre in Lippe schrittweise, ohne feierliche Deklaration, halb unter der Hand. Zielstrebig wurde sie gleichwohl betrieben. Und wenn sich die ersten Ansätze dazu in den Gemeinden bei den Kirchenvisitationen ab 1602 nachweisen lassen, so ist es nicht unwichtig, mit Hilfe des Manuskripts 131 feststellen zu können, daß die Söhne der gräflichen Familie schon vor 1600 nach dem Angerschen Katechismus unterrichtet worden sind.

Intensive Beschäftigung mit Inhalt und Handschrift des Manuskripts 131 führt auch zu einer wertvollen Erkenntnis über das Manuskript 135 II der Lippischen Landesbibliothek, das den Catechismus Angeri enthält. Dieses Exemplar ist so eingebunden, wie das bei den Büchern der Bibliothek Simons VI. üblich ist, und trägt den Prägeaufdruck »S[imon] C[omes] E[t] N[obilis] D[ominus] I[n] L[ippia] 1598«. Daß die Initiale S Simon den Sohn, nicht den Vater, meint, geht aus einem Faktum hervor, das für den Leser unseres lateinischen Exerzitienbuchs Mscr. 131 augenfällig ist: Der Catechismus Angeri, in Mscr. 135 II nur auf lateinisch geboten, ist in der gleichen Handschrift geschrieben wie der weitaus größte Teil des Mscr. 131, des Übungsbuchs Simons des Jüngeren! Der junge Graf hat demnach den ganzen Katechismus mit seinen 120 Fragen eigenhändig abgeschrieben. Klein geschriebene Zu-

134 StA DT L 65 Nr. 37-39.

135 Chyträus hat zwei lateinische Katechismen geschrieben, 1554 und 1575, der erstere ist 1561 in Lemgo von Johannes Schuchen nachgedruckt worden. Am Ende der Rostocker »Catechesis« von 1554 stehen übrigens mehrere Gedichte von Melanchthon, darunter auch »In tenebris nostrae...« und »Te maneat semper...«, die unser Mscr. 131 auf Bl. 68 v bietet. Mscr. 131 nennt allerdings als Verfasser von »In tenebris nostrae...« Joachim Camerarius, und das wird richtig sein, denn dieses Gedicht findet man im Corpus Reformatorum nicht unter Melanchthons Werken. (Die Katechismen des Chyträus sind abgedruckt bei Reu, 1976, S. 289 ff. und S. 314 ff.)

136 Falkmann, 1847/1902, wie Anm. 1, Bd. 5, S. 166.

137 Falkmann, 1847/1902, wie Anm. 1, Bd. 2, S. 201 Anm.

sätze theologischen Inhalts zu verschiedenen Katechismusfragen stammen offensichtlich von der Hand Gerlach Wolffs. Im Anschluß an den Catechismus Angeri enthält Mscr. 135 II noch drei weitere lateinische Texte geistlichen Inhalts (»Einige Sätze der Heiligen Schrift, durch die ein jeder in seinem Stand an seine Pflicht gemahnt wird«; »Einige fromme Gebete, gesammelt aus den Schriften frommer und gelehrter Männer«; »Wer ist zum Mahl des Herrn zuzulassen?«), von denen die beiden ersten so geschrieben sind wie die letzten Seiten unseres Mscr. 131 (vgl. S. 60).

Anders verhält es sich mit Mscr. 135 I. Äußerlich ist es 135 II sehr ähnlich, sein Prägeaufdruck lautet: »OTHO D[ei] G[ratia] C[omes] E[t] N[obilis] D[ominus] I[n] L[ippia] 1598«. Dieses Buch war also Eigentum von Simons jüngerem Bruder Otto, dem Stifter der Linie Lippe-Brake. Aber die Schrift, in der es den Angerschen Katechismus lateinisch und zum größten Teil auch deutsch bietet, ist die Schönschrift eines Schreibers von Beruf. Otto zur Lippe war 1598 erst acht Jahre alt, von ihm konnte man wohl noch nicht verlangen, daß er sich dieses Buch selbst anlegte.

4. Der 23. Psalm.

Auf Blatt 91 v unten steht als Anfang eines Wörterverzeichnisses von der Länge einer Seite: »Psalmus Buchananj XXIII«. Mit dem hier behandelten Text hat es folgendes auf sich:

Der schottische Humanist George Buchanan (1506-82), ein Mann mit einem bewegten Lebenslauf, der ursprünglich ein Anhänger Maria Stuarts, später ihr erbitterten Gegner war, Erzieher von Marias Sohn James (VI. von Schottland, I. von England), um 1560 vom Katholizismus zur reformierten Kirche übergetreten, Verfasser einer Geschichte Schottlands, hat eine lateinische Nachdichtung der biblischen Psalmen geschaffen, und zwar in den verschiedensten lyrischen Versmaßen. Dieses Buch hat sich zeitweise großer Beliebtheit erfreut; am Straßburger Gymnasium z.B. hat man 1619 vorgeschlagen, es an Stelle der Sturmschen »Volumina poetica«, einer Anthologie aus lateinischen Dichtern, als Schullektüre einzuführen. »Dadurch würdt beides in Poesi undt Musica nutz geschaffen werden«, hieß es in den entsprechenden Vorschlägen, denn die »Psalmi Buchanani« waren »auff vier Stimmen componiret« und sollten in den oberen Klassen regelmäßig gesungen werden; »solches wird in vielen Gymnasiis nutzlich practicirt.«[138]

Die Lippische Landesbibliothek besitzt ein Exemplar dieser »Psalmorum Davidis paraphrasis poetica«, gedruckt in Siegen 1597, das zu jedem Psalm einen vierstimmigen Tonsatz enthält und 1598 für die Bibliothek Graf Simons eingebunden worden ist. (Sign. Th 1035.) Den Psalm 23 hat Buchanan in sieben Strophen im Versmaß der von Horaz her bekannten 2. asklepiadeischen Strophe umgedichtet. In unserem Manuskript zeigen Vokabeln auf Blatt 92 r, daß Simon sich mit den ersten beiden Strophen dieser Psalmnachdichtung hat beschäftigen müssen. Sie lauten:

Quid frustra rabidi me petitis canes?
Livor propositum cur premis improbum?
Sicut pastor ovem, me Dominus regit:
  Nil deerit penitus mihi.

138 Fournier/Engel, 1894, S. 367, 379, 381; Schindling, 1977, S. 190.

Per campi viridis mitia pabula
Quae veris teneri pingit amoenitas
Nunc pascor placide, nunc saturum latus
   Fessus molliter explico.

Versucht man, diesen Anfang des Liedes vom guten Hirten in dem auf der Grundlage von Choriamben aufgebauten antiken Versmaß nachzubilden, so kommt man zu der Übersetzung:

Was greift ihr mich umsonst, wütende Hunde, an?
Neid, was bleibst du nur bei deinem verruchten Plan?
Wie der Hirte sein Schaf, so leitet mich der Herr:
   Mangeln wird es an gar nichts mir.

In des grünen Gefilds reizendem Weidegrund,
den der liebliche Lenz mit seiner Anmut färbt,
weid' ich friedlich und sanft, strecke behaglich dann
   müde, satt und entspannt mich aus.

5. Zum Thema Himmelfahrt.

Es schließt sich Blatt 92 v ein Text an, der nur etwa ein Viertel der Seite füllt, aber dennoch aus recht vielen Wörtern besteht. Die Zeilen sind nämlich so eng und teilweise ineinander, die Buchstaben so klein geschrieben, daß man zum Entziffern der Schrift die Lupe zu Hilfe nehmen muß.

Es handelt sich um kurze Fragen und knappe Antworten in der Art einer Katechese. Alle beziehen sich auf die Himmelfahrt Christi, z.B. »Was ist auffahren? Auffahren ist nicht verschwinden, sondern sich von einem niederen Ort an einen höheren versetzen.« (Das ist die längste Antwort.) Formal ist dabei folgendes auffällig und interessant: Es werden sämtliche Fragen gestellt und beantwortet, die der alte Merkvers enthält:

Quis? quid? ubi? quibus auxiliis? cur? quomodo? quando?
(Wer? was? wo? wodurch? warum? wie? wann?)

Diese Fragenreihe ist sehr alt. Schon im 4. Jahrhundert n. Chr. hat der Rhetor Victorinus in seinem Kommentar zu Ciceros Schrift »De inventione« sieben Fragen aufgeführt, die als Suchformeln helfen sollten, die sachlich wichtigen und rhetorisch wirkungsvollen »loci« oder »elementa« für eine erschöpfende und eindrückliche Argumentation zu sammeln. Bei Victorinus lauten die Fragen: Quis? quid? cur? ubi? quando? quemadmodum? quibus adminunculis?[139] Und die sogenannten Periochae der Vitae Vergilianae, Kurzfassungen von Texten, die sich mit dem Leben Vergils befassen, gliedern ihren Stoff nach den Fragen quis? quid? cur? quomodo? quando? ubi? quibus facultatibus? und geben als Erfinder dieses Systems den irischen Gelehrten Johannes Scotus (etwa 810-877) an, ohne davon zu wissen, daß der Kanon dieser Fragen noch viel älter ist.[140] Später hat man nur noch für die letzte die-

139 Lausberg, 1960, § 328.
140 Vergil/Götte, 1970, S. 716.

ser Fragen die gleichbedeutende Formulierung »quibus auxiliis?« einzusetzen und die Reihenfolge leicht zu ändern brauchen, um einen einprägsamen Hexameter zu erhalten, der noch bis in die Zeit unserer Großväter hinein bei der Gliederung von Schulaufsätzen eine Rolle gespielt hat.

Unser Manuskript also hält sich ebenfalls an diesen Merkvers und antwortet auf jede einzelne seiner Fragen: »Ubi ascendit? ad Betaniam in monte olivarum.« (Wo ist er aufgefahren? Bei Bethanien auf dem Ölberg.) »Quando ascendit? post 40 dies a resurrectione.« (Wann ist er aufgefahren? Vierzig Tage nach der Auferstehung.), und so weiter. Darüber hinaus erscheinen die Fragen: »Secundum quam naturam ascendit Christus? Secundum humanam naturam.« (Nach welcher Natur ist Christus aufgefahren? Nach seiner menschlichen Natur.) und »Quo ascendit? in coelum.« (Wohin ist er aufgefahren? In den Himmel.) Zusätzlich wird noch die Erklärung gegeben: »Per dextram Dei non solum notatur Divinae maiestatis consortium verum etiam locus quo humana Christi natura Divinae gloriae et maiestatis consors facta est.« (Durch die Rechte Gottes wird nicht allein die Teilhabe an der göttlichen Majestät bezeichnet, sondern auch der Ort, wo Christi menschliche Natur der göttlichen Glorie und Majestät teilhaftig geworden ist.)

Und gerade dieser Aussagesatz ist inhaltlich wichtig über die formale Beachtung des alten Frageschemas hinaus. Denn hier wird der Finger genau auf den Punkt gelegt, an dem die Lehrmeinungen der protestantischen Theologen zum »sedet ad dexteram Dei« (er sitzt zur Rechten Gottes) des Apostolicums auseinandergingen. Die lutherische Konkordienformel erklärt es in ihrem zweiten Teil, der »repetitio et declaratio«, im Kapitel vom Abendmahl ausdrücklich für einen »Irrthum der Sacramentirer«, »daß Christus wegen seiner Himmelfahrt mit seinem Leibe also an einem gewissen Ort im Himmel begriffen und umfangen sei, daß er ... im Abendmahl ... nicht gegenwärtig sein könne.« Die Reformierten dagegen betonten die Bindung des aufgefahrenen Herrn an den locus, den Ort, den die dextera Dei bezeichnet; so Bernhard Copius in seiner früher bereits erwähnten Lemgoer Disputation mit Hermann Hamelmann, so unser Manuskript in dem oben zitierten Satz. Auch hier wird also wieder sichtbar, wie die Unterweisung Simons des Jüngeren konfessionell im Sinne der reformierten Lehre geprägt war.

6. Ein Melanchthongedicht.

Blatt 94 v bringt »Vocabula ex versibus Ph[ilippi]. De quattuor monarchiis.« Ph. – diese Abkürzung genügt, um den Praeceptor Germaniae, den Magister Philipp Melanchthon hinreichend zu kennzeichnen. Das Gedicht steht im Corpus Reformatorum 10,635 als Nr. 301, es behandelt nach Daniel, Kapitel 2, den Traum Nebukadnezars von den vier Weltreichen und die Deutung, die der Prophet dem König gab. Von den vierzehn Versen des Gedichts sind im Vokabular unseres Manuskripts sieben ausgewertet worden. Diesmal hat Simon nicht die Verse vollständig abgeschrieben wie bei den bereits besprochenen Gedichten auf Blatt 68, sondern nur Vokabelnotizen gemacht.

Melanchthon hat diesem Danielkapitel große Bedeutung beigemessen. In seinem ausführlichen Kommentar zum Propheten Daniel schreibt er: »So schließt diese Stelle die Lehre der ganzen Religion und des Evangeliums ein«[141], und auch in seiner Bearbeitung der

141 CR 13, Sp. 834, ganz ähnlich auch 835 und CR 12, Sp. 908.

Chronik des Johannes Carion verwendet er zur Einteilung der Weltgeschichte das Schema der vier Monarchien nach Daniel.[142]

7. Aus der »Historia sacra Fabricii«.
»Observatio ex persona Iezabelis (Simon schreibt deutlich: Iexabelis), Historiae sacrae Fabricii« lautet die Überschrift über der Vokabelsammlung Bl. 97 r + v. Georg Fabricius aus Chemnitz (1516-71), der sich nach seinem Studium eine Zeitlang in Straßburg aufgehalten hatte und dort auch mit Johannes Sturm in Verbindung getreten war, ist von 1546 an bis zu seinem Tode Rektor der berühmten Fürstenschule St. Afra in Meißen gewesen. Neben zahlreichen anderen Publikationen hat er auch eine »Historia sacra« verfaßt, in der er die Geschichten bedeutender Gestalten hauptsächlich aus dem Alten, einiger weniger auch aus dem Neuen Testament kurz und prägnant nacherzählt.[143] Was in den biblischen Büchern 1.Kön. 16 bis 2.Kön. 9 von Iezabel = Isebel, der Frau des Königs Ahab, von ihren Sünden und von ihrem schrecklichen Tod berichtet wird, das hat Fabricius auf nur gut vierzehn Zeilen eines Büchleins im Oktavformat knapp dargestellt. Wolff hat den Text mit seinem Schüler gründlich gelesen, Simon hat fast alle Vokabeln aufschreiben müssen, ähnlich wie bei den Cicerobriefen. Oben am Rand hat er vermerkt: »Haec Historia exstat 1. Regum 16«, hat also die biblische Quelle angegeben, wenigstens ihren Anfang. Einen Ansatz zu dieser Arbeit hatte er übrigens bereits Bl. 95 v gemacht, dann aber diese Zeilen durchgestrichen und zunächst einen Cicerobrief bearbeitet. – Noch ein anderes Kapitel aus Fabricius' Buch hat Simon gelesen und Bl. 98 r seine Notizen dazu gemacht, diesmal allerdings sparsamer: die Geschichte des Priesters Eli (1. Sam. 2-4).

8. Similitudines.
Weil es sich um Texte mit biblischem Bezug handelt, sei an dieser Stelle angeschlossen, was der Präzeptor in seiner zierlichen Schrift bereits auf Bl. 40 r (alte handschriftliche Paginierung: 77) niedergeschrieben hat: »Similitudines explicatae«, also »leicht faßlich dargestellte Vergleiche« (oder Gleichnisse).

Similitudo ist schon ein Begriff der antiken Rhetorik. Auch in den folgenden Jahrhunderten spielte er in den Lehrsystemen der Redekunst eine Rolle, auf theologische Literatur ist er nicht von vornherein eingeengt, similitudo muß also nicht unbedingt ein biblisches Gleichnis sein. Es gab Beispielsammlungen, in denen entsprechendes Material zusammengetragen war[144], man konnte sich seiner bei der Abfassung einer Rede oder Predigt bedienen und sich passende Exempla heraussuchen.[145]

142 CR 12, Sp. 718, 739, 778, 901 und öfter; vgl. auch Buchholz, 1959, S. 41.
143 LLB Sign. Th 960.
144 So besitzt z.B. die Bibliothek des Detmolder Leopoldinums einen Band »Parabolae sive Similia« des Erasmus von Rotterdam, Basel 1514, der Vergleiche, gesammelt aus Plutarchs »Moralia«, aus Seneca, Aristoteles, Plinius und Theophrast enthält.
145 Ein etwas anderes Anliegen hat die »Similitudinum ac parabolarum ... explanatio« des Arztes Levinus Lemnius aus Zierikzee in Seeland, Antwerpen 1569 (LLB Sign. Th 960). Hier will der Verfasser die Bilder, Vergleiche und Gleichnisse der Heiligen Schrift erläutern, die aus der Pflanzenwelt genommen sind.

Unser Manuskript enthält drei Beispiele. Deren erstes sei hier wiedergegeben, es lautet:

»Ut semina terrae mandata cum foenore proveniunt: Sic corpora, quae in terram sepeliuntur, olim glorificata, & ab omni corruptione libera resurgent.« (Wie Samen, der Erde anvertraut, mit Zugewinn hervorsprießen: So werden die Leiber, die in die Erde bestattet werden, einst verherrlicht und von aller Verderbnis frei auferstehen.)

In kleiner Schrift ist eine Fundstelle zugesetzt: GW in exp. dom. 16 post Trinit.; das meint eine Auslegung des Sonntagsevangeliums, vermutlich aus der Feder Georg Walthers, der als Pfarrer in Halle a.d. Saale in der zweiten Hälfte des 16. Jahrhunderts eine rege schriftstellerische Tätigkeit entfaltet hat. (Für das zweite Beispiel lautet die Namensabkürzung »Georg.«, für das dritte »G. Wal.«) Die Beispiele Nr. 2 und 3 schließen sich an Psalm 90 und an die Perikope für den 24. Sonntag nach Trinitatis an; bei letzterem verwirrt allerdings der Zusatz »in Marc.«, denn das Evangelium dieses Sonntags steht bei Matthäus im 9. Kapitel, nicht bei Markus.

Wolff scheint diese »Similitudines« seinem Zögling als Musterbeispiele vorgelegt zu haben. Daß damit irgendwelche Übungen verbunden wurden, ist aus dem Manuskript nicht ersichtlich.

Dialogi Ludovici Vivis und Colloquia Corderii

Der Spanier Johannes Ludovicus Vives (1492-1540), Humanist, Philosoph und Pädagoge, Wegbereiter der modernen empirischen Psychologie und Pädagogik, hat eine »Exercitatio linguae Latinae« geschrieben, die dazu dienen sollte, Kinder das Lateinische zum Gebrauch im Alltag zu lehren. Diese Schrift hat er Karls V. Sohn Philipp, der zu der Zeit selbst noch ein kleiner Junge war, gewidmet.[146] Die »Exercitatio« besteht aus Dialogen mit wechselnden Personen. Das erste Gespräch wird von dem Dienstmädchen Beatrix und den Jungen Emanuel und Eusebius geführt, sein Thema ist »Das Aufstehen am Morgen«. In unserem Manuskript sind unter der Überschrift

»Sylva vocabulorum simplicium ex primo Dialogo
Ludowici Vives«

sehr gründlich Vokabeln der ersten Partie dieses Dialogs exzerpiert worden. Die Übersetzung eines kleinen Stücks daraus mag einen Eindruck von diesem Gespräch geben:

Beatrix: »Jesus Christus möge euch aus dem Sündenschlaf aufwecken. He, ihr Jungen, wollt ihr heute gar nicht aufwachen?« Eusebius: »Ich weiß nicht, was mir in die Augen geraten ist, so voll Sand hab' ich sie anscheinend.« B.: »Das ist dein erster Morgengesang, und der ist schon recht alt. Ich will die beiden Fenster aufmachen, das aus Glas und den Fensterladen, damit der helle Morgen euch beiden in die Augen fällt. Auf, auf!« Eus.: »So furchtbar früh?« B.: »Es ist schon eher Mittag als die Stunde der Morgenröte. Emanuel, willst du ein frisches Hemd?« Emanuel: »Ist jetzt nicht nötig. Das da ist sauber genug. Morgen werd' ich ein anderes nehmen.«

146 Des Vives Werke liegen in der LLB in einer zweibändigen Folioausgabe, Basel 1555, vor, die aus dem Besitz Johanns von Exter stammt. (Sign. Ph 155. 2°.)

So geht es weiter, lustig und lebendig, mit viel Gespött zwischen den Jungen und ihrem Dienstmädchen und mit vielen seltenen Fachausdrücken für alle Einzelheiten der Kleidung jener Zeit. Simon hat fleißig Vokabeln notieren müssen, von den ersten 62 Wörtern des Dialogs hat er 30 abgeschrieben. Dazu natürlich wieder Stammformen der Verben, verwandte Wörter usw., zum Stichwort »aurora« das Sprichwort »Aurora Musis amica est. Die morgenstunde hatt golt in munde.«

Diese Übung füllt die Seiten von Bl. 72 v - 76 r; eingeschoben ist dazwischen freilich auch anderes, z.B. Vokabeln zu den Evangelientexten für den 1. und den 4. Advent. Auf der letzten Seite mit Vokabeln aus Vives' »Exercitatio« sind die Dialoge Nr. 5 und 6 ausgewertet worden, Themen: »In der Schule« und »Kinderspiele nach der Heimkehr«.

Dem gleichen Zweck wie die Dialoge des Vives haben die »Colloquia« des Corderius gedient. Ihr Verfasser (er wurde schon auf S. 84 erwähnt), aus der Normandie gebürtig, war Professor an verschiedenen französischen Universitäten und Rektor der Schule in Genf, er ist Mitte des 16. Jahrhunderts im 85. Lebensjahr gestorben.

Des Corderius »Colloquia« können in Wolffs Unterricht nur flüchtig gestreift worden sein, denn nur Bl. 92 v und 93 r lesen wir eine knappe Seite Vokabeln aus drei von diesen »Gesprächen«, die ebenfalls Alltagssituationen beschreiben, das zeigen Wendungen wie »aperire alicui caput – den hutt fur einem abnehmen; salutare aliquem venientem – einem grußen so da komt«. Den Schluß dieses Abschnitts bildet die Sentenz (und es ist fraglich, ob sie noch zu den »Colloquia Corderii« gehört): »consentiens et faciens eadem pena [= poena] sunt digni.« (Wer mit der Tat einverstanden ist, verdient die gleiche Strafe wie der Täter.)

Lateinische Grammatik

Breiten Raum nehmen im »Liber vocabulorum et phrasium« Bearbeitungen von Kapiteln der lateinischen Grammatik ein. Wir können uns bei ihrer Beschreibung hier aber kurz fassen, ausführlichere Erläuterungen waren zu manchen anderen, wesentlich kürzeren Abschnitten unseres Manuskripts lohnender.

Die Seiten Bl. 78 v bis 84 r sind fortlaufend angefüllt mit dem Wortschatz der Regeln und Beispiele für die Konstruktion des lateinischen Pronomens sowie mit dem Anfang der entsprechenden Kapitel über die Konstruktion des Verbums. Wir können diese Arbeit gut kontrollieren an Hand der oben (S. 72) genannten Grammatik von 1581. Die im Manuskript bearbeiteten Kapitel stehen in diesem Buch auf S. 110-115.

Anfangs erfolgt die Auswertung außerordentlich gründlich: Eine ganze, eng beschriebene Seite des Manuskripts bringt die Vokabeln (plus Wortverbindungen und Ableitungen) von nur vier Textzeilen des Buchs im Oktavformat! Fast jedes Wort wird behandelt. Ganz am Ende ist die Bearbeitung wesentlich flüchtiger. Selbstverständlich werden wieder verwandte Wörter zusätzlich angegeben, auch mit dem Zeichen # gegenteilige Begriffe: »recens – novus, neuw # inveteratus, ata, um«. An passender Stelle wird ein Horazzitat notiert (ohne als solches gekennzeichnet zu sein): »imbuere testem recentem odore – einem neuwen topff ein geruch machen« (Horaz, epist. 1,2,69). Ein andermal erscheint ein belehrendes Distichon:

Nemo suos (haec est aulae natura potentis)
Sed Domini mores caesarianus habet.

(In der Umgebung des Kaisers hat keiner seine eigene Art, sondern jeder kennt nur die des Herrn – das ist die Natur des Hofes der Mächtigen.) – Kritik am Hofleben, an der vita aulica, war ein beliebtes Thema der Humanistenliteratur.[147]

Derartige Einschübe und Anreicherungen sind einleuchtend und verständlich. Dunkel bleibt aber, was den Präzeptor veranlaßt haben mag, an einer Stelle (82 r), wo der Text der Grammatik keinerlei Anlaß dazu bietet, mit seiner feinen Schrift in Simons Vokabelliste den Zusatz zu machen »ovis balat« (das Schaf blökt), »balo – ich blarre«. Längere Ausführungen über das Wort ringi – grollen sind dagegen wieder erklärlich, denn dieses Wort kommt im Beispiel für eine Regel vor (Grammatik S. 113).

Auch Blatt 94 r und der Anfang der folgenden Seite sind der Grammatik gewidmet, sie bieten »Exempla ad constructionem verborum impersonalium«. Es handelt sich aber nur um deutsche Übungssätze (»Es ist einen tuchtigen und frommen Jünglinge viel daran gelegen das er sich zu frommen leuten halte. – Es ist einem fleißigen schulmeister viel daran gelegen, daß ehr die faulen schlungel straffe und die fleissigen lobe« – und so weiter), die nicht aus der Grammatik von 1581 stammen. Ansätze zu einer Übersetzung ins Lateinische sind nicht gemacht worden.

Sonstiges

Eine ganze Reihe von kürzeren Aufzeichnungen läßt sich nicht ohne weiteres einem der von uns gebildeten Sachthemen unterordnen. Sie werden daher hier in der Reihenfolge ihres Auftretens als ›Sonstiges‹ vorgestellt. Oft sind es Zitate, aber nie als solche kenntlich gemacht.

Auf Blatt 69 r stehen einzelne Verse, voneinander getrennt durch Querstriche, wie sie auch die oben besprochenen Gedichte auf Blatt 68 v separieren und überhaupt im ganzen Manuskript häufig Abtrennungen vornehmen. Den Anfang macht ein Hexameter, für dessen zweite Hälfte zwei Varianten zur Wahl gestellt werden:

caelum veniamque mereri
Non opis est nostrae
digna persolvere grates

Also: »Es liegt nicht in unserer Macht«, entweder »den Himmel und die Gnade zu verdienen« oder »gebührenden Dank abzustatten«.

Der gemeinsame Versanfang und die zweite Fortsetzungsmöglichkeit stammen von Vergil. Es sind Worte, die Aeneas an die karthagische Königin Dido richtet[148], wobei nur die beiden Vershälften in unserem Manuskript untereinander vertauscht worden sind. Die erste Version stellt offensichtlich eine auf christliches Denken umgemünzte Variante dar. Vielleicht soll das Ganze ein Beispiel für die Kunst sein, Teile von Versen antiker Autoren

147 Belege bei Conrady, 1962, S. 274-276.
148 Vergil, Aeneis 1, 600. 601.

für die Anfertigung eigener Gedichte zu benutzen, also eine Art Cento-Technik zu entwickeln. Freilich würde eine solche Übung zur Poetik eigentlich die Grenzen dessen überschreiten, was dem jungen Simon im Manuskript 131 sonst abverlangt und zugemutet worden ist.

Es folgt ein Distichon:

Si sapis, alta fuge, & timide utere luce potentum
Concidit in puncto gratia longa brevi

mit gelungener Antithese in den beiden letzten Wörtern.

(»Wenn du weise bist, so meide, was hoch steht, und mache nur vorsichtig Gebrauch vom Glanz der Mächtigen. Lange Gunst schwindet in einem kurzen Augenblick dahin.«)

Hier sind wieder fleißig lateinische Vokabeln über und zwischen die Verszeilen geschrieben worden. Der Schüler soll den Text wirklich verstehen, er soll ihn auch anders lateinisch formulieren können. Entziffern läßt sich: *excelsa* für *alta*, *declina* für *fuge*, *effunditur* für *concidit*, *magna* und *prolixa* für *longa*, und, sehr hübsch: *in nictu vel momento oculi* für *in puncto brevi.*

Den Schluß bildet der Hexameter

Dissidet a cunctis qui secum dissidet ipse.

(»Mit allen lebt in Disharmonie, wer mit sich selbst nicht harmoniert.«)

Es folgen Bl. 69 v und 70 r oben in Wolffs zierlicher Schrift Vokabeln, bei denen nicht auszumachen ist, zur Lektüre welches Textes sie gehören. Ähnlich wie Bl. 35 r werden verwandte Wörter, Ableitungen, Wortverbindungen mit aufgeführt, so daß die knapp 1 1/2 Seiten nur mit den Vokabeln lascivus, ferocire, omen, luxurire und dem, was der Präzeptor daran anzuschließen für wichtig befunden hat, gefüllt werden. In diesem Zusammenhang taucht auch ein Distichon auf:

Disce bonas artes, nullis assueta iuventus
Mox intractati more ferocit equi.

(»Lerne die edlen Künste! Jugend, die an derlei nicht gewöhnt worden ist, benimmt sich bald zügellos wie ein nicht zugerittenes Pferd.«)

Der Hexameter dieses Zweizeilers verwendet Versteile aus Ovid, ars amatoria 1,459 und Vergil, Aeneis 9,607 bzw. Georgica 2,472; der Doppelvers im ganzen berührt sich eng mit dem Sinn von Ovid, epistulae ex Ponto 2,9,47.48.

Dann schließen sich, nun wiederum in der Schrift des Schülers, wie wir sie aus dem Vokabular der Cicerobriefe kennen, nur sauberer geschrieben, an:

Exempla huius exeptionis,

also »Beispiele für diese Ausnahme«. Welche Ausnahme von welcher Regel gemeint ist, bleibt unklar. Jedenfalls ist der Inhalt aller fünf Beispiele moralisierend, und der Form nach handelt es sich durchweg um Sätze, deren Prädikat im Lateinischen ein Infinitiv bildet. Die Beispiele heißen auf deutsch:

1. Wahrer Seelenruhe Quell ist es, wenn man sich mit Gott in völligem Einvernehmen befindet.
2. Fremdes Gut nicht zu begehren bedeutet großen Reichtum.
3. Es ist ein Zeichen von bedeutender Klugheit, die Zunge, die die Natur mit einem Wall von Zähnen umgeben hat, im Zaum zu halten.
4. Einen Weisen zu befragen ist schon halbe Weisheit.

5. Wie wichtig ist es doch, die wunden Stellen in der eigenen Brust zu kennen!

Das fünfte und letzte dieser Beispiele ist im Lateinischen ein Pentameter:

Pectoris o quantum est ulcera nosse sui.

Wiederum bleiben zwei Seiten leer, dann folgen Bl. 71 v von Wolffs Hand Anweisungen und Beispiele zu Wortverbindungen mit eruditus = gebildet, und, von Simon geschrieben, Vokabeln zu dem oben bereits erwähnten Cicerobrief Nr. 25 (epist. 9,23).

Blatt 76 r bringt einige »Proverbia ex versibus«, Sprichwörter aus Versen, wobei dunkel bleibt, aus welchen »Versen« sie stammen – im Lateinischen bilden die Sätze jedenfalls keine Verse. Sie sprechen fast alle vom Hund und heißen auf deutsch:

1. Ängstliche Hunde bellen heftiger[149] – (wird gesagt) von Leuten, die mit aufgeblasenen Drohungen Schreckliches ins Werk setzen.
2. Ein Hund in der Hütte – von denen, die weder sich selbst noch anderen etwas gönnen.
3. Ein Hund, der aufs Sich-Erbrechen zurückgekommen ist wie die Sau zur Suhle – von denen, die wieder in alte Laster verfallen.
4. Ein eiliger Hund wirft blinde Junge – von denen, die durch übereifrige Eile nichts Rechtes zustandebringen.
5. Hunger und Verzögerung treiben die Galle in die Nase – bildlicher Ausdruck, hergenommen von Leuten, die ihr Wutschnauben durch aufgeblähte Nasenflügel zeigen.

Im Anschluß an die Vokabeln aus dem 6. Dialog des Vives und vor den Wörtern zum Evangelium des Sonntags Oculi steht, ohne daß ein Zusammenhang erkennbar wäre, auf Bl. 77 r in Wolffs Schrift das Distichon:

Nunquam bella piis, nunquam certamina desunt
Et quo cum certet, mens pia semper habet.

Es ist die Sentenz, die uns am geläufigsten in der Schillerschen Fassung aus dem »Wilhelm Tell« ist: »Es kann der Frömmste nicht in Frieden bleiben, wenn es dem bösen Nachbarn nicht gefällt.« Wörtlich übersetzt heißt der Doppelvers: Nie fehlt es den Frommen an Kriegen, nie an Streit, und ein frommes Gemüt hat immer einen, mit dem es im Streit liegt. X

Und nach den Vokabeln zum Evangelientext folgt ein weiteres Distichon:

Sanguine fundata est Ecclesia sanguine cepit
Sanguine succrevit sanguine finis erit.

(Auf Blut ist die Kirche gegründet worden, mit Blut hat sie begonnen, mit Blut ist sie herangewachsen, in Blut wird ihr Ende sein.)

Beschlossen wird diese Seite, nach einer Deklinierübung mit dem Wort »vesper«, mit dem Sprichwort »Nescis quid serus vesper vehat«. (Was der späte Abend bringen mag, weißt du nicht.)[150]

Blatt 77 v bietet den Ovidvers epistulae ex Ponto 3,7,18:

ad mala iam pridem non sumus ulla rudes.

(Fühle mich abgestumpft längst gegen jegliches Leid.)

Auf Blatt 78 r lesen wir einen jambischen Trimeter:

Curae leves loquuntur, ingentes stupent.

149 Nach Curtius Rufus 7, 4, 13; vgl. Otto, 1971, S. 70.
150 Otto, 1971, S. 369.

X Nicht dasselbe

(Leichte Sorgen reden, gewaltige sind stumm.) Wolff, der Schreiber, weist den Vers Cicero zu. Gleich darunter notiert er: »Domitor curarum somnus. Der schlaff ist ein bezwinger der sorg.« Dies ist ein Zitat aus Seneca, Agamemnon 75.76. Beide Worte schließen sich an grammatikalische Erläuterungen zu »cura – Sorge« einleuchtend an.

Aber nicht immer ist im »Liber vocabulorum et phrasium« klar ersichtlich, in welchen Zusammenhang die notierten Vokabeln und Beispiele gehören. Sehr oft hat Simon zwar gliedernde Abschlußstriche gezogen, doch fehlt nicht selten eine Überschrift für den nächsten Abschnitt. Mehrfach werden einer Vokabel gleich- oder ähnlichlautende Wörter hinzugefügt, um den Schüler auf die Gefahr einer Verwechslung aufmerksam zu machen, z.B. Bl. 78 v »Opus, Opuntis eine stadt« (gleich wird als Beleg für das Vorkommen dieses ziemlich seltenen Städtenamens ein Ovidvers, epistulae ex Ponto 1,3,73, zitiert: Facta caede puer Patroclus Opunta reliquit), »opus, operis ein werck; opus von nöten est indeclinabile«. Dem Lateinschüler von heute wird die entsprechende Gegenüberstellung von Bl. 98 v vertraut sein: »liber,a,um frey; Liber,beri Bacchus; liberi,berorum Kinder; liber,libri ein Buch«. Erneut kommt Ovid zu Wort (Bl. 88 v) mit dem Vers remedia amoris 135:

ergo ubi visus eris nostrae medicabilis (arti)

(Wenn es also scheint, daß du unserer heilenden Kunst zugänglich bist); gleich darauf wird, durch Trennstriche von den Vokabeln zu einem Sonntagsevangelium abgesetzt, der Unterschied zwischen »lacteo – ich sauge« und »lacto – ich säuge« erklärt und an einem Hexameter verdeutlicht:

Infans dum lactet nutrix hunc sedula lactat

(Das Kind saugt, die fleißige Amme säugt es).

Einleuchtender fügt sich auf der folgenden Seite der Hinweis auf ein Wort aus dem Römerbrief des Apostels Paulus: »spe salvi sumus« (auf Hoffnung sind wir gerettet) der Vokabelsammlung zu einem biblischen Text ein. Unklar bleibt dagegen wieder, warum Wolff auf Bl. 89 r Plautus, Poenulus 627, zitiert: »qui nescit viam, qua deveniat ad mare, eum oportet amnem quaerere comitem sibi« (Wer den Weg nicht kennt, auf dem er zum Meer kommen kann, der muß sich einen Strom als Begleiter suchen).[151] Ebenso stammt von des Präzeptors Hand die Etymologie »Luna der mon a lucendo, quia nocte sola lucet« (Bl. 90 v), die meint: Luna, der Mond, kommt von lucere, leuchten, weil er allein in der Nacht leuchtet. (Diese etymologische Verbindung herzustellen ist übrigens berechtigt, luna und lucere gehören in der Tat zur gleichen Wortfamilie.) Zum Stichwort »Mond« fügt Wolff noch den Hexameter aus Ovids Metamorphosen 15,198 hinzu:

Si crescit, minor est, maior, si contrahit orbem.

(Der Mond zeigt sich stets heute im Vergleich zu morgen) »kleiner, ist er im Wachsen, und größer, schwindet die Scheibe.«

Oft werden mehrere Ableitungen und Weiterbildungen eines Wortes wiedergegeben, z.B. Bl. 91 v: Lupus (Wolf), dazu lupa 1. ein wolffin 2. meretrix, scortum ein hur; lupanar ein hurhauß, prostibulum; lupatum ein hartgebiß[152]; lupinus,a,um. Es folgen »Proverbia«, Sprichwörter, zum Stichwort »Wolf«, nämlich

151 Otto, 1971, S. 139.

152 Zur Bedeutung siehe lateinische Lexika und Grimm, Deutsches Wörterbuch Bd. 4, 1788/89 s. v. gebiß.

1. Lupus est in fabula.
2. Lupo ovem committere.
3. Lupum auribus tenere: incertum esse.
4. Lupus pilos mutat non mentem.[153]

Diese Sprichwörter heißen und bedeuten:
1. Der Wolf in der Fabel – wenn man vom Wolf spricht, so ist er nicht weit.
2. Dem Wolf das Schaf anvertrauen – den Bock zum Gärtner machen.
3. Den Wolf bei den Ohren halten – in Verlegenheit sein.
4. Der Wolf ändert seine Haare, nicht seine Art – der Wolf wird zwar älter, aber nicht frommer; Wolf bleibt Wolf.

Man sieht an diesen Beispielen, daß Gerlach Wolff seinem Schüler reichlich wortkundliches Material an die Hand gegeben hat, klassisches, praktisches und auch, nicht zimperlich, derbes.

Blatt 93 r+v folgt eine Art wortkundliche Fleißübung, indem häufigen und bekannten Verben (sum, do, lego, facio usw.) möglichst viele Präpositionen vorangesetzt werden, die üblicherweise Komposita zu bilden helfen: ab-, ad-, de-, in-, ob-, prae-, pro-, sub- und so weiter.

Etwas Besonderes, etwas, was dem Junggrafen sicherlich Spaß machen sollte und wohl auch gemacht haben wird, hat der Präzeptor auf Blatt 82 v unten zu Papier gebracht. Es handelt sich um drei sogenannte *Amphibolien*, Sätze, deren Sinn mißverstanden werden kann – eventuell um des Witzes willen auch mißverstanden werden soll. Quintilian behandelt diese Erscheinung in seiner »Institutio oratoria«, Buch 7, Kapitel 9. Auch Melanchthon spricht im 5. Buch seiner »Erotemata dialectices«[154] von der Amphibolie. Bei Quintilian hat Wolff auch sein erstes Beispiel gefunden. Er versieht es mit der Überschrift »Testator« (der Erblasser) und gibt dann folgenden Satz, der als Teil eines Hexameters zu lesen ist:

Bona do mea cuncta Leoni.

(»Ich gebe alle meine Habe dem Leon.«) Dies soll der Inhalt eines Testaments sein. Am Rand der Manuskriptseite steht: 1. Leon 2. Cunctaleon. Das sind die Namen der beiden Erben. Da man aber beim Sprechen die beiden letzten Wörter des »amphibolischen« Satzes auch als eines hören kann und da man in alter Zeit beim Schreiben sich nicht unbedingt auf Worttrennung und auf große Anfangsbuchstaben bei Eigennamen verlassen durfte, könnte man am Ende der vertrackten testamentarischen Verfügung durchaus auch »Cunctaleoni« verstehen, und dann hätte der Erblasser angeordnet: »Ich gebe meine Habe dem Cunctaleon.« Damit ist der schier unlösbare Rechtsstreit unter den Erben perfekt.

(Quintilian gibt dieses Beispiel mit den griechischen Namen Leon und Pantaleon. Das ist überzeugender, denn beide Eigennamen kommen in dieser Form vor. Wenn Wolff die Namen ins Lateinische überträgt, so geht er formal korrekt vor: griechisch »panta« = lateinisch »cuncta«. Doch hat diese Übersetzung den Nachteil, daß Cunctaleon nirgends als

153 Für alle diese Redensarten und Sprichwörter bringt das Grimmsche Wörterbuch, Bd. 30, 1246 ff., s. v. Wolf, alte Belege, drei davon auch aus den Komödien des Terenz. Vgl. auch Otto, 1971, S. 198 ff. s.v. lupus.

154 CR 13, Sp. 729 ff.

existierende Namensform überliefert ist. Aber Griechisch lernte Simon nicht, daher war ihm Quintilians Beispiel im Original nicht verständlich und mußte für ihn zurechtgestutzt werden.)

Im gleichen Quintiliankapitel findet sich auch Wolffs drittes Beispiel für eine Amphibolie. Es ist der Enniusvers[155]

Aio te Aeacida Romanos vincere posse,

den auch Cicero, De divinatione 2,116, zitiert.

Der angeredete Aiakide, also ein Nachkomme des Zeussohnes Aiakos aus dem griechischen Mythos, ist Pyrrhus, König von Epirus, der 280-275 v. Chr. ein gefährlicher Gegner der Römer in Unteritalien war, seine militärischen Anfangserfolge allerdings nur unter so hohen eigenen Verlusten errungen hatte, daß sie als »Pyrrhussiege« sprichwörtlich geworden sind. (Pyrrhus war übrigens der Schwiegersohn des Agathokles von Syrakus, von dem das Ausoniusgedicht Bl. 68 r handelt.)

Unser Enniusvers gibt den Inhalt eines Orakelspruchs wieder, durch den Pyrrhus zu seinem Krieg gegen Rom ermutigt worden sein soll. Er scheint zu bedeuten: »Ich sage, du, Aiakosnachkomme, kannst die Römer besiegen.« So jedenfalls versteht man ihn auf den ersten Blick. Orakel sind aber absichtlich oft dunkel und mißverständlich, so auch hier; der Spruch kann nämlich auch heißen: »Ich sage: Die Römer können dich, Pyrrhus, besiegen!« Die Verwechslungsmöglichkeit beruht darauf, daß man im Lateinischen hier im A.c.I. den Subjektsakkusativ nicht mit Sicherheit vom Objektsakkusativ unterscheiden kann.

Dieselbe sprachliche Doppeldeutigkeit liegt beim zweiten Beispiel auf Blatt 82 v unten vor:

Exiguum leporem vidi jugulare molossum.

»Ich habe gesehen, wie ein Molosser (das waren große, scharfe Jagdhunde) einen kleinen Hasen erwürgte.«

Ebenso kann es aber auch heißen – und die Wortstellung legt eigentlich sogar den unsinnigen Sinn näher –: »Ich habe gesehen, wie ein kleiner Hase einen großen Jagdhund erwürgte.«

Diese drei Amphibolien füllen nur wenige Zeilen im Manuskript, eingeschoben zwischen die Behandlung zweier Kapitel aus der lateinischen Grammatik. Aber man gewinnt dadurch den Eindruck, daß der Präzeptor Wolff es verstand, den eher trockenen Lehrstoff von der richtigen Konstruktion der lateinischen Verben angenehm aufzulockern. Hoffentlich hat Simon das zu schätzen gewußt.

Vergil

Das Ende des umfangreichen, schwer übersichtlichen Teils Blatt 35-99 bilden Vokabeln zu Versen Vergils, also eines klassischen Dichters, so wie Vokabeln zu einem Tibullgedicht am Anfang dieser 130 Seiten gestanden hatten. Einmal schon sind an früherer Stelle, Blatt 48 r+v, auch bereits Spuren einer wenn auch kurzen Vergillektüre zu finden: Ekloge 1,19-25

155 Ennius, Annalen 179 V.

war damals, zwischen zwei Cicerobriefen, gelesen worden. Jetzt hat Simon auf Blatt 98 r - 99 r unter der Überschrift »Observatio ex lectione Vergili« immerhin 2 1/2 Seiten lang Vokabeln und Hilfen zu Ekloge 1,26-45 aufgeschrieben, hat also die früher einmal begonnene Lektüre der berühmten ersten Ekloge, des ersten Hirtengedichts, fortgesetzt.

Index vocabulorum

Die Blätter 122-140 enthalten eine löbliche Fleiß- und Ordnungarbeit, die freilich leider in ihren allerersten Anfängen steckengeblieben ist. Simon hat hier begonnen, einen »Index vocabulorum in hoc libro contentorum« anzulegen, ein »Verzeichnis der in diesem Buch enthaltenen Vokabeln«. Zu diesem Zweck hat er die einzelnen Blätter mit je einem Buchstaben des Alphabets überschrieben, unter Verzicht auf das J, das K, das V (das gewiß, alter lateinischer Schreibweise entsprechend, mit unter dem U erfaßt werden sollte) und auf die Buchstaben W-Z, wie es den Gegebenheiten des Lateinischen entspricht, das diese Schriftzeichen entweder gar nicht oder nur in seltenen Fremdwörtern kennt.

Da heißt es dann beispielsweise ganz am Anfang: »Animus ein muth vide pag. 2.« Die Angabe »siehe Seite 2« verweist auf den ersten Abschnitt des ganzen Manuskripts, dessen Seiten handschriftlich durchnumeriert sind bis zur Seite 90, dem Ende der zweiten Lage. Tatsächlich taucht auch auf Seite 2, im ersten der dort behandelten Disticha Catonis, das Wort animus auf. Aber auf den weitaus meisten Blättern des Index ist überhaupt nichts eingetragen worden. Nur acht Vokabeln hat Simon im ganzen in seinem so schön vorbereiteten Verzeichnis notiert. Deren Verweise auf die Zahl der Seite ihres Vorkommens stimmen allerdings in jedem Fall genau. Und eben dieser Umstand gibt dem spärlichen Vokabular für uns doch eine gewisse Bedeutung: er beweist dadurch, daß diese Seitenangaben in der Lage 6 mit der Paginierung der Lage 1 übereinstimmen, die Zusammengehörigkeit der Lagen des Manuskripts.

Liber exercitiorum

Der Beginn der 7. Lage, Bl. 143 r, ist das Titelblatt eines »Übungsbuchs«, das sowohl Übersetzungen aus dem Deutschen ins Lateinische als auch solche aus dem Lateinischen ins Deutsche enthält. Dieser Titel ist wegen seiner Bedeutung für die Einordnung unseres ganzen Manuskripts oben (S. 56) bereits erwähnt worden. Er lautet:

Liber exercitiorum
Com[es] Sim[on]
Frustra discimus multa, nisi eadem scribendo &
loquendo ad usum transferamus.
1598.

Als Texte für diese Übersetzungsübungen dienen anfangs (und an späterer Stelle noch einmal) Sprüche aus der Heiligen Schrift. Alle diese Bibelworte sind aus dem Deutschen ins Lateinische übersetzt worden. Die Fundstellen sind jedesmal angegeben, meistens nicht nur mit dem Kapitel, sondern auch mit der Verszahl. Wir können uns hier damit begnügen, die Fundstellen dieser Sprüche (teilweise präzisiert, teilweise auch korrigiert, wo die Angaben im Manuskript nicht ganz genau sind) anzugeben. Es handelt sich um die Bibelverse

Apoc. 3,20; 2,10: Iac. 1,5; 1,2 und 12; Hebr. 12,5.6; 2. Tim. 3,12; Prov. 27,1.2; 28,1: 13,3; 10,19; 30,7-9; Apoc. 14,13; Eccl. 12,13.14.

Nicht selten hat Simon über einzelne Wörter der Versio Latina Vokabeln gleicher oder ähnlicher Bedeutung darübergeschrieben. So stehen gleich in der ersten Übersetzung (Apoc. 3,20: »Siehe Ich stehe für der thür und klopffe an ...«; »Ecce sto ante januam et pulso ...«) über dem Wort *januam* die Variationsmöglichkeiten *portam, fores, ostium.*

Eingeschoben ist zwischen diese Bibelsprüche auch eine Übersetzung des oben zitierten Mottos vom Titelblatt. Sie lautet bei Simon (146 r+v): »Wir lernen viel umbsonst, wan wir das selbige nicht im schreiben undt reden zum gebrauch bringen.«

Die bisher genannten Übungen füllen zusammen knapp zwölf Seiten.

Der weitaus größere Teil des Liber exercitiorum bringt Übertragungen aus dem Lateinischen ins Deutsche. Meistens sind Fabeln übersetzt worden. Ihr belehrender, moralisierender, Lebensweisheiten vermittelnder, leicht faßlicher Inhalt ließ sie wohl dem Präzeptor als besonders geeignete Lektüre für seinen Schüler erscheinen, und das ist verständlich: Schon im alten Athen ist die Schuljugend mit aesopischen Fabeln befaßt worden. Und mit Namen von Griechen und Römern wie Aesop, Phaedrus, Babrios verbindet sich ein großer Teil dieses uralten Erzählguts, das im Altertum und im Mittelalter immer weiter tradiert, variiert und vermehrt worden ist. Gerade das 16. Jahrhundert hatte wieder eine besondere Vorliebe für diese literarische Gattung entdeckt. Bekanntlich hat zum Beispiel Martin Luther 1530 eigene Übersetzungen von Aesopfabeln herausgegeben und am 24.4.1530 von der Veste Coburg aus an Melanchthon geschrieben: »Drei Tabernakel will ich hier in meinem Sion bauen, einen für den Psalter, einen für die Propheten und einen für Aesop.« Gedruckte Fabelsammlungen lagen um 1600 reichlich vor, darunter auch eine aus der Feder von Melanchthons Freund Joachim Camerarius, die man »eine wahre Enzyklopädie der Fabel« genannt hat.[156] Nach welcher Ausgabe Gerlach Wolff sich mit seinen Übungsstücken gerichtet hat, läßt sich nicht mit Sicherheit sagen.

Weil es interessant ist, einen unmittelbaren Eindruck vom Lesestoff des jungen Grafen zu gewinnen, lassen wir hier die deutschen Übersetzungen des Manuskripts folgen. Dabei werden Rechtschreibung und Zeichensetzung der heutigen Gepflogenheit angenähert, ohne daß deshalb die Sprache selbst modernisiert wird; von Simons originaler Orthographie haben die vorhergehenden Seiten hinreichend Beispiele geboten.

Die ersten drei Fabeln sind noch im Wechsel zwischen die Bibelsprüche eingeschoben worden. Sie beginnen Bl. 147 v mit

Canes duo – Zwei Hunde.

Es war vorzeiten ein Hund, der ging nimmer aus, es wäre denn hell, klar Wetter. Der antwortet seinem Gesellen, der ihn fraget um die Ursach: »Ich bin einmal mit heißem Wasser begossen, daher fürchte ich mich auch vor dem kalten Wasser.«

Die Fabel wird erzählt auf die, so durch ihr Übel und Gefahr vorsichtig geworden, durch

156 Elschenbroich, 1985, S. 15.

welche Gefahr sie dermaßen erschrecket, daß sie sich auch besorgen und fürchten, da es nicht vonnöten ist.

Es schließt sich (149 r) an

Canna et oliva – (Schilfrohr und Ölbaum).

Ein Ölbaum oder eine Eiche (denn da ist nicht viel an gelegen) und ein Rohr, die zankten um die Tapferkeit, Stärke und Standhaftigkeit, aber als der Ölbaum oder Eiche dem Rohr seine Beweglichkeit vorwarf, daß es vor einem jeglichen kleinen Wind zitterte, da schwieg das Rohr stille. Nicht lange danach, als die Winde aufstunden, und der Ölbaum oder Eiche widerstrebet ihrem Blasen, ist er aus der Erden gerissen und zerspaltet von der Winde Macht, aber das Rohr ist ganz blieben mit seinem Niederbücken.

Die Fabel zeiget an, daß die mehr zu loben sein, die sich wissen in die Zeit zu schicken und sich nicht widersetzen denen, die da stärker sein denn sie, und nicht mit denen, welche fürtrefflicher und stärker sein denn sie, kämpfen und zanken. Wird auch dies bedeutet, das Herodotos geschrieben, daß Gottes Weise sei, daß er die Hoffärtigen stürze und zunichte mache.

Welche Herodotstelle der abschließende Satz meint, ist nicht ganz klar. Vielleicht ist an die Geschichte vom Glück und Ende des Lyderkönigs Kroisos aus dem ersten oder an die vom Tyrannen Polykrates von Samos aus dem dritten Buch des griechischen Geschichtsschreibers und Geschichtenerzählers gedacht.

Später (Bl. 152 r) folgt

Ollae duae aenea et fictilis – (Erztopf und Tontopf).

Die Gewalt des Wassers hat hinweggenommen einen Eisentopf und einen irdenen Topf. Begund der irden Topf sehr sich zu hüten vor dem Anlauf des Eisentopfs, zitterte und zagete. Zu welchem der Eisentopf sagete: »Was förchtest du dich doch? Ich will dich ja nichts schaden.« Antwortet der irden Topf, in solcher Unruh könne er nicht gutes Muts sein, welchem sein guter Wille gegen ihn nicht verdächtig wäre, sondern er forchte sich vor dem unversehentlichen Anlauf.

Die Fabel lehret, daß die Freundschaft oder Vereinigung der Starken mit den Schwachen sehr gefährlich sei.

Unter der Übersetzung hat Simon den Hexameter hinzugefügt:

Mandere cum dominis non suadeo cerasa servis.

Das ist unser Sprichwort »Mit großen Herren ist nicht gut Kirschen essen«.

Auf Blatt 155 r endet dann der letzte Bibelspruch (Eccl. 12,13.14), und es geht weiter mit

Leo, asinus et vulpes – Ein Leu, Esel und Fuchs.

Ein Leu und ein Esel und ein Fuchs, die machten unter sich auf eine Zeit Freundschaft und zogen miteinander oder zugleich auf die Jagd. Als sie aber eine große Beute bekommen hatten, heißt der Leu den Esel dieselbe teilen. Welcher einfältig in drei gleiche Teile geteilt und meinete, es müßte durch das Los geteilet werden, welches ein jeder sollte nehmen. Darüber ward der Leu zornigen Muts, fiel auf den Esel und zerriß und fraß den armen Esel. Da hieß er den Fuchs teilen. Aber als er alles zusammen in einen Haufen gelegt, nimmt er ihm selbst aus ein klein Stücklein und saget, daß das recht geteilet sei, als dem Leuen, durch welches Hilfe nicht allein sondern auch alle Arbeit zuzuschreiben sei, daß das meiste zwar mit Recht ohne das Los dem Leuen zukäme. Zu welchem der Leu saget: »Ach du frommes Füchslein, wer hat dich also hübsch lehren teilen?« Da antwortet der Fuchs und spricht: »O allerstärkster Leu, unsers Gesellen des Esels, des Esels sag' ich, jämmerlicher Fall hat mich also lehren teilen.«

Die Fabel, die lehret, daß die Menschen pflegen fürsichtiger zu werden durch anderer Leute Unfall.

Es folgt:

De Prometheo – Von dem Prometheo.

Als der Prometheus gern wissen wollte, ob auch unter den Menschen, welche er angefangen hatte zu machen, eine Einhelligkeit und Eintracht der Gemüter sein würde, ehe denn er den Kopf auf den Leib setzet, in welchen ihm gefallen, daß er den Vernunft, Gedanken und Verstand zu setzen, hat er etzliche Köpfe zusammengetragen und in einen Sack getan und ging auf einen hohen Berg, und als er den Sack aufband, da hat er die ausgeschütteten Häupter hinunterwältzeren lassen. Da rundelt das eine hieher, das andere da hin. Auch viel stoßeten sich untereinander, einer der rennete den anderen um und stoßet ihm, da konnt er leichtlich zuvor aussehen, was für ein Unheiligkeit der menschlichen Meinungen sein würde unter den Menschen, nämlich so viel an der Zahl, wie viel der Häupter gewesen wären.

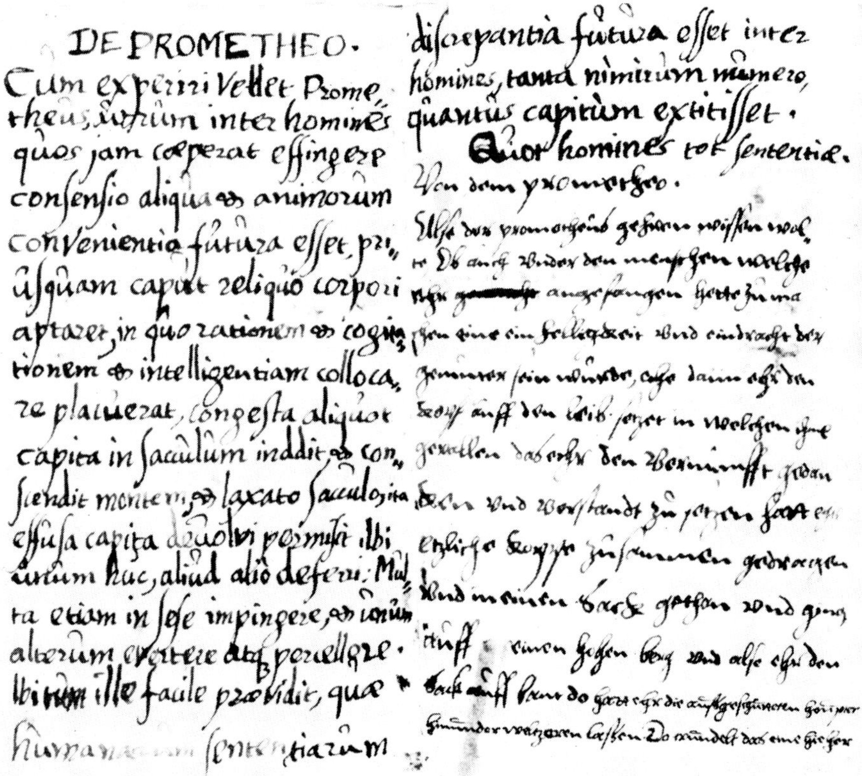
DE PROMETHEO.
Cum experiri vellet Prome-
theus, utrum inter homines
quos jam coeperat effingere
consensio aliqua et animorum
convenientia futura esset, pri-
usquam caput reliquo corpori
aptaret, in quo rationem et cogi-
tionem et intelligentiam colloca-
re placuerat, congesta aliquot
capita in sacculum indidit et con-
scendit montem, et laxato sacculo, ita
effusa capita devolvi permisit. Ibi
unum huc, aliud alio deferri. Mul-
ta etiam in sese impingere, et unum
alterum evertere atque percellere.
Ibi tum ille facile providit, quae
humanarum sententiarum
discrepantia futura esset inter
homines, tanta nimirum numero,
quantus capitum extitisset.
Quot homines tot sententiae.
Von dem Prometheo.

Die Fabel »De Prometheo« (Ausschnitt), Manuskript Simons VII., Lippische Landesbibliothek Detmold, Mscr. 131, Bl. 157 v/158 r.

So mennich Menschen, so mennich Sinn.

(Die Sentenz am Schluß der Fabel stammt aus der Komödie »Phormio« des Terenz, Vers 454. Sie ist uns bereits bei der Vorstellung von Georg Lauterbecks »Handbüchlein« nach dem Fürstenspiegel von Giovanni Pontano, beim Manuskript 80, begegnet.)

Die nun folgende Geschichte ist keine Fabel, sondern der Bericht über ein Ereignis, das zu seiner Zeit großes Aufsehen erregt hat: die Hinrichtung des Landsknechtsführers Sebastian Vogelsberger am 7. Februar 1548 in Augsburg während des »geharnischten Reichstages«. Es gibt davon die Schilderung eines Augenzeugen, des späteren Bürgermeisters von Stralsund Bartholomäus Sastrow[157], und auch in Lippe hatte man damals sofort genaue Kunde von dem Vorgang und seinen Hintergründen. Simon de Wend von Varenholz und Johann Grote aus Horn waren nämlich als lippische Gesandte nach Augsburg geschickt worden, und der letztere hat gleich am 7.2.1548 schriftlich an den Kanzler Bernhard von der Lippe berichtet.[158] Etwa fünfzig Jahre nach der von den Zeitgenossen als Justizmord empfundenen Hinrichtung hat also Simon d.J. eine lateinische Darstellung des Ereignisses niedergeschrieben und ins Deutsche übersetzt. Bevor wir aber seinen Text hier wiedergeben, muß eine im ganzen Manuskript 131 einmalige Besonderheit erwähnt werden: der deutsche Text bricht am Ende des Blattes 161 r mitten im Satz unvermittelt ab, 161 v und 162 r sind nicht beschrieben worden, und 162 v beginnt dann ein neues Übungsstück, wieder eine Fabel. Wir können aber den fehlenden Teil des deutschen Textes nach der vorher gegebenen lateinischen Version ergänzen. In Simons Übersetzung lautet die Geschichte so:

Am nächsten haben wir gesagt im fürgehenden Buch von Sebastiano Vogelsberg, der da hat geführt aus Deutschland zum Könige von Frankreich zehn Fähnlein Fußvolk. Derselbige war im Herbst zu Haus gekommen, und das Kriegsvolk erleubet [= beurlaubt, entlassen]. Das hat den Kaiser hart und sehr verdrossen, daß er dem Franzosen im Krieg gedienet, und erwartet Anlaß und Gelegenheit, befehlet dem Lazaro Schuendio, ihn zu fangen. Derselbige ist gekommen nach Weißenburg, da er wohnete, und führet ihn gefangen gen Augsburg. Bald wird er gepeiniget und wird von etlichen, die itz waren gekommen zuvor in Argwohn der französischen Gesellschaft, [verklagt]; und obwohl [er] durch die große Stärke des Leibes und der Seele durch das Peinigen nichts sagete, dennoch, daß gesagt wurd er wär gewesen in der Gesellschaft der Widerspenstigen, daß er habe übertreten des Kaisers Gebot, daß er hab gehalten hinterlistige Anschläge, wird zum Tod verdammt. Und mit ihm zween Hauptleute, Iacobus Mantellus und Wollffius Thomas. Drumb ist er auf das Markt gebracht am siebenten Tage des Hornungs, als er vor vier Tagen dahin gekommen. Es waren etzliche Fahnen Fußvolkes in der Rüstung und ein großer Haufen Volkes darneben. Und als er auf die Höhe gekommen, da er sterben sollte, siehet er sich getrost und mit

(Hier bricht Simons Übersetzung ab. Das Folgende wird nach dem lateinischen Text gegeben:)

unerschrockenem Mut um, und da aus den Fenstern der Häuser überall Männer jeden Standes herausschauten, redet er sie mit schwungvollen und ehrerbietigen Worten an, spricht über die Art, wie er sein Leben zugebracht, erklärt, wie er als Kriegsmann dem Kaiser schon

157 Sastrowen/Mohnike, 1823/24.
158 Falkmann, 1847/1902, wie Anm. 1, Bd. 2, S. 144.

früher gedient habe, und sagt, es gebe keinen Grund für seinen Tod, als daß er vor Jahresfrist dem König von Frankreich Truppen zugeführt habe, als jener die Königskrone beim Tode [seines Vorgängers] übernommen habe. Vogelsberger war ein Mann von hochragender Gestalt und Statur, und als er so kein Zeichen von Furcht und Schrecken bot, zog er aller Augen auf sich. Dann sind die beiden genannten Hauptleute hingerichtet worden. Das Urteil haben zwei Richter verlesen, die zu des Kaisers Hof und Feldlager gehörten, der eine ein Spanier, Birviesca, der andere ein Deutscher, Nikolaus Zinner, beide Rechtsgelehrte. Den Schwendius hatte jener [Vogelsberger] beschuldigt, er habe ihn hintergangen; die aber ziehen ein Schriftstück hervor, zeigen auf, warum man gegen ihn vorgegangen sei, sprechen Schwendius von Schuld frei, sagen, er habe nur des Kaisers Befehle ausgeführt, und erklären die Anschuldigung für falsch.

Soweit die in ihrem letzten Teil nur in der lateinischen Fassung im Manuskript aufgezeichnete Geschichte vom Ende Sebastian Vogelsbergers. – Lazarus Freiherr von Schwendi (1522-84) ist 1546 in den Dienst Kaiser Karls V. getreten und hat zunächst in den spanischen Niederlanden gegen die Franzosen gekämpft. Daß er auf des Kaisers Befehl Vogelsberger aufgegriffen und nach Augsburg geschafft hat, ist ihm lange und heftig zum Vorwurf gemacht worden.

Auf Blatt 162 v folgt dann wieder eine Fabel:

De Monedula – Von einer Dohle.

Eine Dohle ist ein diebisch Tier, und man findt Leute, die meinen, daß der Name sei hergekommen von der Münze [lateinisch monedula von moneta!], daß dies Gesinde pflegt Geld zu stehlen und wegzuführen. Eine von diesen, so noch jung war, sagt man, daß sie sei mit Worten von ihrer alten Mutter gestraft worden wegen des Diebstahls. Welche, nachdem sie gestrafet, gesagt habe, das sei ihr rechtes Spiel. Aber als die Mutter lehrete, das Spiel sei bös und zu lästern, sagt man, daß die junge Dohle habe gefraget: ob sie nicht auch dermaleinst dies Spiel getrieben habe. Saget die Mutter »ja« dazu, aber sie saget: »Ich habe in der Zeit davon abgestanden.« »Und ich«, sagt die Tochter, »will einmal davon abstehen.« Da saget die Mutter: »Sieh dennoch zu, daß du es tust; denn das ist beinahe das Größte und Allerschwerste, dasjenige verlassen, das du oft und lange Zeit hast gebrauchet.«

Die Lehre ist verfasset in der Erzählung. Denn Tugend und Laster werden durch den Gebrauch bestätigt, und man soll weder in Schimpf noch Ernst Schande treiben oder Laster begehen.

Als nächstes:

Perdix et auceps – Ein Feldhuhn und ein Vogelfänger.

Ein gefangen Feldhuhn, sagt man, habe gebeten den Vogelfänger, daß er es loslasse, und habe ihm zugesagt, daß es ihm wolle zuführen bald hernach viel ander Vögel seines Geschlechts. Aber die Leute sagen, daß der Vogelfänger ihm habe alsbald den Hals umgedreht und getötet, daß er gesagt, daß eine Verräterische ihres eigen Geschlechts nit wert sei, daß sie lebe.

Die Fabel zeigt an, daß Betrug und Laster der Gottlosen schaden denen, so sie gebrauchen, bei den Frommen.

Im lateinischen Text ist mit anderer, flüssiger Handschrift der Hexameter zugesetzt:

Capta rogat perdix sese dimittat ut auceps.

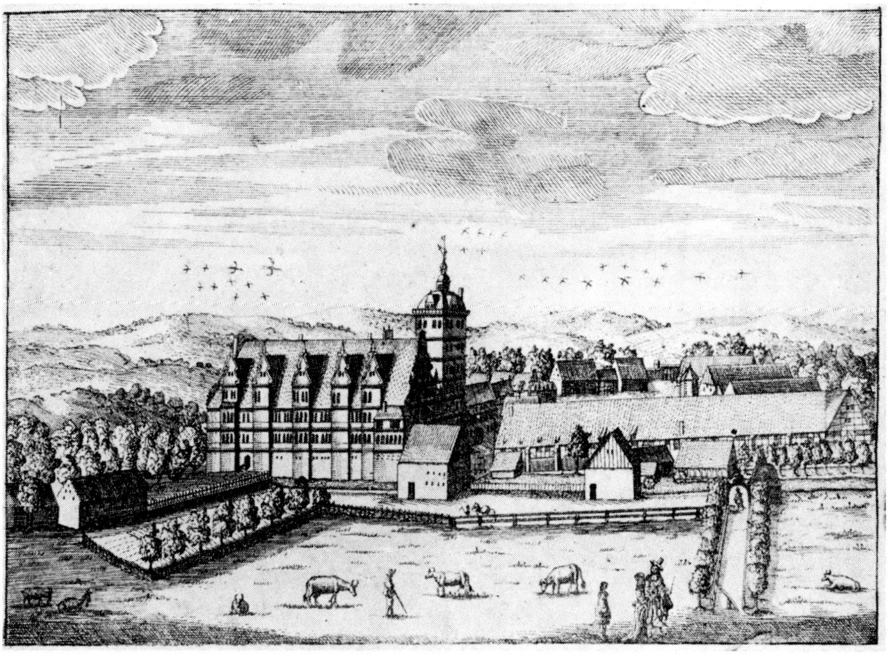

Ansicht des Schlosses Brake bei Lemgo um 1663, Kupferstich von Elias van Lennep, Lippische Landesbibliothek Detmold.

Diesen Vers hat Simon nicht mitübersetzt. Er heißt auf deutsch: »Das gefangene Rebhuhn bittet den Vogelsteller, er möge es freilassen.«

Dann kommen die beiden letzten Fabeln:

De aqua et oleo – Wasser und Öl.

Ausgegossen Öl schwamm auf dem Wasser. Das verdroß dem Wasser, welches sagt, daß es würde ohn Ursach von ihm gedrückt, welches Baum es hätte mit seiner Feuchtigkeit erhalten, daß es hätte können Oliven tragen, daraus es wär gepresset. Das Öl fraget nicht viel darnach. Bald erhascht es ungefähr das Feuer, zündet es an und wird verzehrt, also daß das Wasser über bleibet und verhindert auch den Brand.

Die Fabel wird erzählt von der Bosheit der Undankbaren und Einfältigkeit der Frommen.

Und schließlich:

Vulpes et aviculae – Ein Fuchs und Vögel.

Das Füchslein hatte lange Hunger gelitten und ausgestanden. Als ihn nu nichts fort ging von allen seinen Künsten, deren er viele übete, [Futter] zu erlangen, da legt er sich vor Herzeleid auf die Erde, sein Elend heimlich zu beklagen. Die Vögel haben gemeinet, daß er tot wäre [und] flogen [heran]. Da er aber das sah, liegt er stille und hält den Atem ein, auf daß nicht die Vögel vernehmen, daß er lebte. Drumb kommen sie sicher herzu und hüpfen auf den Fuchs. Aber als er meinete, daß es Zeit war, springet er auf und greift den nächsten an und frißt ihn auf. Des folgenden Tages versuchet er dieselbe List und Behendigkeit: Daselbst eine (Krähe wie ich meine) saget: »So ich sehe deine Haut auf einen Zaun ausgespendet [= ausgespannt], wollt ich doch dar nicht auf fliegen.«

Die Fabel lehret, daß man nimmermehr soll den betrüglichen Menschen trauen: Wenn sie schon ruhen, dennoch wachet die Listigkeit und erreget sich.

Blatt 166 v ist frei geblieben, 167 r trägt eine kurze Übung eigener Art:

Ad imitationem primae epistolae. Frater fratri salutem plurimam dicit.

So du gesund bist, lieber Bruder, das ist gut, ich bin noch, Gott sei Dank, gesund. Ich erwarte alle Wochen unseren Vetter, welcher wenn er kommen wird, will ich dir zu wissen tun, auf daß du wissen mögest, was du tun sollst. Warte deiner Gesundheit mit Fleiß. Hiermit Gott befohlen, datum Brack den 10. Junii Ao 1600. Dein lieber Bruder N.N.

Es ist das deutlich eine leichte Variation des ebenso kurzen Cicerobriefs epist. 14,22 an des Absenders Gattin Tullia, ein erster Versuch, unternommen an einem einfachen Beispiel, für eine imitatio im Sinne des oben erwähnten Lehr- und Lernprogramms. Interessant ist für uns hauptsächlich das Datum, das Simon eingesetzt hat, denn es spricht sehr viel dafür, daß es ein echtes, kein fingiertes, und somit ein wertvoller Hinweis auf die Entstehungszeit des Manuskripts 131 ist.

Die restlichen sieben Blätter der 8. Lage sind leer, zum Teil noch unaufgeschnitten.

Liber exercitiorum extemporalium

lautet die Überschrift auf Blatt 175 r. Damit wird der letzte Teil des Manuskripts 131 angekündigt, der bis 224 v reicht und damit mehr als doppelt so umfangreich ist wie der vorhergehende »Liber exercitiorum«. Da dieser letzte, jetzt noch zu besprechende Teil auch meistens kleiner und enger geschrieben ist als sein Vorgänger, enthält er bedeutend mehr Text als jener. »Exercitia extemporalia« sind Stegreifübersetzungen, durchweg aus dem Deutschen ins Lateinische, und so hat man mit allerhand Fehlern des Schülers zu rechnen. Deren Zahl hält sich aber durchaus in Grenzen, nur ungefähr zwei dutzendmal hat Gerlach Wolff mit kleinen Korrekturen eingegriffen, hat etwa eine nebensatzeinleitende Konjunktion verbessert (das kommt mehrfach vor, z.B. *prohiberent, ne* statt *prohiberent, quod,* oder *ne* statt *ut non*), eine andere Vokabel vorgeschlagen (*feras* für *patiaris, redemit* für *liberavit*), eine Verbalform richtiggestellt (*offeret* statt *obtulit*) und dergleichen. Mehr läßt sich über die Art der Durchführung des Unterrichts den Blättern nicht entnehmen – eine Ausnahme von dieser Feststellung, ein Fall nämlich, an dem man die Methode der sprachlichen Schulung gut konstatieren kann, wird zu gegebener Zeit zu besprechen sein. Interessanter als übersetzungsmethodische Fragen ist aber für uns hier wieder der Inhalt der Übungsstücke. Wir werden sehen, daß es sich dabei abermals vornehmlich um Paränesen handelt, um Belehrendes, Ermahnendes, oft eingekleidet in anekdotenhafte historische Erzählungen: historia magistra vitae. Dazu gehört auch wiederum ausgesprochene Fürstenspiegel-Literatur, die helfen soll, den jungen Simon auf seine künftigen Aufgaben vorzubereiten; auch geistlich-christliche Unterweisung fehlt nicht. Sehr oft hat Simon die einzelnen Textabschnitte wie in früheren Teilen des Manuskripts durch mehr oder weniger sorgfältig ausgeführte Zierleisten voneinander abgetrennt. Bei der Wiedergabe der deutschen Texte verfahren wir so wie im »Liber exercitiorum«.

Die Übungen des »Liber exercitiorum extemporalium« beginnen mit einem »Argumentum«, einer These oder Aufgabenstellung, die eine christliche Ermahnung zum Inhalt hat und in zwei Abschnitten übersetzt worden ist. Der deutsche Text lautet:

»Wann wir in Nöten stecken, sollen wir Gott keine Zeit noch Maß fürschreiben zu helfen. Denn er weiß wohl, wann es am besten ist, und braucht an keine arge List, das sollen wir ihm vertrauen.

Drumb versündigen die sich schwer an Gott, die nicht allein Zeit und Maß fürschreiben, wann er helfen soll, sondern dürfen auch noch über das noch Zeichen begehren.«

Es folgen drei kurze Sätze, die lediglich dazu bestimmt sind, Besonderheiten der lateinischen Grammatik einzuüben: den Gebrauch des distributiven Zahlworts neben echten Pluralia tantum und die Regel, die bei dem Adjektiv *dignus* sowie bei bestimmten Deponentien der konsonantischen Konjugation den Ablativ zu setzen verlangt. (»Die Medici haben meinem Bruder verboten, Schweinefleisch zu essen, von wegen der Krankheit, darmit er behaftet ist. – Medici prohibuerunt fratri meo vesci carne suilla ob morbum, quo est affectus.«) In einem Fall hat Simon den Fehler begangen, auf das Femininum *diligentia* die maskuline Form *dignus* zu beziehen, und Wolff hat das übersehen.

Nun schließt sich eine Gruppe von Anekdoten an, die, nicht unter sprachlichen Gesichtspunkten ausgewählt, geistvolle und beherzigenswerte Aussprüche bedeutender Männer wiedergeben. Hauptheld dieser kurzen Geschichten ist »Alphonsus, rex Arragoniae«, ein Fürst, dessen Ruhm in Humanistenkreisen weithin erstrahlte. Alfons, Sohn König Ferdinands I. von Aragon, geboren 1396, seit 1416 König von Aragon (und als solcher gezählt als Alfons V.), von 1442 bis zu seinem Tode 1458 auch König von Neapel-Sizilien als Alfons I., galt als Muster und Vorbild eines humanistisch gebildeten Renaissancefürsten schlechthin. Alle Tugenden eines kunstliebenden, literaturverständigen, christlichen Herrschers wurden ihm nachgerühmt, man pries ihn als »princeps litteratus«. Seinem Enkel Alfons, Herzog von Calabrien, ist der Fürstenspiegel des Giovanni Pontano gewidmet, den Georg Lauterbeck im Auszug ins Deutsche übersetzt und den in dieser Form Nikolaus Thodenus mit Simon VI. zur Lippe im Manuskript 80 behandelt hatte. Auch in dieser Schrift wird König Alfons seinem Enkel von Pontano als Vorbild dargestellt, vor allem aber hat des Königs Ruhm Antonio Beccadelli verbreitet, der unter dem Dichternamen Antonius Panormita die »Dicta et facta Alphonsi regis« in vier Büchern aufgezeichnet hat. Eine Steigerung erfuhr Alfons' Lob noch durch Enea Silvio de' Piccolomini, den späteren Papst Pius II., der Panormitas Werk durch einen »commentarius« erweiterte, in dem er unter anderem schreibt: »Alle jetzigen und künftigen Regenten müssen, so meine ich, Alfons wie ein Art Spiegel der Tugenden anschauen, wenn sie Ruhm für sich, Ruhe für ihre Untertanen gewinnen wollen«, und in dem er auch z.B. von Kaiser Sigismund (1368-1437) und anderen Herrschern Rühmliches berichtet; wir werden Proben davon sofort kennenlernen. Schließlich hat auch noch der Schlettstädter Humanist Jakob Spiegel »Scholien« zu den »Dicta et facta Alphonsi regis« beigetragen. In dieser erweiterten Form sind die »Aussprüche und Taten des Königs

Alfons« 1538 in Basel im Druck erschienen, und aus diesem Werk muß Gerlach Wolff geschöpft haben, als er dem jungen Simon folgende Übersetzungsübungen vorlegte:

»Als der Agesilaus gefraget ward, auf was Weise einer könne bei den Leuten ein gut Gerücht haben, hat er gesagt: ›So er redet, was am besten ist und wieder was am ehrlichsten.‹«

Agesilaos (etwa 444-361 v. Chr.) war seit 401 König von Sparta. Seinen Ruhm hat Xenophon, der den Spartanerkönig bewunderte und mit ihm befreundet war, in einer eigenen Lobrede gesungen, auch Plutarch hat des Agesilaos Leben und Taten beschrieben und Aussprüche von ihm überliefert. Eines dieser von Plutarch aufgezeichneten Worte[159] ist der Anekdote unseres Manuskripts sehr ähnlich, gleicht ihr aber nicht völlig.

»Als Kaiser Sigismund von den deutschen Fürsten gestrafet worden war, umb daß er so viel Gelehrte in so großen Ehren hielte, die doch von geringen Leuten geboren wären, gibt er zur Antwort: ›Warum sollte ich die nicht lieben, welche die Natur vor andern hat wollen erheben?‹«

»Alfonsus, der König aus Aragonien, hat gesagt, die Bücher sein seine besten Räte, die lehreten ihn dasjenige, so ihm seine Räte nicht dürften oder wollten berichten. Drumb wolle er lieber Verlust leiden seiner Edelstein und Perlen, als im geringsten etwas seiner Gelehrigkeit.«

Was hier über Alfons von Aragon erzählt wird, ähnelt stark einem Ausspruch des Demetrius von Phaleron, den Plutarch in den »Regum et imperatorum apophthegmata« berichtet.

»Als er ward gefragt, ob er mehr zuschreibe den Wehren und Waffen als den Büchern, hat er geantwortet: den Büchern. Denn aus den Büchern habe er gelernt den Krieg und Kriegswerk.«

»Als Alfonsus, der König aus Aragonien, gehört, daß ein König zu Hispania gesagt, es gebühre Königen und Fürsten nicht, gelehrt zu sein, hat er geantwortet: ›Das ist nicht eines Menschen, sondern eines Ochsen Gebrüll.‹«

»Als Karl der Vierte über vier Stunden zu Prag die Gelehrten zu disputieren hatte angehöret und die Höflinge darüber unwillig wurden und ihm anzeigeten, es wäre Zeit zum Abendessen, hat er geantwortet, es sei ihm mitnichten noch keine Zeit, denn dies sei sein rechtes Abendessen.«

»Theodosius der Kaiser soll zu Ausenio, einem gelehrten Mann, gesagt haben, als er ihm seine Söhne zu instituieren befohlen: ›Wenn meine Söhne sich nach Gottes Willen schicken und richten werden, so will ich ihnen das Reich in die Hände geben. So aber nicht, so ist es besser, daß sie ein Privatleben führen, als daß sie ungeschickt mit Gefahr regieren.‹ O, eine rechte kaiserlich Rede und wert einer stetigen Gedächtnis!«

Theodosius war 379-395 römischer Kaiser. Ein Prinzenerzieher Ausenius ist nicht bekannt. Aber eben der Decimus Magnus Ausonius, der uns als Verfasser eines Gedichts bereits begegnet ist (S. 91), war der Lehrer Gratians gewesen, des Vorgängers des Kaisers Theodosius. (Gratian hatte den Theodosius als Mitregenten für den Osten des Reichs eingesetzt.)

Anderer Herkunt als die bisher wiedergegebenen Anekdoten muß die folgende, wenig judenfreundliche Geschichte sein:

159 Apophtegmata Lacedaemoniorum, Agesilaos, 65.

Historia de Iudeo

Es hat sich zu Magdeburg zugetragen, daß ein Jude an einem Sabbat in eine Latrine gefallen ist. Allda haben die Juden ihren Sabbat so hoch gehalten, daß sie ihn des Tages nicht haben wollen herausziehen. Wie solches der Bischof von Magdeburg hat erfahren, hat er gesagt: »Dieweil die Juden ihren Sabbat so hoch halten, daß sie einen Menschen nicht wollen aus der Latrine herausziehen, wollen wir unsern Sabbat auch so hoch halten« und hat verboten, daß der Jude am Sonntage nicht solle herausgezogen werden. Also hat der Jude müssen zwei Tage in der Latrine verharren und ist am dritten Tage wieder herausgezogen worden.

Diese Geschichte wird auch in der melanchthonianischen Postille erzählt[160], wo beim Evangelium des 17. Sonntags nach Trinitatis (Luc. 14,1-11) von der Sabbatheiligung die Rede ist. Bischof von Magdeburg, heißt es in der Postille, sei damls Ernst, Herzog von Sachsen, gewesen. Dieser Wettiner hat das Bischofsamt von 1476-1513 bekleidet.

»Sigismundus der Kaiser hat einen Doctorem Georgium Fiscellum zu einem Ritter gemacht, und als er sich zu Costnitz auf dem Synodo zu den Rittern gehalten, antwortet der Kaiser: ›Du tust närrisch, der du die Ritterschaft den freien Künsten fürziehest. Denn ich kann in einem Jahr tausend Ritter schlagen, aber in einem Jahr nicht tausend Doctores machen.‹«

Georg Fischellus (oder Fiscella) war Kaiser Sigismunds Vizekanzler. Jöchers Gelehrtenlexikon berichtet unsere Anekdote auch, verlegt nur das Geschehen auf das Konzil zu Basel 1431. Costnitz ist der im Mittelalter gebräuchliche Name für Konstanz.

Quelle der im folgenden in drei Abschnitten erzählten bekannten Geschichte ist Herodot, der von dem Besuch des weisen Solon beim Lyderkönig Kroisos in den Kapiteln 30-33, von Kroisos und Kyros in den Kapiteln 86-88 seines ersten Buchs berichtet. Das einleitende Ovidzitat stammt aus den Metamorphosen 3,136/7.

> Dicique beatus
> Ante obitum nemo supremaque funera debet.
> (... und keiner ist glücklich zu nennen vor seinem Hingang, bevor das letzte Geleit ihm gegeben.[161])

Es hat der Poet Ovidius recht und wohl gesagt, daß niemand soll und kann selig genannt werden, es sei denn, daß er gestorben sei. Solches bezeuget wahr sein das Exempel des Königs Croesi in Lydia. Dieser war der allerreicheste in Morgenland und konnt niemand mit Macht oder Gütern verglichen werden. Er hat aber einmal Solonem, einen von den sieben weisen Männern in Graecia, zu sich fordern lassen und ihm alle seine Schätze und Reichtumb geweiset, darzu sein großes und mächtiges Königreich und königliche Gewalt, und ihn gefraget, ob er auch könnte für einen seligen Mann geachtet werden.

Darauf antwortet Solon und spricht: »Es kann niemand selig genannt werden vor seinem Tod.« Solche Antwort des Solonis achtete Croesus gering und meinte nicht, daß sich das

160 CR 25, Sp. 556/7.
161 Weitere Belege bei griechischen und römischen Autoren für den bekannten Gedanken siehe Otto, 1971, S. 229.

Glück so bald wenden sollte. Aber bald hernach ward er vom Cyro, dem Könige in Persien, gefangen und auf einen Haufen Holzes gesetzet, daß er verbrannt werde. Da gedachte er erst, was Solon gesagt hätte, und schrie mit lauter Stimm: »O Solon, o Solon!«

Da solches Cyrus hörte, ließ er ihn vom Holz zu sich bringen und fragete, was er für einen Solonem anreden täte. Da sprach Croesus: »Dieser Solon hat mir vor Zeiten gesagt, da ich meinete, daß ich selig wäre, es sollte und könnte niemand vor seinem Tode selig genannt werden, itzund aber sehe ich erst recht, daß er recht gesagt habe.« Da solches Cyrus hörte, wollte er nicht, daß Croesus sollte verbrennet werden, sondern machte ihn zu seinem nächsten Rat.

Was Simon im nächsten Abschnitt zu übersetzen hatte, geht auf eine in ihren Ursprüngen sehr alte Schrift zurück, auf den sogenannten Physiologus.[162] Dieses kleine Volksbuch, zunächst griechisch abgefaßt und wohl um 200 n.Chr. entstanden, enthält griechisches, ägyptisches und orientalisches Erzählgut: fabelhafte Geschichten, meist von Tieren, christlich-allegorisch gedeutet und mit vielen Bibelzitaten durchsetzt. Die Weiterentwicklung, das Anwachsen, die Veränderung und Überlieferung der Sammlung stellt die Forschung vor sehr schwierige Probleme. Das Büchlein ist in schier alle im ersten Jahrtausend unserer Zeitrechnung im Morgen- und Abendland bekannten Sprachen übersetzt worden und hat eine starke Nachwirkung gehabt, auch in der bildenden Kunst.

Die in unserem Manuskript enthaltene Fassung der Geschichte vom Pelikan und der Schlange ist gegenüber der Version des Physiologus stark gekürzt und simplifiziert.

»Die Historici schreiben, daß zwischen dem Pelikan und der Schlangen ein natürlicher Haß sei. Denn wenn der Pelikan ausfleucht, Speise zu suchen, so kreucht unterdes die Schlange in sein Nest und bringt die Jungen umb, welchen Tod die Mutter drei Tage [zu] beweinen pfleget. Darnach verwundet sie sich ihre Brust und besprengt sie mit ihrem eigenen Blute und macht sie also wiederumb lebendig.«

(Diese Legende hat den Pelikan in der mittelalterlichen Kunst oft zum Symbol für Christi Opfertod werden lassen.)

»Als der Tyrann Hiero den Simonidem fraget, was doch Gott wäre, hat er begehrt, sich einen Tag darauf zu bedenken. Als der Hiero den andern Tag gefraget, hat er zween Tage begehrt. Als er nun oft die Zahl der Tage doppelt machte, verwundert sich der Hiero und sagt, warumb er das täte; hat er gesagt: ›So ich länger die Sache betrachte, desto dunkeler dünkt sie mich sein.‹«

Hieron I. war Herrscher von Syrakus von 478 bis 467 v.Chr. Simonides hat seit 476 an seinem Hof geweilt, zahlreiche Anekdoten vom Aufenthalt des griechischen Lyrikers und Weisen bei dem sizilischen Tyrannen waren im Umlauf. Xenophons Schrift »Hieron« ist ein Dialog zwischen diesen beiden Männern.

Nunmehr folgt wieder ein christliches »Argumentum«:

»Wie gar tröstlich und lieblich gewesen ist die erste Zukunft Christi ins Fleisch: also gar schrecklich und furchtsam wird die ander sein dem Gottlosen am jüngsten Gericht. Drum

162 Einzelheiten bei Treu, 1981.

soll ein jeglicher Mensch in stetiger Bereitschaft sitzen und ihm den schönen Spruch des heiligen Hieronymi oft einbilden, der da spricht: ›Ich esse oder trinke, ich schlafe oder wache, so schallet immerdar die Stimm in meinen Ohren: Stehet auf, ihr Toten, und kommt vor Gericht!‹«

Auch die nächste Übersetzungsaufgabe, in drei Abschnitte unterteilt, knüpft an Christliches an, diesmal an eine biblische Szene, nämlich an Christi Einzug in Jerusalem. Der Text ist überschrieben:

Exercitium styli de ramis olearum & palmarum,
quod in historiis sint symbola victoriae & pacis.

(Stilübung über die Öl- und Palmzweige, daß sie in geschichtlichen Erzählungen Sinnbilder für Sieg und Frieden sind.)

»Lieber Freund, du begehrest von mir zu wissen, was das bedeute, daß das Volk dem Herren Christo mit Palm- und Ölzweige sei entgegen gangen. Es ist vor Zeiten gebräuchlich gewesen, wenn ein Fürst in eine Stadt, die er erobert, ist eingezogen, oder wenn ein Überwinder wiederumb kam aus dem Krieg, den er glücklich geführt, so sind ihm die Bürger mit Palm- und Ölzweigen Ehren wegen entgegen gangen. Denn Palmzweige waren ein Zeichen der Überwindung, und die Natur des Palmbaumes ist, wenn er wird belästiget, lehnet er sich wider die Last auf. Die Oliven bedeuten Friede, und einen Ölzweig vorher tragen war ein Zeichen des, so Frieden begehrte.

Des haben wir ein herrlich Exempel aus des fürtrefflichen Geschichtsschreibers Livii zehntem Buch zu ersehen, da wird vermeldet von der Carthaginenser Schiffahrt, welche als sie sich begaben zu der Schiffahrt Scipionis, da hat Scipio bald seinem Kriegsvolk befohlen, daß sie sich bereiten zum Streit. Aber sobald der Scipio gewahr wird eines einzelnen Schiffes etwas näher kommen und in seinem Vorderteil führen ein Ölzweig, vernimmet er alsbald, daß sie nur kommen, umb den Fried zu bitten. Daher schreibet auch Vergilius:

velati ramis oleae veniamque rogantes.

(festlich mit Ölbaumzweigen bekränzt und Gunst sich erbittend.)

Also gehet billig das Volk, des die Evangelisten gedenken, dem Herren Christo entgegen mit Palm- und Ölzweigen. Denn er ist nicht allein der wahre Überwinder der Sünde, Tods und Hölle, sondern auch der edle Friedfürst, der uns hat den lieben Friede wiederumb gebracht und die Feinde tapfer und glücklich überwunden. Was kann Größers einem Fürsten, er sei auch so berühmt wie er wolle, zugeschrieben werden, denn als diese Lobe: daß er sei wiederumb ein Anstifter des Frieden, und ein Überwinder seiner Feinde.«

Die erwähnte Liviusstelle steht bei dem römischen Historiker in Buch 30, Kapitel 36,4. Das Vergilzitat ist Aeneis 11,101.

Es ist nun außerordentlich auffällig, daß auch dieser Text ganz ähnlich in der Postilla Melanchthoniana zu finden ist, einleuchtenderweise bei der Besprechung des Evangeliums für den Palmsonntag, Matth. 21,1-9.[163] Auch hier, natürlich, die Erklärung »einherschreiten mit Ölzweigen bedeutet Frieden erbitten, einherschreiten mit Palmen bedeutet Sieg«.

163 CR 24, Sp. 592/93.

Aber auch hier das aus Livius genommene Beispiel für den Gebrauch des Ölzweiges als »weiße Fahne« aus dem 2. punischen Krieg mit Scipio und der Karthagerflotte, auch hier ein Dichterzitat (wenn auch ein anderes: Silius Italicus, Punica 11,592-594), auch hier die gleiche Erläuterung der Symbolbedeutung der Palme, von Melanchthon (richtig) zurückgeführt auf Xenophon.[164] Die Texte unseres Manuskripts und der Postille ähneln sich im Wortlaut durchaus nicht, aber in Inhalt und Gedankenführung kommen sie einander erstaunlich nahe. Bedenkt man die weiter oben (S. 91) beschriebene Entstehungsgeschichte der Postille und vergegenwärtigt man sich den Umstand, daß der Unterricht Simons des Jüngeren im Umkreis und unter der Oberaufsicht des Melanchthonschülers Thodenus stattfand, der eben in jenen Jahren in Wittenberg zu den Füßen des Magisters Philippus gesessen hatte, als der die in der Postille festgehaltenen Evangelienauslegungen gab, so muß man es doch angesichts so vieler Übereinstimmungen für möglich, ja für naheliegend halten, daß Melanchthons Worte wenn auch vielleicht nicht direkt, so doch indirekt aus beiden Texten sprechen.

Die Perikope Matth. 21,1-9 ist als einzige zwei Sonntagen des Kirchenjahres als Evangelium zugeordnet. Daher erscheint ihre Auslegung in der Postille auch noch einmal, nämlich da, wo die Lesung für den 1. Sonntag im Advent besprochen wird.[165] Natürlich ist hier die Erklärung der Bedeutung von Öl- und Palmzweigen die gleiche wie in dem Vortrag zum Palmsonntag, nur diesmal etwas kürzer gefaßt und ohne Dichterzitat, wohl aber wieder mit dem Liviusbericht.

Das nächste Exerzitium, in zwei Teilen abgehandelt, mag unkommentiert für sich selbst sprechen.

Der undankbare Kriegsmann.

»Es hat sich einmal zugetragen im Land Macedonia, daß ein Hauf Kriegsvolk Schiffbruch erlitten und elendiglich zerstreuet ist worden. Aus demselben Haufen ist ein Kriegsmann zu einem Bauern kommen und denselbigen gebeten um die Herberge; der Bauer hat sich des erbarmet und ihn aufgenommen, ihn wohl gewahrt und darnach lassen hinziehen frei, ledig und laß. Über eine kleine Zeit hat der König eine Schlacht mit seinen Feinden getan, und nachdem er den Sieg behalten, hat er den Kriegsleuten große Geschenke getan nach eines jeden Begehr und Dienst.

Da ist der Kriegsmann zu dem Könige kommen und hat gebeten, daß ihm der König wollte geben des Bauern Haus, Hof und Güter, bei dem er zuvor geherberget hatte, des war der König willig. Aber da der Bauer sahe, daß der Kriegsmann ihn austrieb, bei welchem er so große Treue getan, trat er selber vor den König und erzählet ihm die Sach. Da solches der König höret, gab er dem Bauern sein Haus und Hof wieder und ließ den Kriegsknecht mit glühenden Eisenstempeln vor die Stirn brennen mit diesen Worten: »Ein undankbarer Gast«, auf daß jedermann sehe, wie schändlich das Laster sei der Undankbarkeit.«

Das darauf folgende Thema ist in drei Teilen übersetzt worden:

»Es ist ein gemein Sprichwort, daß unter allen Geschenken das Herz am besten sei; welches der große Artaxerxes, König in Persia, mit seinem Exempel bewiesen hat. Da er vor-

164 Fink, 1981, S. 85 f.
165 CR 24, Sp. 5 f.

über reit und ein armer Bauersmann ihn sahe kommen, läufet derselbe hin in der Nähe und schöpfet mit seinen beiden Händen Wasser, welches er dem König brachte als für ein Geschenke, denn es war bei den Persern der Gebrauch, daß niemand durft dem König vor seine Augen kommen ohne Geschenke.

Als wollt auch dieser arme Mann, da er nichts besser haben mochte, dem König schenken, was er konnte. Und zwar der König hat den armen Menschen nicht verschmäht noch mit harten Worten angeredet des geringen Geschenks halben, sondern hat es als ein Anzeigung der Gutwilligkeit erkennt; und lehret uns darmit, daß wir dergleichen für gut aufnehmen sollen, auch den allergeringsten Dienst, der uns widerfähret.

Was tat Lycurgus, der Lacedaemonier Gesetzgeber? Wiewohl er dem allmächtigen Gott das nicht zuwider täte, so verordnet er doch im Gottesdienst, daß man anstatt des Goldes [und] Weihrauch Salz und Mehl dem Herren opfert, als wollt er darmit zu verstehen geben, Gott sei so gütig, daß er nichts, wie geringe es auch ist, verschmähe, wenn ihm das von freiwilligem Herzen gegeben würde. Wieviel mehr sollen nun die Menschen einer von dem andern fürlieb nehmen, was einer nach seinem Vermögen aus gutem Herzen dem andern Freundschaft erzeiget.«

Daß es bei den Persern als heilige Sitte galt, jeder Untertan habe nach seinem Vermögen dem durch das Land reisenden Großkönig Geschenke darzubringen, berichtet der griechisch schreibende Römer Claudius Aelianus (etwa 170-240 n. Chr.), Varia historia 1,31. Und im darauf folgenden Kapitel erzählt er die Geschichte eines armen Mannes, der diesem Brauch entsprechend dem Großkönig Artaxerxes Mnemon einen Trunk Wasser schenkte und dafür überreich belohnt wurde. – Das weitere Beispiel zum Thema »Kleine Gaben können besonders wertvoll sein« handelt von Lykurgos, dem sagenhaften Gesetzgeber aus Spartas Frühzeit. Daß dieser schlichte und einfache Opfer für die Götter angeordnet habe, steht bei Plutarch (Apophth. Lac., Lykurg 22).

Die nächste Übersetzungsübung (Bl. 193 v - 196 v) ist untergegliedert in vier Teile und überschrieben:

Aureae aliquot regulae vitae pie instituendae, quas princeps Ludovicus elector Palat. filio suo unico duci Frederico carissimo manu propria scripsit in sententioso libello.

(Einige goldene Regeln, sein Leben fromm einzurichten, die Kurfürst Ludwig von der Pfalz seinem lieben einzigen Sohn, Herzog Friedrich, mit eigener Hand in einem gedankenreichen Büchlein aufgeschrieben hat.)

Pfalzgraf und Kurfürst Ludwig VI. (1539-83) also hat diese Ratschläge seinem Sohn Friedrich IV. erteilt. Deutsche Drucke dieser »fürstväterlichen Ermahnung an seinen Sohn und Nachfolger, so er nicht lange vor seinem 1583 erfolgten Tod in sein Gebetbuch eingeschrieben«, weist Singer[166] erst für 1785 und für 1881 nach; das Incipit stimmt mit unserem Mscr. 131 fast genau überein. Es existiert auch eine lateinische Fassung dieses Vermächtnis-

166 Singer, 1981, S. 127 f. – August Kluckhohn schreibt in seinem Buch »Friedrich der Fromme, Kurfürst von der Pfalz, der Schützer der reformirten Kirche«, Nördlingen 1879, S. 442/443, diese Lebensregeln Friedrich III. zu, rückt also das Vermächtnis des Vaters an den Sohn um eine Generation höher.

ses in 65 Hexametern aus der Feder des pfälzischen Bibliothekars Paulus Melissus (1539-1602). Sie ist einer 1596 in Jena erschienenen Edition von Jakob Wimpfelings »Agatharchia« neben anderen Schriften ähnlichen Inhalts angefügt.[167]

Unser Manuskript enthält jedenfalls die Ermahnungen Ludwigs VI. von der Pfalz auf deutsch und lateinisch. Der deutsche Text lautet:

1. pars

Lieber Sohn, sei gottfürchtig, bete fleißig morgends und abends. Gedenke in alle deinem Tun an Gott, gehet dir's wohl, so danke ihm, gehet dir's übel, so klag es ihm; gedenke, daß alles Glück und Unglück von Gott her kommt und bald ein Ende nimmt. Erkenne dich für einen Sünder, glaube, der Sohn Gottes, Jesus Christus, habe dich mit seinem Blut erlöset, beharre darauf und bekenne es bis ans Ende, so wird er dich wieder bekennen und sich deiner annehmen vor Gott, seinem himmlischen Vater.

Secunda pars

Halt über deinem Stand ehrlich, sei wahrhaft, halt, was du zusagest, und ob dir Leib und Gut darauf ginge, denn wenn du lügest in Schimpf oder Ernst, so bistu ein Teufelskind, der ist ein Vater der Lügen. Sei auch züchtig in Worten und Gedanken, Gebärden, schände niemandes Weib oder Kind. Sei kein Balger, aber wenn man die Fähnlein fliegen läßt, dann sei keck und fleuch nicht, denn es ist besser, ehrlich gestorben denn schändlich geflohen.

Tertia pars

Sei nicht vertunisch [= verschwenderisch], sei auch kein karger Filz, zu Ehren spare nichts, rede niemands übel, gedenke an dich selbst, daß du auch ein armer Sünder bist. Nicht handel fälschlich mit den Leuten, rede frei und rund, das bestehet am längsten, doch lerne die Leute wohl erkennen, denn gegen einen Frommen mußt du wieder fromm sein. Vor einem Falschen hüt dich, rede desto langsamer gegen ihnen, die notdürftig Armen laß dir befohlen sein.

Quarta pars

Schmeichler, Gotteslästerer und Schalksnarren laß dir nicht wohlgefallen. Wer dich straft und dich wohl redet, den habe lieb. Treue Kirchen- und andere Diener hab stets lieb, und lohne ihnen nach deinem Vermögen. Untreue Diener laß mit Gutem von dir kommen, behalt sie nicht. Jedermanns Schande hilf decken, doch wenn du regierest, so strafe das Übel. Sei denen, so unter dir sein, ein Vater, nicht beschwer deine Untertanen über die Billigkeit, denn dieselbe Nahrung [= Gewinn, Einkommen] hab ich oft gesehen übel geraten. Halt aber über den Frommen, und ob ihm schon eine Torheit widerfährt, so strafe, aber mit Vernunft, so viel dir gebühret. Hüt dich vorm Zutrinken, denn daraus, spricht Sankt Paulus, kommt ein unordentlich Wesen.

Der Schlußsatz mit seiner Mahnung des Apostels Paulus bezieht sich auf Eph. 5,18: »Und saufet euch nicht voll Wein, daraus ein unordentlich Wesen folgt.«

Es schließt sich eine Übung an, die rein sprachlichen Zielen dient (auf S. 120 wurde schon darauf hingewiesen) und die hier um dieser ihrer Eigenart willen in Simons Originalorthographie wiedergegeben werden soll im Gegensatz zu den ihr vorangehenden und nachfol-

167 Singer, 1981, S. 77, 128.

genden Abschnitten, bei denen eine der unseren angeglichene Rechtschreibung angebracht erscheint zur Erleichterung für den Leser, weil da der Inhalt der Anekdoten, Geschichten und Ermahnungen im Vordergrund des Interesses steht. Jetzt dagegen erfahren wir noch einmal ein Beispiel für die imitierende Art lateinischer Stilübungen.

Die Überschrift auf Blatt 197 r lautet:

Exercitium ad imitationem Epistolae primae
Cic. Lib. 16 ad familiares.

Das Vorbild ist der in heutigen Editionen als epist. 16,5 gezählte Cicerobrief. Den hatte Gerlach Wolff mit seinem Schüler schon früher einmal behandelt; auf S. 79 f. ist dargestellt worden, wie er den lateinischen Text auf Blatt 44 r - 47 v des Manuskripts sorgfältig analysiert und zahlreiche zusätzliche Erläuterungen gegeben hatte. Das diente damals dem gründlichen sprachlichen und inhaltlichen Verständnis des Texts. Jetzt geht es um etwas anderes, nämlich um die Rücküberstzung ins Lateinische, und diese Aufgabe wird dem Schüler einerseits erleichtert dadurch, daß ihm nicht der ganze Brief vorgelegt wird, andererseits aber auch erschwert, indem Wolff ihn nicht mit dem von der früheren Arbeit her bekannten Originaltext konfrontiert, sondern mit einer stark abgeänderten Version. Im einzelnen sieht das so aus:

Wie üblich hat Simon erst einen deutschen Text aufschreiben müssen, dem dann die lateinische Übersetzung folgt. Daß die Aufgabenstellung sich vom Vorbild Ciceros freimacht, zeigen bereits auf den ersten Blick die Ortsnamen Lemgo und Wittenberg:

Mein mitschüler ist vberauß sehr freundtlich. wir sein zwey jar zu Lemgauw gewesen. Sein vatter mein wirdt hat mich so lieb alß wan ich sein Sohn wehr. Er hat mir verheissen alles was mir von nöthen wehr versehe mich er werde es thun. Mir deucht es radtsam sein, wen du stercker wehrest, das du dich ghen Wittenbergk begebest, das du alda diene studia zimlicher mas vollendetest. Du wirst sehen was dienen eltren vnd freunden deucht gutt vnd gerathen sein. hiermit gott befohlen.

Versio Latina

In meo condiscipulo est magna svavitas. Biennium lemgoviae fuimus. Suus pater meus hospes, tam me diligit quam si fuerim ipsius filius. Is omnia pollicitus est quae mihi essent opus, facturum puto. Mihi placebat, si firmior esses, ut te Witebergam deportares, ut ibi tua studia mediocriter continuares. videbis, quid parentibus tuis charissimis, quid consanguiniis placeat. etiam atque etiam vale.

Aliud ad imitationem ejusdem eplae.

(Ein anderes [Übungsstück] zur Nachahmung desselben Briefs.)

Prima pars

Dein bruder ist vberauß sehr freundtlich, dan auch die frembden haben ihn so lieb, alß wehren sie bei ihm auferzogen. Mich dünckt aber das es gutt wehre so er es anders erlieden mocht, das er ghen Magdeburg zoge, vnd sich alda wiederumb erholet, dan wie ihr wisset sein vetter, welcher daselbst mit hauß sitzet, hat alle dinge, so ihm zu seiner krankheit nützlich vnd von nöthen sein werde im zuthun verheissen, hoff auch er werde es im halten. den es ist kaum ein freundtlicher man, der in auch lieber hat, vnter der sonnen alß er.

Versio latina

Vide quanta svavitas est in tuo fratre, etiam peregrini tam illum diligunt, quam si vixerint cum illo. Mihi placebat si ita ipsi videretur, ut se magdeburgam deportaret, & se ibi plane confirmaret. nam ut scitis ipsius propinquus qui ibi habitat, habet omnia quae ipsi ad morbum curandum necessaria & opus sunt, facturum puto. Nihil potest illo fieri humanius, nihil nostri amantius sub sole.

Und dann schießt sich etwas im ganzen Manuskript 131 Einmaliges an, nämlich eine

Versio Ciceronis.

Vide tantam in se frater tuus habet suavitatem, ut etiam peregrini tam eum diligunt, quam si secum vixerint. Mihi placeret, si firmior esset, ut se Magdeburgam deportaret, ut ibi se plane confirmaret. Cognatus enim suus qui ibi civis est, omnia pollicitus est, facturum puto. Nihil enim potest illo fieri humanius, nihil tui amantius.

Das Überraschende dabei ist, daß dieser Text das Cicero-Original mitnichten etwa genau darstellt – allein schon der Ortsname Magdeburg verrät das. Doch bevor wir uns mit dieser Kuriosität näher beschäftigen, nehmen wir noch zur Kenntnis, wie die Übung weitergeht und abschließt:

Secunda pars

Ist derhalben all mein hoffnung in ihm (so er sich anders in gar vertrawet) er werde sein mit allen fleiss pflegen vnd in acht haben. derhalben wolt ich das er nicht eylet, sondern ihm nichts anders anlieggen ließ den wie er gesundt möchte werden dan ich wil lieber in ein weinig speter gesundt, den itzundt balt kranck vnd krafftloß zu sehen begehren. Es befremdet mich auch sehr, das du nicht einen einzigen brieff zu mir schickest so ich doch viel von dir erwarten bin. Meynen knecht schicke ich alle tag an das gestadt, laß auch keinen der zu dir wil ohne meine brive alda furtziehen hirmit gott bevohlen.

Versio latina

Ego omnem spem in ipso habeo (si se ei totum tradet) summa diligentia ipsum curaturum esse. Ideo nollem ut properaret, sed nihil aliud curaret nisi ut sanaret ipsum malo ipsum paulo post valentem, quam statim imbecillem videre. Mihi mirum videtur, quod ne unas litteras quidem ad me mittis. Ego autem crebras expecto. Meum famulum quotidie mitto ad portum, equidem neminem praetermitto euntem ad te sine meis litteris etiam atque etiam vale.

Überblicken wir nun das Exerzitium in allen seinen Teilen, so stellt sich folgendes heraus: Es handelt sich um eine exercitatio styli, aber nicht in der Form, wie Johannes Sturm sie in seiner 1575 Philipp zur Lippe-Spiegelberg-Pyrmont gewidmeten Schrift erläutert hatte (vgl. S. 28), sondern in Gestalt einer imitatio, die sich weitgehend von ihrem Vorbild löst. Das Original ist im November 50 v. Chr. geschrieben worden von Cicero, seinem Bruder Quintus und den Söhnen beider Männer von der Insel Leukas aus an den krank in Patras auf der Peloponnes zurückgebliebenen Tiro, Ciceros Freigelassenen und Sekretär. Wer sich für sprachliche Einzelheiten interessiert, wird gut daran tun, dieses Original (Cic. epist. 16,5) zum Vergleich heranzuziehen, und er wird folgendes bestätigt finden:

Der Präzeptor Gerlach Wolff ist mit dem Urtext ganz frei umgegangen. Nur etwa die Hälfte seiner Übungsaufgaben (in der »secunda pars« sogar noch etwas weniger) führt in der Übersetzung zu wörtlich ciceronianischen Wendungen. Erstaunlich und verwirrend ist, daß auch der Text, den Simon als »Versio Ciceronis« niederschreiben mußte, lediglich zur Hälfte aus Sätzen und Teilsätzen des Römers besteht. Wolff hat sich bei seiner Aufgabenstellung konsequent vom Original gelöst; nur die Erwähnung eines Kranken, der doch, bitte, alles tun soll, um bald wieder zu Kräften zu kommen, ermöglicht die Übernahme ganzer Wortgruppen im Wortlaut Ciceros. So stellt die ganze Übung einen recht extremen Fall der Befolgung jener Anweisungen der Schulordnungen für Württemberg und Kursachsen dar, die von den Präzeptoren verlangten, beim Fortschreiten der Stilübungen das Vorbild zu variieren (vgl. S. 49).

Von Blatt 199 v bis 203 r reicht
  Das gulden ABC für jedermann,
  der gern in Ehren wollt bestahn.

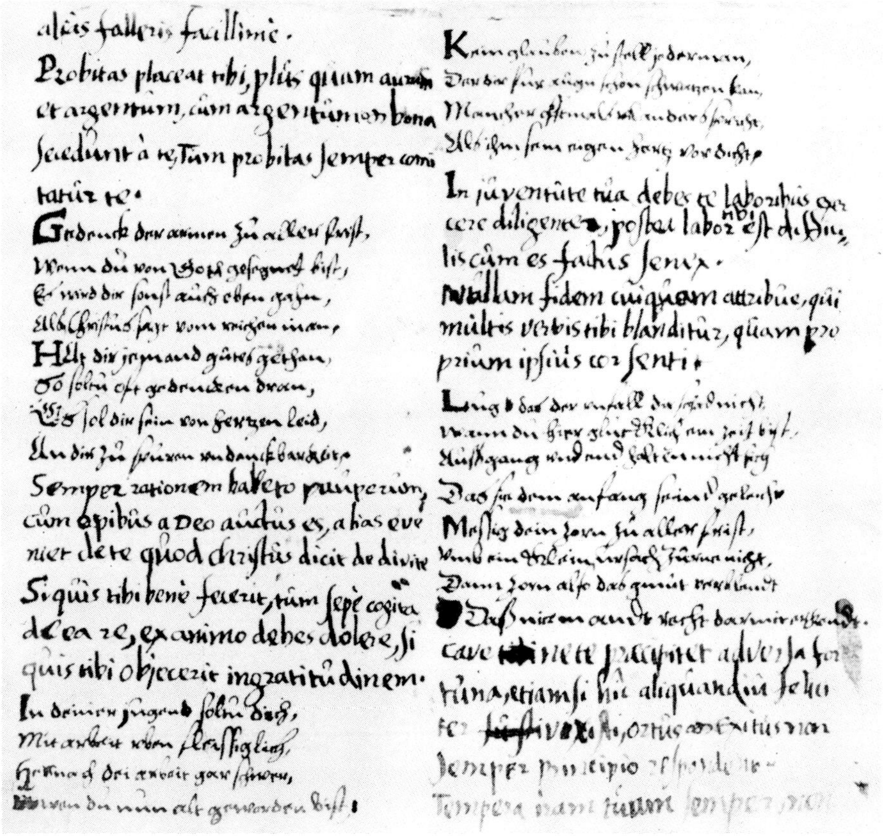

»Das Güldene ABC« (Ausschnitt), Manuskript Simons VII., Lippische Landesbibliothek Detmold, Mscr. 131, Bl. 200 v/201 r.

Es handelt sich hier um ein Gedicht in 23 Vierzeilern, die jeweils mit den aufeinanderfolgenden Buchstaben des Alphabets beginnen, wobei der Verfasser sich das J (als mit dem I zusammenfallend), das U (das im alten lateinischen ABC mit dem V gleich ist) und das X erspart hat. Das Y wußte er unterzubringen, indem er »ye« für »je« schrieb.

Derartige alphabetische Akrosticha gibt es seit frühesten Zeiten.[168] Sie finden sich schon im Alten Testament, ältestes Beispiel sind die Klagelieder Jeremiae 1-4, aber auch neun Psalmen und andere Schriftabschnitte halten sich an diese poetische Form. Psalm 119 heißt geradezu »Das güldene ABC«. Die ganzen »Sententiae« des Publilius Syrus (1. Jhdt. v. Chr.) sind alphabetisch-akrostichisch aneinandergereiht, und in der christlichen lateinischen Dichtung begegnen auf diese Art gebildete Verse häufig, Augustinus und Hrabanus Maurus seien als besonders berühmte Autoren genannt. Auch das Mittelalter hat Beispiele für solche Alphabete hervorgebracht, die Barockzeit ebenfalls, in geistlicher wie in weltlicher Dichtung. Und wer kennt nicht Wilhelm Buschs »Naturgeschichtliches Alphabet« aus den Münchener Bilderbogen?

Die Verse im Manuskript 131 heißen:

*A*llein auf Gott hoff und vertrau,
auf Menschen Zusag gar nicht bau,
Gott ist allein der Glaubensheld,
sonst ist kein Glaub mehr in der Welt.

*B*ewahr dein Ehr, hüt dich vor Schand,
Ehr ist fürwahr dein höchstes Pfand,
wirst du die Schantz einmal versehn,
so ist es um dein Ehr geschehn.

(»Schantz« kommt von dem französischen Wort »chance« und ist im älteren Neuhochdeutschen häufig für »Gelegenheit, entscheidende Wendung«. »Die Schantz versehen« bedeutet »sich die Gelegenheit entgehen lassen, den richtigen Augenblick verpassen«.)

*C*laff nicht zu viel, sondr hör als mehr,
das wird dir geben Preis und Ehr,
mit Schweigen niemand brechen kann,
claffen zum Kreuz bringt manchen mann.

(claffen, klaffen ist schwatzen, viel und laut reden.)

*D*em Großen weich, acht dich gering,
daß er dich nicht in Unglück bring.
Dem kleinsten auch kein Unrecht tu,
so lebstu stets in Rast und Ruh.

168 Ausführliches Material bei Dornseiff, 1925, S. 146-151.

*E*rheb dich nicht mit stolzem Mut,
wenn du hast überkommen [Gut].
Das Glück ist unstet, sieh vor dich,
sonst wirstu betrogen leichtiglich.

*F*römmigkeit laß gefallen dir
mehr denn Gold und Silbergeschirr.
Wenn Geld und Gut sich von dir scheidt,
Frommheit allein dich dann geleit.

*G*edenk der Armen zu aller Frist,
wenn du von Gott gesegnet bist.
Es wird dir sonst auch eben gahn,
als Christus sagt vom reichen Mann.

*H*at dir jemand Gutes getan,
so solltu oft gedenken dran.
Es soll dir sein von Herzen leid,
an dir zu spüren Undankbarkeit.

*I*n deiner Jugend solltu dich
mit Arbeit üben fleißiglich.
Hernach die Arbeit gar schwer [ist],
wenn du nun alt geworden bist.

*K*ein Glauben zustell jedermann,
der dir vor Augn schön schwatzen kann.
Mancher oftmals viel anders spricht,
als ihm sein eigen Herz vordicht.

*L*ug, daß der Unfall dir schadt nicht,
wenn du hier glücklich ein Zeit bist.
Ausgang und End halten nicht sich,
daß sie dem Anfang seind geleich.

*M*äßig dein Zorn zu aller Frist,
umb ein klein Ursach zürne nicht,
denn Zorn also das Gmüt verblendt,
daß niemand Recht darmit erkennt.

*N*icht schäm dich, rat ich allermeist,
daß man lehr, was du nicht weißt.
Wer etwas kann, hat Lobes viel,
groß Schand ist, der nicht lernen will.

*O*b jemand wurd von dir verklagt,
alsbald du nicht dafür ihn acht,
verhör zuvor die andern auch
und richt nicht als ein toller Gauch.
(Gauch = Narr, Tor.)

*P*racht und auch Hoffart meid vor all,
daß du nicht kommst in Ungefall.
Mancher wär ein behaltner Mann,
hätt er Hoffart und Groß gelan.

*Q*uad von niemand gedenk noch sprich,
dieweil kein Mensch lebt ohn Gebrech.
Schonstu keins und sprichst deinen Willn,
gar bald man dich heißt schweigen still.
(quad, ein niederdeutsches Wort, meint als Adjektiv und als Adverb »böse, schlecht«.)

*R*uf Gott in allen Nöten an,
er wird gewißlich dir beistahn,
er hilft all Mann aus seiner Not,
da man nach seinem Willen tut.

*S*ieh wohl für dich, Betrug ist groß,
die Welt ist nu ganz falsch und loß.
Willtu der Welt viel hangen an,
ohn Schad und Schand nicht kommst darvon.
(»loß, los« heißt soviel wie »leichtfertig, mutwillig«.)

*T*u dasjenig, das recht ist getan,
ob dich schon nicht lobt jedermann.
Keiner doch machen kanns also,
daß jedermann spräch ja darzu.

*V*erlaß dich auf kein irdisch Ding,
all zeitlich Gut verschwindt gering.
Darum der Mensch gar weislich tut,
der allein sucht das ewig Gut.

*W*enn jemand mit dir hadern will,
so rat ich dir, daß du schweigst still
und ihm nicht helfest auf die Bahn,
weil er gern wollt ein Ursach han.

*Y*e längr je mehr kehr dich zu Gott,
daß due nicht werdst des Teufels Spott.
Es kriegt der Mensch hernachmals Lohn,
als er im Leben hat getan.

Zuck dich für all, bedenk das End,
daß dir dein Tun nich bring Elend,
denn vor getan, hernach bedacht
hat viel in Spott und Leid gebracht.
(zuck dich = halt dich zurück)

Simons Übersetzung dieser Verse ist bescheiden und anspruchslos ausgefallen. Nicht nur, daß sie – verständlicherweise – auf die Akrostichis und auf den Reim verzichtet, das Latein ist auch sehr schlicht und nicht fehlerfrei. Einige Beispiele:
Zu Buchstabe A (Strophe 1):
Sperato et confidito in solo Deo, non confidito in homine, solus est Deus, qui servat fidem, alioqui nulla fides est in mundo.
Zu Buchstabe B (Strophe 2):
Custodi honorem tuum, caveto tibi ne pecces, est certe maximum pignus bona fama, quam si semel amiseris, tum actum est de tua existimatione.
Zu Buchstabe C (Strophe 3):
Non nimium loquere, sed audi potius, hoc afferet tibi honorem, tacendo nemo peccat, multiloquium multos adducit in calamitatem.
Zu Buchstabe D (Strophe 4):
Cede maiori, non multum tibi arroges, ut non adducat tibi malum, nec minorem te injuria afficias, tum vives semper quiete et tranquille.

Das auf diese Weise von Simon übersetzte Gedicht ist eigentlich ein Kirchenlied aus einem Greifswalder Gesangbuch von 1597, der Verfasser ist unbekannt.[169] Der Text unseres Manuskripts weicht in vielen Einzelheiten von dem des Gesangbuchliedes ab, zum Beispiel lauten dort die Strophen 10 und 11:

*K*eer dich nicht an ein jedermann
der dir für Augen dienen kan:
Nicht alles geht von hertzen grundt
was schon und lieblich redt der Mundt.

*L*aß kein unfall verdriessen dy,
wenn das Glück dir wohnet bey:
Anfang und endt sein nicht geleich,
wie solches offt befindet sich.

169 Wackernagel, 1864/1964, Bd. 5, S. 327 Nr. 516.

Sonst sind die Textdifferenzen aber geringer, und viele Stellen sind auch wörtlich gleich in beiden Fassungen. Das Gesangbuch bietet sogar auch eine Strophe mit dem Buchstaben X:

> *X*erxes verließ sich auff sein Heer,
> darüber wart geschlagen sehr:
> So du most kriegen, Gott vertraw,
> sonst alle zeit den frieden baw.

Von dem Greifswalder Kirchenlied, das auf die Melodie »Christ, der du bist der helle Tag« gesungen werden sollte, gibt es auch eine niederdeutsche Fassung, die als die ursprüngliche anzusehen ist.[170] Alphabetische Akrosticha sind bei alten Kirchenliedern gar nicht selten, außer den genannten beiden Gedichten weist Wackernagel elf weitere Beispiele dafür nach, von denen allerdings nicht alle in ihren Strophen das Alphabet vollständig erfassen, mehrere berücksichtigen nur die Buchstaben A-O.[171]

Der nächste Abschnitt ist wieder ein Gedicht, überschrieben:

> Ein heilsames Experiment allen gebrechen befüglich. Sap.cap. 16.V.12.
> Gotts Wort allein die Arzney ist,
> So abhilft allm, was uns gebrist.
> Die nichts wissen, kanns machen glehrt,
> Die Zweiflenden gewiß und bewahrt,
> Die Irrenden bringen zu recht,
> Die Schwachen machen starke Knecht,
> Erwarmen kanns die Herzen kalt,
> Die Traurigen erfreuen bald,
> Die Fröhlichen auch halten ein,
> Und die Trägen erwecken fein.
> Zerbrechen mags des Teufels Pfeil,
> Des Grabes Tür öffnen in Eil,
> Das Leben den Erstorbenen geben
> Und den, die's glauben, ewigs Leben.

Auf ganze 14 Verse also ist hier das Wort aus der Weisheit Salomos ausgedehnt worden, einer Schrift, die Luther den Apokryphen zugewiesen hat. Der Bibelvers heißt: »Denn es heilte sie weder Kraut noch Pflaster, sondern dein Wort, Herr, welches alles heilt.« Simons lateinische Übersetzung gibt die Überschrift mit »Medicamentum panchrestum« wieder und bedient sich damit eines Adjektivs, das ein griechisches Fremdwort im Lateinischen ist mit der Bedeutung »zu allem brauchbar, zu allem nützlich«. Den Ausdruck medicamentum panchrestum, das Universalmittel, hat Cicero einmal in seinen Reden gegen Verres (II 3,152) gebraucht, aber nicht für ein medizinisches Allheil- oder Wundermittel, eine Panazee, sondern in ironisch übertragenem Sinne für das Geld, den schnöden Mammon.

170 Wackernagel, 1864/1964, Bd. 5, S. 470 Nr. 730.
171 Wackernagel, 1864/1964, Bd. 3, Nr. 891-94, 1137, 1176, 1231; Bd. 4 Nr. 594, 1286, 1312; Bd. 5 Nr. 3.

Nun folgt (203 v - 209 v) abermals ein Fürstenspiegel:

Praecepta decem quae rex Loduicus cognomento Divus moriturus filio Philippo Audaci heredi tradiddit.

(Zehn Vorschriften, die König Ludwig mit dem Beinamen »der Heilige« im Sterben seinem Sohn und Erben Philipp dem Kühnen hinterlassen hat.)

Dieses Vermächtnis Ludwigs IX., des Heiligen, von Frankreich (1214-70) für seinen Sohn Philipp III. (1245-85)[172] ist ebenso wie die bereits besprochenen »goldenen Regeln« Ludwigs VI. von der Pfalz der Ausgabe von Wimpfelings »Agatharchia« (Jena 1596) beigefügt.[173] Dort werden 26 kurze Regeln geboten, unser Manuskript gibt eine Einleitung, zehn Vorschriften und eine conclusio, einen Schluß:

Pars prima

Nachdem, o mein lieber Sohn, es Gottes des Vaters und unsers Schöpfers Wille ist, mich abzufordern aus diesem elenden, vergänglichen Leben und betrübten Jammertal, darmit ich möge eines besseren genießen, so will ich nicht von dir abscheiden, ich hab dir denn meinen Segen mitgeteilet, nämlich Lehr und Gebot, die ein frommer Vater seinem Sohn soll vorhalten, dieweil ich verhoffe, es werde geschehen, du werdest diese letzte Wort deines Vaters dir lassen zu Herzen gehen.

Pars secunda

1

Darumb befehle ich dir fürnemblich, mein Sohn, daß dir nichts noch Angenehmers sei denn Gottes Furcht. Denn die Gottesfurcht ist ein Anfang, ja das fürnembste und die Vollkommenheit aller rechtschaffenen Weisheit: so du seinen Namen fürchtest und ehrest, wird er dich segnen.

2

Fürs ander will ich dich erinnert haben, daß du alles Unglück bescheidentlich und geduldiglich ertragest und gedenkest, daß deine Sünde also durch Gottes Hand gezüchtiget werde: wenn es dir wohlgehet, solltu dich selber nicht erheben und stolzieren, sondern gedenken, daß alles Glücke nicht deinem Verdienst, sondern der lautern Gnade und Barmherzigkeit Gottes zuzuschreiben sei.

3

Zum dritten befehle ich dir zum Höchsten die Liebe und Wohltätigkeit gegen die Armen; alle die Wohltaten, welche du auf sie wirst anwenden, die wird Christus unser Seligmacher achten, als wenn sie ihm selbst getan sein, und wird es dir hundertfältig wiederumb vergelten.

4

Über das gebiete ich dir zum fleißigsten, du wollest verschaffen, daß gute Gesetze und ehrbare Sitten dieses Königreiches erhalten und beschirmet werden und daß Gericht und Recht den Untertanen unverfälschet mitgeteilet werde. Selig sein, die so zu aller Zeit Gerichte und Gerechtigkeit üben. Das du dies mugest erlangen, so siehe wohl zu, daß du große Sorg und Fleiß anwendest, wenn du willst die Obrigkeit erwählen, und verbietest, daß sie

172 Dieses Fürstenspiegel-Testament hat eine »ungeheure Nachwirkung in Frankreich« gehabt, Berges, 1938, S. 319 f.

173 Singer, 1981, S. 77.

nicht wider Recht und Billigkeit deinen Verwaltern geneigt und bewogen sein. Strafe mit allem Ernst, so da sündigen und mißbrauchen der öffentlichen Gewalt. Denn dieweil sie andere sollen regieren durch heilsame Gesetzen und ihnen fürgehen mit gutem Exempel, so sie selbst sündigen, sind sie desto schwerer Straf schuldig.

5

Du sollst nicht leiden das Ansehen der Personen und Gunst vor Gerichte. Dem Armen sollstu so weit geneigt und bewogen sein, daß ihm möge seine gerechte Sache fürzubringen erlaubet sein. Vor Gerichte sollstu nicht dieses noch jemandes Gunst ansehen.

6

Zu dem befehle ich dir, daß du dir mit sonderlichem Fleiß umbsehest nach gutem Rat und habest stete bei dir wohlbetagete Männer, so eines stillen und ruchsamen [= ruhigen] Kopfs sein, die da können Heimlichkeit, so ihm vertrauet, verschweigen und verdecken: Liebhaber des Frieden, nicht geizig oder raubisch. Also wirstu aller Leut geneigten Willen und Lob von dir selbst überkommen. Denn die Frömmigkeit, so sich an den Dienern eines Fürsten erzeiget, macht berühmt die Hoheit eines Herren.

7

Über das verbiete ich dir, daß du nicht von den Untertanen einforderst Zoll oder Schatz, es sei denn eine hochdringende Not, eine scheinbare Nutzbarkeit oder ander billige Ursache vorhanden: sonst wirstu wert sein, den man nicht für einen König, sondern für einen Tyrannen halte.

8

Du sollst auch Fleiß anwenden, daß du den Deinen Frieden und Ruhe gebest.

9

Du sollst ihnen lassen ihr Recht und Freiheiten, die sie zuvor gebraucht haben, du sollst keinem christlichen Fürsten einen Krieg anbieten, es sei denn erheblichen Ursachen.

10

Endlich siehe wohl zu, daß du die Lehen und Pfarren deines Königreiches gebest aufrichtigen, frommen und gottfürchtig Männern, nicht den Slommern [?] und Geizhälsen, darmit du dich nicht frembder Sünde und Schuld teilhaftig machest.

Conclusio

So du, mein Sohn, diese meine Gebot halten wirst, so wirstu mit deinem Exempel deinen Untertanen eine große Lust machen, ein ehrbar aufrichtiges Leben zu führen (denn die Untertanen richten gern ihre Weise nach dem Exempel ihres Herren), Gott aber wird dir geben ein treues, festes und beständiges Regiment und Zustand deines Reiches. Als dies der fromme König zu seinem Sohne geredet, nicht lang hernach hat er seinen Geist Gott wiedergegeben und verschieden.

Noch einmal werden königliche Regeln und Anweisungen für den Thronfolger zur Übersetzungsaufgabe gemacht, diesmal allerdings solche, die in einer einleitenden praefatio in eine etwas mysteriöse ferne Vergangenheit zurückdatiert werden (209 v - 213 r):

> Aurea Tabulae regum Aegyptiorum praecepta, ad bene beateque Rempublicam gubernandam apprime apposita.
>
> (Goldene Regeln der Tafel der ägyptischen Könige, vorzüglich geeignet für eine gute und glückliche Staatslenkung.)

Praefatio.

Diese Gebot, die man hält, daß sie Ptolemaeus gemacht, hat der König in Aegypten Arphaxis, der wegen seiner fürtrefflichen Weisheit und Gerechtigkeit bekannt, in eine Tafel verfasset, allen seinen Nachkommen und Reichserben zu treuen Händen befohlen. Dieselbe Tafel hat auch Marcus Aurelius Antoninus Philosophus in großem Wert gehabt und fleißig verwahret und sie seinem Sohn neben der Regierung mit diesen Worten übergeben: »Als ein Oberster setze ich dich, mein Sohn, zum Erb vieler Königreich; als ein Vater überantworte ich dir diese Gebot der Tugend. Denn du bist ein Regent, sie werden dich alle fürchten von wegen deiner Gewalt und Ansehen. So du dich wirst nach dieser Tafel halten, so wirstu auch ein gut fromm Mann sein, ein jedermann wird dich lieb haben von wegen deiner Redlichkeit, daß du, so du nur allein willst, wirst ein berühmt und langwieriges Regiment haben.«

Diese merkwürdigen Angaben stammen aus dem »Horologium principum, sive de vita Marci Aurelii imperatoris«, das der spanische Franziskaner Antonio de Guevara (etwa 1480-1545), Hofprediger und Chronist Karls V., 1528 in drei Büchern auf Spanisch in Sevilla veröffentlicht hat. Dieser »romanhafte Fürstenspiegel im Stil des Jahrhunderts ..., ganz ohne Beziehung zum Werk Marc Aurels«[174], ist oft aufgelegt und übersetzt worden, so z.B. ins Lateinische von dem Wittenberger Professor Johannes Wanckel. Ein Exemplar dieses Buchs hat Simons VII. Sohn Johann Bernhard 1632 in Genf erworben.[175] Wir zitieren die Vorlage für die soeben gebotene praefatio unseres Manuskripts aus der deutschen Übersetzung von Aegidius Albertinus, Leipzig 1624, 343, damit deutlich wird, wie im Mscr. 131 diese Angaben, zumal was die Eigennamen betrifft, verwirrt und verballhornt worden sind:

(Es spricht der sterbende Kaiser Marcus Aurelius zu seinem Sohn Commodus:) »Nach erhaltener Schlacht kam ich in die alte gewaltige Egyptische Stadt Thebe/ daselbst fand ich in eines Priesters Hauß eine kleine Tafel/ die war zuvor gehangen an der Thür des Königlichen Pallasts. Und dieser Priester zeigte mir an/ daß die Tafel geschrieben were worden von Ptolemeo Arsacida einem Egyptischen König. ... Ich als ein Keyser mache dich zu einem Erben vieler Königreich/ aber als ein Vater verehre ich dir diese Taffel. ... Daß du durch dein Keyserlich Ampt von jedermann wirst gefürcht/ aber durch den jnnhalt dieser Tafel von deinen Unterthanen geliebt werden.«

Im Manuskript heißt die eigentliche

Tabula regum Aegyptiorum

1. Ich habe niemals einen reichen Tyrannen groß geachtet, auch hab ich niemals einen gerechten Mann gehasset.
2. Ich hab niemals die Zeit, das Recht dem Armen zu sprechen, aufgeschoben.
3. Auch habe ich keines Reichen, durch Geschenke bewogen, verschonet.
4. Niemals hab ich jemand, durch Gunst eingenommen, Gnade erzeigt, auch niemand im Zorn gestraft.
5. Ich habe niemals das Übel lassen ungestraft hingehen und das Gute lassen unvergolten bleiben.

174 Marc Aurel/Theiler, 1974, S. 297.
175 LLB Sign. PP 26. 4°.

+ vgl. Ranke zu Karl V.

6. Ich habe niemals eine helle, klare Sache einem andern zu handeln befohlen, auch habe ich keine dunkel und unklar Sache allein zu entscheiden auf mich genommen.
7. Ich habe niemals einem, so es begehret, das Recht versaget, auch keinem, der Barmherzigkeit verdienet, geweigert.
8. Ich habe niemals jemand im Zorn gestrafet, auch niemand fröhlich mit Pracht [?] Geschenke zugesaget.
9. Ich hab niemals leichtfertiger Weise im Glücke, wenn mirs wohlging, gefrohlocket, auch habe ich nicht im Unglücke, wenn mirs übel ging, den Mut sinken lassen und verzaget.
10. Ich hab niemals jemand, durch Haß angereizet, Schaden zugefüget, auch kein schändlich Ding um Geizes willen begangen.
11. Ich hab mich niemals durch Liebe der Schmeichler einnehmen lassen, ich hab auch nicht zugehöret den Verleumders.
12. Ich habe allezeit begehret und gewünschet, daß ich möchte gelobet werden von frommen Leuten, auf daß mich die Bösen förchten.
13. Und kurzlich: Ich war geneigt und bewogen den Armen und den Ausländern, so keine Gunst haben.
14. Zum Beschluß, das das Allergrößeste ist, bin ich geliebet von Gott, der da alles vermag.

Soweit die »Tafel der ägyptischen Könige«, angeblich vom Kaiser Marc Aurel seinem Sohn als Vermächtnis hinterlassen, entnommen dem Schluß des 3. Buchs des »Horologium principum« von Antonio de Guevara.

Den Inhalt der nächsten, in zwei Teilen abgehandelten Übung (213 r - 216 r) nennt die Überschrift:

Ein Sendbrief, welchen der Vater, so in den letzten
Zügen liegt, an seinen Sohn, so in der Fremde war,
geschickt.

Herzlieber Sohn, ich sage mit dem Altvater Jacob: Herr, ich warte auf dein Heil.[176] Denn meine Sachen stehen also, daß ich mit dem Apostel sage: Ich begehre aufgelöset zu werden und bei Christo zu sein[177], welchem ich auch dich ganz und gar gleich wie im heilig Tauf, also auch jetzund in meiner Hinfahrt zum Herren, samt deiner ganz freundlichen Mutter, Bruder und Schwester befehle und übergebe und dem Wort seiner Gnaden. Es wäre mir zwar lieb gewesen, daß ich dich hätte mögen sehen, aber ich habe dich nicht wollen in Gefahr setzen bei dieser Kälte und da dein Schienbein noch nicht genugsam wieder zusammengewachsen und gestärkt ist.

Ich hab Anordnung getan von allen Dingen, wie einem gottsfürchtigen Vater gebühret, und unser gnädiger Herr hat seine milde Freigebigkeit gegen euch, welche mit eurer Freiheit verfüget ist, mit seiner Gnaden Brief und Siegel bekräftiget. Ich warte alle Stund, daß ich zum Herrn hinfahre. Begib dich nicht eilends und vor der Zeit auf den Weg, wir werden einander sehen im ewigen Leben vermöge des Gnadenbunds Gottes. Ich befehle dir deine gottselige Mutter, welche ich weiß daß du sie lieb hast; den zarten Bruder N. nimm auf als

176 Gen. 49, 18.
177 Phil. 1, 23.

dein eigen Herz und regier ihn freundlich nach deiner Weisheit, welche dir Gott verliehen hat. Strebe nicht nach hohen Dingen, sondern laß dich genügen an mittelmäßigen Dingen und richte die Arbeit deines Studierens dahin, daß es vielen Nutz bringe. Der Segen des Herrn sei in deinem Ausgang und Eingang. Amen. Und dein Geist beruhe in der gnadenreichen Kindschaft Gottes, und erwarte samt mir das himmlische Erb, durch den Sohn Gottes und umb seiner willen, Amen. Gegeben den 12. Tag Martii zwischen vier und fünf Uhren, diktieret aus dem Bett. Anno 1587.

Schon auf S. 57f. wurde darauf hingewiesen, daß bei der Datumsangabe in der Übersetzung ein Irrtum unterlaufen ist: 1589 für 1587. Ohne Überschrift schließt sich dann ein neues Übungsstück an, wiederum in zwei Teilen:

»Die Menschen haben sonderliche Lust und Begierde, zu forschen und zu wissen, wie es ihnen gehen sollt, was ihnen Guts oder Böses widerfahren soll, weil sie in dem Stadio dieses Lebens laufen.[178] Drumb laufen etliche nach den Wahrsagern und Zauberern, etliche den Astrologis, daß sie von ihnen gewisser werden, was sie für Glück oder Unglück übergehen soll. Vermissen aber gemeinlich des rechten Weges, durch welchen man leichtlich kommen mag zu Erkenntnis zukünftigen Glücks oder Unglücks. Welcher ist dann derselbe? Nämlich der, daß von der zukünftigen Wohlfahrt und Elende das Urteil und die Conjectur aus der Menschen leben soll genommen werden. Lebet einer recht und stellt also seine Hoffnung zu Gott, so darf er ohne Zweifel sich gewiß überreden, daß es ihm wohl gehen werde und daß kein Elend so bitter, keine Feindschaft so schwer, keine Krankheit so müheselig, kein Armut so elende sein kann, welches so viel vermöge, daß es sein Heil und Wohlfahrt verhindern möge.

Ob schon unterweil er in große Gefahr seines Leibs, seiner Güter, seiner Ehr kommt: jedoch muß dasselbe, welches ander Leuten Schaden bringet, ihm auf das letzte zu Nutz und zu Ehren gereichen: wie die Theologi sagen: Bonis omnia cooperantur in bonum. Führt aber einer ein gottlos Leben, trauet mehr auf sich, auf seinen Reichtum, Gewalt, Gunst und auf die Leute denn auf Gott, demselben ist ohne allen Zweifel alles Elend, Jammer, Trübsal und Widerwärtigkeit bereitet, und ob er schon von Nahrung und Ehr auf dieser Welt herrlich ist: jedoch wird dasselb ein bös Ende nehmen, denn mehr zu Schanden denn zum Nutz, mehr zum Verderben als zur Wohlfahrt geraten.«

Blatt 219 r + v enthält eine Geschichte mit der Überschrift

Aliud ex Plutarcho de tarda Dei vindicta.

(Eine andere [Geschichte] aus Plutarch von Gottes später Vergeltung.)

Plutarch (etwa 46-120 n.Chr.) war in früheren Jahrhunderten ein überaus beliebter und gern gelesener Schriftsteller. So verehrte ihn zum Beispiel die Goethezeit als eine hohe Autorität, wobei sie freilich seine Werke durchaus unter verschiedenen Aspekten sah. »Während Schiller unter Rousseaus Einfluß aus Plutarch heroische und freiheitliche Gesinnung herauslas, fühlte sich Goethe durch seine milde Duldsamkeit angezogen. Beide Ansichten durchdrangen sich vielfach in Goethes Zeitalter«, schreibt ein Goethe-Handbuch.[179] Das wird deutlich spürbar, wenn Karl Moor in Schillers »Räubern« (I 2) ausruft: »Mir ekelt vor

178 Vgl. 1. Kor. 9, 24.

179 Goethe-Handbuch, hg. von Julius Zeitler, III. Bd., Stuttgart 1918, S. 130.

diesem tintenklecksenden Säkulum, wenn ich in meinem Plutarch lese von großen Menschen!«, wogegen Goethe in den »Zahmen Xenien« schrieb:

»Was hat dich nur von uns entfernt?«
Hab' immer den Plutarch gelesen.
»Was hst du denn dabei gelernt?«
Sind eben alles Menschen gewesen.

Gerlach Wolff hat für seinen Schüler eine belehrende Geschichte ausgesucht, die in der umfangreichen Werkgruppe des Griechen, die gewöhnlich mit dem Sammeltitel »Moralia« bezeichnet wird, in einer Schrift namens »De sera numinis vindicta« enthalten ist.[180] Es handelt sich dabei um einen Dialog, dessen Teilnehmer sich mit der schwer einsehbaren Tatsache auseinandersetzen, daß die Strafe der Gottheit den Schuldigen oft erst spät, wenn nicht gar erst seine Nachfahren, trifft. Bevor das in Delphi spielende religiös-philosophische Gespräch nach platonischem Vorbild mit einem Schlußmythos endet, haben die Teilnehmer an der Unterredung ihre Argumentation mehrfach durch Beispiele erläutert und unterstützt. Zu diesen Beispielen zählt auch unser Textabschnitt aus dem 8. Kapitel von »De sera numinis vindicta«:

»Es ist eine bekannte Historie, so von dem Besso Poëmio Plutarchus schreibet. Dieser hat auf eine Zeit nach dem Nachtessen etliche Schwalbennest mit einem Spieß zerbrochen und die jungen Schwalben umgebracht. Als ihn aber etliche seiner anwesenden Spießgesellen deswegen hart anredeten und, was ihm die jungen Schwalben Leids getan hätten, fragten, sprach er darauf: ›Ich habe es darumb getan, weil sie nicht aufhören wollen, mir meines Vaters Mord vorzuwerfen.‹ Diese Reden wurden dem König referiert, und darauf Bessus eingezogen, welcher das parricidium (davon man gar nichts gewußt) bekannt und derhalben hingerichtet ward. Denn conscientia ist zwar occultum, aber ein groß flagellum« (Das Gewissen ist zwar etwas Verborgenes, aber eine starke Geißel.)

Diese Geschichte ist also gewissermaßen eine Exemplifizierung unseres Sprichworts »Gottes Mühlen mahlen langsam, mahlen aber schrecklich fein«, das übrigens auch schon in der gleichen Schrift Plutarchs (im 3. Kapitel) vorkommt, und erinnert in ihrer Tendenz an die bekannte Ballade von Adelbert von Chamisso »Die Sonne bringt es an den Tag«.

Es schließt sich in zwei Teilen an

Aliud otium esse fugiendum.

(Eine andere [Geschichte]: Daß man den Müßiggang meiden soll.)

Es rühmet sich Sankt Paulus gegen den Thessalonicensern, daß er unter ihnen nie müßig gangen und nicht gessen, ehe er's verdient hätte. Der legislator Draco und andere vornehme Leute haben die Müßiggänger auch am Leibe zu strafen gepfleget, und zwar nicht ohne Ursache, denn ihnen [war] wohl bewußt, daß der Müßiggang ein Vater aller Laster ist, denn sobald einer nichts vorhat, lernet er Böses zu tun. Als etliche des Rats zu Rom, nachdem die Stadt Carthago zerstöret worden, sehr frohlockten mit Vermelden, es hätte sich nunmehr Rom keines Feindes zu befahren [= befürchten], sagte Scipio Nasica: »Ihr betrüget euch, liebe Herren, denn alle die wir müßig sein ist unser Gefahr am größten.«

Insonderheit sollen die Herren, denen Untertanen und Kriegsleute vertrauet worden,

180 Plutarch, Moralia Nr. 41, 548 a - 568 a.

den Lediggang als den größesten Feind hassen. Wär Hannibal nicht so lang zu Capua müßig geblieben, so hätten die Römer den gewaltigen Sieg wider ihn nicht erlangt. Von Kaiser Vespasiano lesen wir, daß derselbe allezeit was Nutzliches getan, auch da er krank auf dem Totenbette lag, zu welcher Zeit, als ihn sein Medicus vermahnete, sich der Geschäfte zu enthalten, wollte er anders wieder aufkommen, antwortet er: »Oportet imperatorem stantem mori.« (Ein Kaiser hat im Stehen zu sterben.)

Paulus schreibt 2. Thess. 3,7.8: »Denn wir sind nicht unordentlich unter euch gewesen, haben auch nicht umsonst Brot von jemand genommen, sondern mit Arbeit und Mühe haben wir Tag und Nacht gewirkt, auf daß wir nicht jemand unter euch beschwerlich wären.« Wie der gelernte Zeltmacher sein Handwerk ausübte, um für seinen Lebensunterhalt aufzukommen, davon berichtet auch Apg. 18,3. Vergleiche ferner 1. Thess. 2,9; 1. Kor. 4,12; Apg. 20,34.

Publius Cornelius Scipio Nasica Corculum, der Schwiegersohn des Hannibalbezwingers Scipio Africanus maior, war schon im Vorfeld des 3. punischen Krieges der Wortführer der anticatonischen Partei in Rom, und während Cato mit seinem berühmten »Ceterum censeo Carthaginem esse delendam« ständig auf die Vernichtung der Erzrivalin Karthago drängte, wollte Scipio Nasica die nordafrikanische Konkurrentin am Leben erhalten wissen – schon um Roms Kräfte nicht erlahmen zu lassen durch das Verschwinden eines potentiellen Gegners. Nach Karthagos endgültigem Fall und der gleichzeitigen Unterjochung Griechenlands soll er gesagt haben: »Jetzt ist Rom erst wirklich in Gefahr, denn es gibt niemanden mehr, vor dem wir Furcht, niemanden, vor dem wir Scham empfinden müssen.«[181]

Über die fatale Rolle, die im 2. punischen Krieg, im Winter 216 v. Chr., Capua mit seinen Verlockungen und Bequemlichkeiten (Schlaf, Wein, gutes Essen, leichte Mädchen, Badehäuser, Nichtstun) für die Moral und Disziplin von Hannibals Heer gespielt hat, kann man bei Livius 23,18,10-16 nachlesen.

Den Ausspruch Vespasians berichtet Sueton im 24. Kapitel seiner Biographie als des Kaisers letztes Wort.

Held der nächsten Geschichte, des letzten historischen Exempels, ist Johann Friedrich der Großmütige (1503-54), der ernestinische Wettiner, der die Kurfürstenwürde an seinen albertinischen Vetter Moritz von Sachsen verlor. Der an sich phlegmatische, der Jagd ergebene und dem Trunk nicht abgeneigte Herr hat Bedeutung und Format eigentlich erst durch die Standhaftigkeit gewonnen, die er nach der verlorenen Schlacht bei Mühlberg in der kaiserlichen Haft bewiesen hat. Die dort an den Tag gelegte Haltung hat ihn, der die Universität Jena gegründet und Weimar zur Residenzstadt gemacht hat, zu einer volkstümlichen Gestalt werden lassen.

Ein Fürst soll sein fürstlich Gemüt, was ihm
schon unglücklich gehet, nicht fallen lassen.

Wir wollen zum Exempel nehmen den fürtrefflichen Held, Kurfürst Johann Friedrich von Sachsen, welcher nachdem er von Kaiser Karlen Ao. 1547, dem 24. Aprilis, gefangen worden, begehrt er, fürstlich tractiert zu werden, und da der Kaiser antwortet, er wollte ihn hal-

181 Plutarch, De capienda ex inimicitia utilitate, cap. 3.

ten nach seinem Verdienst, spricht er: »Ich bin itzt in euer Majestät Gewalt.« Bald hernach, als gemeldter Kaiser vor Wittenberg lag, drohete er dem gefangenen Fürsten den Tod, wo er seine Untertanen nicht darhin halten würde, daß sie ihm ohne ferneren Widerstand die Stadt einräumeten; saget Herzog Johann Friederich, es bedürfe solcher Drohung nicht, denn ob schon das widerwärtige Glück ihn dem Kaiser überantwortet, so hätte er doch das Herz nicht verloren. Das heißet heroisch und fürstlich sich verhalten, adeo majestatem suam servavit, ut non victus, sed victor videretur. (Er hat seine Majestät so gewahrt, daß er nicht besiegt, sondern Sieger zu sein schien.)

Den Abschluß des »Liber exercitiorum extemporalium« bildet ein in zwei Teilen übersetztes »Argumentum«:

»Unser lieber Gott, der den Menschen zu seinem Bilde erschaffen, hat alles an dem Menschen so herrlich und ordentlich zusammengefüget, daß des Menschen Leib gleich ist einem wunderkünstlichen Schloß und königlichem Palast. Im Kopf ist die Kanzelei und Ratsstube, da gehen im Gemüte des Menschen Sinne, Gedanken und Anschläge. Im Herzen ist der königliche Sitz, da gehen des Menschen Bewegung. Im Munde ist die Zunge gleich als in der Mitte, die ist der Redner und Procurator, die redet aus, was im Gemüte bedacht und geratschlaget und im Herzen bewilliget und beschlossen ist.

Und wenn nur des Menschen Gemüt wär blieben, wie es geschaffen war, desgleichen auch das Herz, so wär die Zunge ein trefflich schön Glied gewesen, welches nur von rechter Erkenntnis Gottes, von Weisheit, Wahrheit und Gerechtigkeit geredt und Gottes Wundertaten, Liebe, Barmherzigkeit und Treue gepreiset und gerühmet hätte. Aber weil des Menschen Gemüt verfinstert ist, daß es Gott und seinen Willen nicht kennt, und das Herz ist abgewendt von Gott und ist wie ein vergifteter Brunn voller Unreinigkeit, böser Lust und Bewegung: so ist die Zunge auch ein elend und giftig Glied worden, das nichts denn Lügen von Gott und Unwahrheit ausstreuet und Sünde und Schande redet. Denn sie kann nichts anders reden, denn was das Gemüte erdenket und wozu das Herz Lust hat und dahin es geneigt ist.«

Damit schließt das Manuskript 131 ab. Nichts als ein Übungsheft für den lateinischen Unterricht, ein umfang- und inhaltsreiches freilich, ist es, ebenso wie seine beiden eine Generation älteren zeitlichen Vorgänger, die Manuskripte 80 und 81. Und doch haben diese Dokumente des Unterrichtsbetriebs einer weit zurückliegenden Zeit uns mancherlei Hinweise darauf geben können, wie, auf welchem Wege und wozu man die auf diese Weise unterrichteten Schüler bilden und befähigen wollte. So haben die Manuskripte uns unter anderem gezeigt, wie die Geschichte angesehen und hoch geachtet war als magistra vitae. Diese Wertschätzung der Historie als einer schier unerschöpflichen Schatzkammer voll von trefflichen Exempeln liegt ganz auf der Linie, die Martin Luthers Ausführungen in seinem Aufruf »An die Ratsherren aller Städte deutschen Landes, daß sie christliche Schulen aufrichten und halten sollen« erkennen lassen. Dort heißt es[182]: »Wo man sie [die Töchter und Söhne] aber leret und zöge ynn schulen oder sonst, da gelerte und züchtige meyster und meysterinn weren, die da die sprachen und andere künst und historien lereten, da würden sie hören die ge-

182 WA 15, 45. Der Anfang des dritten Nebensatzes enthält eine textkritische Schwierigkeit, die aber für unseren Zusammenhang ohne Bedeutung ist.

schichte und sprüche aller wellt, wie es diser stad, disem reich, disem Fürsten, disem man, disem weybe gangen were, und kündten also ynn kurtzter zeyt gleich der gantzen wellt von anbegynn wesen, leben, rad und anschlege, gelingen und ungelingen fur sich fassen wie ynn eym spigel, daraus sie denn yhren synn schicken und sich ynn der wellt laufft richten künden mit Gottis furcht, Dazu witzig und klug werden aus den selben historien, was zu suchen und zu meyden were ynn dissem eusserlichen leben, und andern auch darnach radten und regirn.«

Diese Möglichkeiten hat sich der Unterricht, aus dem unsere drei Manuskripte hervorgegangen sind, nicht entgehen lassen. Achtet man darauf, welche Epochen der Historie in diesen Exerzitien besonders hervortreten, so zeigt sich deutlich, daß das Altertum eine beherrschende Rolle spielt. Römische Geschichte, das ist die große Lehrmeisterin schlechthin, aber auch die Griechen, ja am Rande sogar die Perser und Ägypter sind herangezogen worden. Auffällig stark tritt dem gegenüber das Mittelalter zurück mit Ausnahme seiner Spätphase, der Zeit, die Johan Huizinga im Titel seines bekannten Buches den »Herbst des Mittelalters« genannt hat. Diese Epoche ist in den Manuskripten wieder häufiger mit Exempeln vertreten. Aber das ist auch für die Menschen des 16. Jahrhunderts nahe und nächste Vergangenheit, die wird wieder stärker berücksichtigt. Die Schlacht bei Mühlberg schließlich, von deren Folgen der vorletzte Textabschnitt des Manuskripts 131 spricht, und das Ende des Landsknechtsführers Sebastian Vogelsberger lagen, als Simon der Jüngere darüber schreiben mußte, gerade erst gut 50 Jahre zurück, noch Simons VI. Vater hatte unter den politischen und kirchenpolitischen Auswirkungen des für die Protestanten verlorenen Schmalkaldischen Krieges zu leiden gehabt. Alle diese Aspekte des Unterrichts werden dem Leser bei der Beschäftigung mit unseren drei Manuskripten deutlich.

Bedenken wir ferner: Wir konnten Einblick gewinnen in einen Unterricht, der wohl für seine Zeit als exemplarisch gelten darf, in unserem Fall aber nicht beliebigen Schülern geboten wurde. Die geistige Beschäftigung künftiger Landesherren spricht aus den Blättern unserer drei Handschriften. Und wenn gerade in der letzten Zeit sehr zu Recht viel von der Bedeutung der Renaissancezeit für den Weserraum die Rede ist, so muß es uns noch einmal mehr wichtig sein, an Hand von Originaldokumenten nachprüfen zu können, wie Geist und Seele junger lippischer Grafen in jener Zeit geformt werden sollten und gebildet worden sind. Denn Simon VI., der Stammvater aller heute noch existierenden Linien des Hauses Lippe, und Simon VII., auf den die bis 1895 in Detmold regierende, 1905 erloschene Linie ebenso zurückgeht wie die Linie Lippe-Biesterfeld, sie beide, Vater und Sohn, sind unzweifelhaft durch ihre Erziehung geprägt worden. Und wenn Simon der Vater Detmolds ältestes Gymnasium ins Leben gerufen, Simon der Sohn die öffentliche Bibliothek aus des Vaters hinterlassenen Buchbeständen eingerichtet hat, so sind diese beiden Gründungen typische Schöpfungen für Fürsten, die eine humanistisch geprägte Bildung genossen hatten, eine Bildung, für die das Erlernen der lateinischen Sprache eine unverzichtbare Grundlage dargestellt hatte.

Anhang

Die »Exercitia styli ex epistolis Ciceronis« des Manuskripts 80 enthalten folgende Briefe:

Teil I, Blatt 3 r bis 58 v, durchweg Briefe aus der Sammlung »ad familiares«, nämlich: Cicero epist. 7,4; 10,14; 9,23; 4,15; 9,12; 2,14; 7,22; 11,15; 6,9; 12,20; 12,21; 12,9; 13,30 16,5; 16,6; 16,10; 2,4; 13,14; 5,18; 6,11; 7,14; 12,8; 10,27; 10,2; 9,19; 12,16; 7,31; 13,32; 13,33; 13,34; 13,35; 10,13; 12,6; 12,17; 13,54; 14,22; 14,21; 14,8; 14,24; 14,23; 14,17; 14,15; 14,19; 14,12; 14,11; 16,7; 16,2; 16,25; 13,25; 7,18,4; 13,6 A; 13,3; 12,27; 6,15; 11,4; 13,20; 10,29.

Teil II, Blatt 59 r bis 117 v, durchweg Briefe aus der Sammlung »ad Atticum«, nämlich: Cicero Att. 3,27; 3,21; 3,22,4; 3,1; 3,2; 3,3; 3,5; 3,6; 3,25; 3,16; 3,18; 3,11; 3,4; 1,15; 2,10; 2,11; 3,13,1.2; 3,14; 4,14; 5,3; 5,6; 7,4; 7,6; 7,10; 7,19; 7,20; 7,22; 7,24; 7,25; 8,7; 8,11 C; 8,12 A; 8,12 D; 8,13; 9,6 A; 9,8 C; 11,11A; 9,13 A; 10,2; 10,8B; 11,18; 11,19; 14,13 A 1-3; 16,16 E; 16,16 F.

Zwei Beispiele mögen zeigen, wie die Cicerobriefe in den »Exercitia styli« des Manuskripts 80 wiedergegeben werden. Das erste stammt aus der kleinen Zahl der Briefe am Anfang des Manuskripts, bei denen der von Simon niedergeschriebene lateinische Text stark von der Originalfassung Ciceros abweicht, es ist wohl das extremste Beispiel für deutliche Differenzen. Gleich im ersten Übungsbrief des Manuskripts heißt es auf Blatt 3 r:

> Ich bin den IX dach Iulii in den hoff Cumanum gekommen mit dinem und och mit minem guten frund Libone, dar nach habe ich mich fürgenommen, nach dem hoffe Pompeianum zu reisen. Sunderen ich wolte es dich ersten zu wissen thun. Ich begere allezit bi dir zu in sunderheit die wiele wir hir sein. Du sigest wol das wir so balde nit werden wider zu hauffe kommen [= zusammenkommen]. So du etwas hast furgenommen das du das fuß ubel mit warmen baden, das bitte ich du woldes es auff schuen [= aufschieben] bis auff ein anderen dach. Vor sorge dine gesundheit und bitt du woldes zwe oder drie tage miner warten.

Auf Blatt 3 v folgt die lateinische Version:

> Ad IX diem Iunij veni in Cumanum, cum Libone tuo, vel si mavis etiam nostro, deinde statim proficisi in Pompeianum cogitavi. Sed te antea certiorem facere volui. Tecum semper degere cupio, sed tamen in memoria habes quod non multo post una futuri sumus. Si quid constitutum habes cum podagra ut cures in thermis, fac in alium diem differas. Da operam ut valeas et me biduo aut triduo expecta.

Zu den Divergenzen zwischen beiden Fassungen ist festzustellen: Die Abweichung Iulii (im Deutschen) – Iunii (im Lateinischen) wird eine Flüchtigkeit sein. Im dritten deutschen Satz fehlt ein Infinitiv, etwa: »... begehre, bei dir zu *sein*«, entsprechend dem *degere* im Lateinischen. Ebenso fehlt im Deutschen ein Verbum für das *cures* im vorletzten lateinischen Satz, etwa: »... daß du das Fußübel *kurierst*«. In der lateinischen Fassung fehlt die Entsprechung zu »insonderheit dieweil wir hier sein«, sie steht aber im ciceronianischen Original, das hier zum Vergleich wiedergegeben wird (es ist der Brief epist. 7,4; Cicero schreibt im Jahre 46 an einen sonst nicht näher bekannten M. Marius):

A.d. XIIII Kal. in Cumanum veni cum Libone tuo vel nostro potius; in Pompeianum statim cogito, sed faciam ante te certiorem. te cum semper valere cupio tum certe, dum hic sumus; vides enim, quanto post una futuri sumus. quare, si quod constitutum cum podagra habes, fac ut in alium diem differas. cura igitur ut valeas, et me hoc biduo aut triduo exspecta.

Eine deutschen Übersetzung (von H. Kasten, München 1964, Tusculum):

Heute, am 12., bin ich mit Deinem oder vielmehr unserm Libo in Cumae eingetroffen; ich gedenke, gleich auf mein Pompeianum zu gehen, aber ich benachrichtige Dich noch vorher. Ich wünsche Dir stets gute Gesundheit, vor allem aber jedenfalls, während ich hier bin. Du weißt ja, so bald werden wir uns nicht wiedersehen. Hast Du dich also mit Deiner Gicht verabredet, dann verschieb das auf einen anderen Tag. Also sieh zu, daß Du auf dem Damm bist, und erwarte mich morgen oder übermorgen!

Ein Vergleich der Texte des Manuskripts mit denen einer modernen Ciceroausgabe lehrt: Mit *tecum* (Präposition, so im Manuskript) bzw. *te cum* (Konjunktion, so im Original), beginnt eine Verwirrung, die notwendig auf Syntax und Sinn des Satzes ihre Auswirkungen hat. Für den Zusatz im Manuskript »ut cures in thermis« und seine deutsche Entsprechung bietet das Original keinen Ansatzpunkt; dieser Zusatz ist eine Folge davon, daß der Schreiber Ciceros Scherz mit dem Podagra nicht verstanden hat.

Derartige Diskrepanzen nehmen aber in den folgenden Briefen schnell ab, bald wird große Ähnlichkeit, oft nahezu Gleichheit, oft auch völlige Identität mit dem Original erreicht. Das muß bei der Eigenart der »Exercitia styli« keine glänzende Steigerung der Schülerleistung bedeuten, es wird seinen Grund vielmehr in einer Erleichterung der Aufgabenstellung haben. Als beliebiges kurzes Beispiel diene der erste Brief des zweiten Teils (Cicero schreibt an seinen Freund Atticus im Januar 57, aus der Verbannung):

Ich habe auß deinen brieffen, und auch sunsten mit der warheit erfaren, das eß gahr und gantz mit unß verloren ist. Ich bitte dich do ferne also meine, dei deine beturfen so wollestu unserem hertzleit bie stehen. Ich werde dich balt sehen alse du schribest ich schribe nit mehr. habe dich wol.

Ex tuis literis, et ex re ipsa, nos funditus perijsse video. te oro, ut quibus in rebus mei tuis indigebunt, nostris miseriis ne desis. Ego te, ut scribis, cito videbo, plura non scribo, cura ut valeas.

Eine deutsche Übersetzung dieses Briefes (Att. 3,27) von heute:

Dein Brief und die Vorgänge selbst lassen mich erkennen, daß ich ganz und gar verloren bin. Ich bitte Dich, wenn meine Lieben Deiner irgendwie bedürfen, verlaß uns nicht in unserm Unglück! Nach Deinem Brief sehe ich Dich also bald.

Der lateinische Text einer heutigen Ausgabe:

Ex tuis litteris et ex re ipsa nos funditus perisse video. te oro, ut, quibus in rebus tui mei indigebunt, nostris miseriis ne desis. ego te, ut scribis, cito videbo.

Von der weitgehenden Übereinstimmung der beiden lateinischen Textfassungen kann man sich leicht überzeugen.

Recht interessant sind Einzelheiten in manchen Briefen, wie zum Beispiel folgende:

Im Brief II 27 (= Att.7,22) sind im Deutschen die Namen Cäsar und Pompeius sehr sinnvoll und das Verständnis erleichternd zugesetzt, während die versio Latina, in Übereinstimmung mit dem originalen Text, sie nicht nennt. Ohne Zweifel müßte der lateinische Text des Manuskripts diese Namen bieten, wenn er eine Übersetzung wäre. Das ist er aber eben nicht, sondern eine imitatio des Originals.

Eine moderne Textkonjektur im gleichen Brief (*de Oppiis* für *de oppidis*) ist selbstverständlich zu Simons Zeit noch unbekannt.

In II 28 (= Att. 7,24) heißt es: »... das der Nigidius ... habe gesacht, ... das der Domitius nicht starck sei«; »Domitium non habere militum vim«. Das ist ein Lesefehler: der Originaltext lautet »Domitium non habere militum VI milia«. Simon und Thodenus haben die Abkürzung »VI M« für »VI milia« nicht verstanden und fälschlich als das Substantiv »VIM« gelesen. Richtig muß es heißen: »Domitius habe keine 6000 Mann«.

In II 39 (= Att. 10.2) ist ein griechisches Wort ausgelassen. Es ist, mit raffinierter Anspielung auf ein Epigramm des Leonidas von Tarent, ein Deckwort für »Zeit, die Seereise anzutreten«. Das war dem Bearbeiter unbekannt, daher ist im deutschen Text des Manuskripts unbefriedigend und sinnlos »die Sache« dafür eingesetzt.

Das mag an Besonderheiten genügen. Es würde zu weit führen, wollte man hier alle vergleichbaren Einzelbeobachtungen aufführen.

Die Briefe der »Alia exercitia scribendi« aus Mscr. 80.

Brief 1 (Bl. 121 r)

Ich habe deine brieffe empfangen und dar auß vernommen das du mitt den deinen noch bie gueter gesundtheit bist, welches mir ein angenem zeitung ist gewesen zu hoeren, du sollest wissen das ich mitt meinen gesellen noch gesundt sein und unseres studiren mitt ein ander fleißich aus warten, da mitt wir gute kunste und geschicklichkeit mugen erreichen. So du ihn demselben auch bist, wirt es mir lieb sein ieder zeit von dir zu vernemen. habe dich woll und sage file geluckes und heiles allen guten freunden schrib auch balt wider umb alle sachen bie euch gestellet sein. Vale.

S.D.P.

Redditae mihi sunt tuae literae, ex quibus intellexi te adhuc cum tuis prospera uti valetudine, id mihi auditu fuit iucundum, nos adhuc optime valemus et studiis alacriter operam damus, ut Eruditionem et studium bonarum artium acquirere possimus. Si tu idem quoque facis it erit nobis gratissimum. Vale, et saluta meo nomine omnes tuos sodales. Statim velim rescribas ut quo statu res apud vos sint scire possimus. Vale etiam atque etiam.

Brief 2 (Bl. 121 v)

S.P.D.

Mir hatt ser verlanget nach deinen brieffen das ich mochte wissen ob du auch mein necheste schribent, in welchem ich allerlei gelegenkeit bie uns vermeltet, hettes bekommen und das ich muchte wissen wie die sachen bie euch gestellet sein ob ihr noch in gutem fride und einichkeit leben und ewers studieren mitt allem fleiß auß warten furnemlich ob ihr auch einen festen grundt ewers studiren habet gelecht, dan es ist alles umbsunst und vergeblich so nicht das studiren von rechten grunde ist angefangen. Aber was ihr habet fur euch gebracht wil ich auß ewerem brieffen wol vernemen. Es soll mir wunder thun so ihr dis mal nicht werdet antworten. Habet euch wol und grusset alle guete freunde. Vale.

S.D.P.

Mirum in modum expectaui tuas literas ut scire possem, an literas meas nuper missas accepisses in quibus significaui omnes res nostras, quae apud nos geruntur, utque scirem quo in statu res apud vos sint, an adhuc in pace viueretis, et bonum atque fidelem fundamentum posuissetis vestrae doctrinae, nam omnia frustra suscipiuntur si studia fundata non sunt bono initio. Sed quod profeceritis ex literis vestris facile cognoscam. Mirabor si non rescribetis mihi ad hanc epistolam. Vale et saluta mea vice omnes amicos. Valetudinem tuam cura diligenter.

Brief 3 (Bl. 122 r)

S.D.P.

Ich habe dir nun offte mal geschriben und gebeten du sollest mir allein mitt wenich worten wider umb schriben wie die sachen bie euch gestellet sein ob du itziger zeit bei deinen elteren zu hauß seist oder aber noch in der Universiteit studirest. So du bist vom studiren nach hauß abgefurdert so halt fur allen dingen fleißich ahn, zum teil bie deinen lieben elteren, zum teil auch bie deinen verwanten und freunden das du noch ein zeitlang in disen deinen iungen und bleuenden jaren dein studiren mugest verfolgen, den du kanst die zeit diwile du iunck bist nitt besser anwenden, Gott furnemlich zu eheren, dir und den deinen zum heil und wolfahrt Ich bitte du wollest um unser angefangen kuntschafft [= Freundschaft], die selbigen zu fallen zihen [zufallen zihen = Ereignisse aufzeigen], von disen und allen anderen dingen offt zu mir schriben du sollest das wider umb von mir verwachten [= erwarten] sein. Habe dich gelucklichen wol. Vale.

S.D.P.

Saepe multumque ad te scripsi et petij ut paucis verbis mihi rescriberes, quomodo res apud vos se haberent, et utrum adhuc in Universitate moreris ibique studijs operam des: an domi apud parentes sies. Si domi es, insta diligenter, partim apud parentes, partim apud amicos et cognatos, ut praesertim in florida tua iuuentute possis in studijs versari. Nam tuam iuuentutem hoc tempore melius collocare non potes, quam ad Dei honorem et salutem tuorum. Vehementer a te peto, ut pro nostra amicitia iam inter nos incepta, de his rebus saepius ad me scribas et istud rursum a me expectare debes. Vale.

Brief 4 (Bl. 123 r)

S.P.D.

So es dir mitt deinem hausgesinde wolgehet soll es mir lieb sein von dir zu horen wir sein noch Gott sei lob alle mitt ein ander gesundt Ich hette woll gehoffet du sollest zu uns heruber gekommen sein als du mir den zum offtermal hast zugesacht aber ich weiß nicht war ich es hin [war hin = wohin] teuden [= deuten] soll, das du aus bleibest und deiner verheissung nicht nach setzest ob du etwan durch kranckheiten verhinder seist, oder aber das du von deinem studiren dar mitt du tag und nacht zu thun hast nitt kanst abkommen. Was die ursache ist beger ich auffes furderlicheste [=ganz eilig] zu wissen aber nicht dur[ch] schrifftlich antworden sonderen von dir selbest. Hie mitt beuehele ich [dich] und deine studiren Gott dem Herren.

S.D.P.

Si tu cum tua familia domestica vales id erit mihi gratum auditu, nos Deo dante, ad huc bene valemus. Sperassem te ad nos venturum ut mihi non semel promisisti, sed nescio in quam partem accipiam, quod non venis et promissis tuis non satis facias, utrum valetudine impeditus fueris: an propter studia abesse non possis in quibus dies noctesque versaris. Quae causa sit scire cupio, sed non scriptis sed ore nunciari cupio. Vale et te cum tuis studijs Deo optimo maximo commendo.

Brief 5 (Bl. 124 r)

S.D.P.

Ich habe deine brieffe von unsern beiden gueten freunde Joanne empfangen und ob ich es gerne gesehen hette du werest selbest zu uns herueber gekommen so ist es mir dennoch lieb das du schrifftlich vermeltes von der sache darumb ich dich gebeten habe, und das du ihnn der selbigen meinent halben so fleißich gewesen bist, ist mir ser lieb und bin es widerumb ihn gelichen falle ahn dir zu verteinen erbeitig [= zu verdienen erbötig], und wolle fleißich gebeten haben, du wollest vorthin allen fleiß ankeren [= daran kehren] da mitt sehe zum gueten außganck mugen gefuret werden. Du wollest dir diß nicht verdrissen lassen Du solt mich widerumb in deinen sachen willich und dienstlich finden. schrib von allen dingen widerumb mitt dem aller ersten und grusse alle gute freunde. Vale.

S.D.P.

Literas tuas accepi a communi nostro amico Ioanne, et quamquam mihi gratum fuisset te ad nos venisse, tamen id mihi etiam iucundum fuit, quod mihi scripsisti ea de re, de qua te rogaueram, et quod meo nomine tam diligens fuisti in ista causa, gratum mihi est, et offero me ad perpetuam gratitudinem, et etiam atque etiam rogo ut deinceps quoque omnem adhibeas diligentiam, qua res ad optatum finem vel exitum producatur, nec molestum tibi sit te tantum in hac causa diligentiae adhibuisse, reperies me rursum rebus tuis paratum. Quam primum rescribas et saluta omnes amicos meo nomine. Vale.

Brief 6 (125 r)

S.D.P.

Ich habe zwe breiffe eines inhaltes kurtzer zeit von dir bekommen ihn welchen meltung [ge]schicht etzlicher newer zeitung so sich bei euch haben verlauffen und zugetragen fur weinich tagen alß nemlich wie das krigesvolck so ihn einer zimmelicher anzal bie euch sich ein zeitlanck habe verhalten den fiendt zu begen so es die nott [= Not] wurde furderen und die ihren zu beschutzen getrennet und veriagt sollt sein dennoch nicht mitt grossem und mercklichen schaden das darumb die umbligende lender in grosser frocht [= Furcht] sein, der fiendt so ihm nicht zeitlich wurde begegent, wurde furd zihen und den nachbaren grossen schaden zu fugen. Dis habe ich ungerne gehort ich hoffe aber zu Gott es soll dem fiendt balt gewert werden, und alles zum besten gekeret werden. So sich etwas weiter bie euch wirdt zutragen wollest du mir nicht verhalten du sollest im gelichen fall solches von mir verwachten [= erwarten] seinn. Vale.

S.D.P.

Binas a te accepi literas eodem de exemplo, non ita magno interuallo scriptas, in quibus scribis de non nullis rebus novis, quae apud vos acciderunt, hisce superioribus diebus, quod scilicet exercitus iste satis instructus, qui aliquamdiu apud vos commoratus est ad hostem arcendum et vestros limites defendendos dissipatus sit non ita magna clade, quodque propterea vicini in magno sint metu, ne hostes progrediantur et omnia vastent. haec invitus audivi sed tamen spero, Deo volente, futurum ut hosti cito occuratur et omnia in tranquillum restituantur si quid postea acciderit novi mihi significes, id etiam a me expectabis. Vale.

Brief 7 (125 v)

S.P.D.

Ich hatte wolgehoffet du sollest mir von allen dingen geschriben haben ehr den du werest verreiset aber diewil den das nicht ist geschen so bitte ich du wollest mir so fille zu gefallen sein und mir zu schriben wie es umb die sache stehet alß du weißt ob sei vertragen und bigelecht sei oder ob sei noch immer ihm rechte hange. Dan so sei noch nicht ist vergelichen so mussen wir auff wege und mittel dencken da mitt sehe [= sie] zum entlichen vertrag gefuret werden, das wir des zanckes und haders ein mall ein ende gewinnen. Wir wollen liber von unsem rechte etwas nachlassen ehr wir lenger disem handel ihm unwillen wollen zu sihen und unse gemute unter unß verbitteren. Ich bitte du wollest umbeschwert sein sein deinen rade [= Rat] und bedencken mir mitt zu teilen. Auff ein ander mall weiter bericht. Vale.

S.D.P.

Sperassem te de omnibus rebus ad me scripturum antequam discesisses, sed cum id non factum est, peto ut mihi nunc scribas de his rebus in quo statu sint utrum compositae sint an adhuc lis sub iudice pendeat. Si nondum est transacta et dirempta oportet nos inuenire rationes ut ad felicem exitum perducatur, quo tandem finis contentionum et rixarum fiat. Volumus potius de iure nostro aliquid remittere, quam ut res longiore contentione diducatur et animi nostri mutuo exulcerentur. Rogo te mihi consilium tuum in hac re communices. Alias plura. Vale.

Brief 8 (126 v)

S.P.D.

Ich hatte dir am negesten geschriben und gebeten du wollest diner zu sage nach kommen und mit kurtzlich vermelten wie deine sache dei nun etzliche iar ihm rechten gehangen hatt, und nitt sonder grosse unkost von dir getriben ist, gestalt sei, ob sie durch einen gutlichen vertrag bigelecht sei oder aber noch strittig von beiden parten werden verfochten. Ich habe dir ihm nechesten schribent einen guten radt gegeben, wie du weist und freundtlich bie die angehalten du sollest liber von deinem rechten etwas nachlassen alß das recht zu hoch mitt spitzinnigen funden [= spitzfindigen, überklugen Erfindungen] und ausbanden [?] treiben, da mitt die sache desto ehr muchte vertragen werden und die freunde auff beiden seiten nicht zu sehr verbitteren. Dißen meinen radt hoffe ich werstu folgen, du solst sihen es soll dir nicht gerewen. Vale.

S.D.P.

Nuper tibi scripseram et rogaueruam ut satis faceres promissioni tuae, et mihi breuiter significares in quo statu causa tua, quae aliquot iam annos iure disceptata est, sit, quaeque magnis tuis impensis agitata huc usque fuit utrum per amicam transactionem composita sit, an adhuc de re ab utraque parte contendatur. Proximis literis communicaram tibi meum consilium, uti nosti, et amice rogaueram ut potius de tuo iure non nihil laxares, quam rem extremis exceptionibus et cauillationibus magis intenderes, quo citius finiatur, et partes non nimium exasperentur. Hoc meum consilium spero sequeris. videbis quod te huius non paenitebit. Vale.

Brief 9 (127 v)

S.P.D.

Ich habe, guter freundt, dein schribent bekommen und dar auß vernommen wie das du meinent halben so sorchfaltich bist da mitt meine streitige sache welche ich nicht sonder grosse hertzleide biß her gefuret habe und getriben, auch keine geringe kosten da ahn gewendet muchte auffgehoben werden und zu einem guten ende gefuret, und das du mugest spuren und mercken wie lieb du mir sihest umb deiner frommickeit und trewen radt den du mir hast mitt geteilet, so will ich mitt allem fleiß da miene gedancken hin richten das diesem verdreßlichem handel muge ab gehulfen werden, ich mitt meiner partie muge freundtlich vertragen und aller (Streit) bigelecht werden. Dis soltu balt vernemen und will mich gewißlich nha deinen willen beflessigen. Habe dich woll, und sei lang frisch und gesundt.

S.D.P.

Accepi, optime amice, tuas literas, ex quibus intellexi, quam sollicitus sis mea causa ut negotium hoc meum intricatum quod huc usque non absque magno animi dolore et magnis sumptibus gessi, tandem finiatur et ad optatum exitum perducatur. Qua de causa ut non obscure cognoscas, quam mihi charus sis, cum propter integritatem tuam, tum propter fidele consilium, quod mihi communicasti, omnes neruos intendam ut huic molestae actioni finis imponatur, atque ego cum aduersarijs redeam in gratiam sublatis omnibus contentionibus. Id cito experieris et ad arbitrium voluntatis tuae omnia conferam. Valetudinem tuam cura diligenter. Vale.

Brief 10 (128 v)

S.P.D.

So balt alß ich deine leste schribent habe bekommen so habe ich meine widerparten bie ein ander bescheiden, und haben unß freundtlicher weise mitt ein ander beret, und wie wir unß aller sachen und umbstende unter ein ander haben berichtet, haben wir unß verwundert das wir in solcher richtiger sache so lange gehaddert und gezancket haben. Aber wie wir dem handel haben fleißiger nach gedacht haben wir befunden das die sache ihn sich selber schlech und recht ist gewesen. Es sei aber die lange auffzuch [= Verzögerung] und hadder auß den Aduocaten und Procuratoren so dise sachen mitt fleiß ihrs geniesses [= Vorteils] halben haben unrichtig und veruoren [= verworren] gemacht sei her geflossen. Als wir aber unter unß die sachen bie dem grunde haben erwegen [= erwogen, geprüft] ist sei richtich gefunden und haben unß gar freundtlich vertragen, und alle widerwertichkeit auffgehoben. Vale.

S.D.P.

Quam primum accepi literas tuas postremas conuocaui aduersarios meos et amice inter nos collocuti sumus, cumque omnes circumstantias huius rei inter nos perpendimus, admirati sumus quod in causa tam plana atque expedita tam diu rixati sumus. Verum cum exactius negotium expendimus atque considerauimus invenimus quod causa per se fuerit expediti iuris atque indubitati. Moram autem et litigationem fuisse penes Procuratores et Aduocatos qui sui commodi causa et emolumenti, causam intricatam reddiderunt, cum vero inter nos causam ipsam examinauimus invenimus eam aequi iuris atque ita amice rem transegimus et omnem contentionem sustulimus. Vale.

Brief 11 (129 v)

S.P.D.

Es ist mir ser lieb gewesen alß ich auß deinem schribent berichtet bin, das ewer sache welche nun etzliche jar gewert [= gewährt, gedauert] hatt zum guten ende geraten ist, Und hatt mir werlich [= wahrlich] selbest offte wunder gethan, das sei so lang ist unverrichtet gebliben, diewile se, wie mir gedeucht, nicht so gar zwibelhafftiges rechtes gewesen ist, und ist mir nicht ein mal in den syn gekommen, da du von meldest, das sei mit fleisse von den Rechtverstendigen so lang von tage zu tag wurde aufgehoben und verzogen, da mitt sei desto mer gewinß da muchte von dragen. Und sollte diß woll filen ein warnung sein das sei sich nitt lichtlich uns recht legende, furnemlich wen die sache sunst durch einen freundtlichen vertrag kunte gescheiden und biegelecht werden. Den man sicht woll wan man schon lange gezancket hatt und getaget und file kostunge da auff ist gewendet und file geltes [= Geldes] da auff gespillet [= aufs Spiel gesetzt], das dennoch die freundtliche unterretung die sache mussen vertragen und auffheben. Hie von ein mall weiter im biwesendt [= in Anwesenheit]. Vale.

S.D.P.

Valde mihi gratum fuit, cum ex tuis literis cognovi, controuersiam vestram, quae nunc aliquot annos agitata fuit, sublatam esse, et ad exitum optatum perductam, atque ipse saepe actionem suspectam habui, quod tam diu producta est, et extracta cum, quantum ego iudicare potui, non usque adeo intricata esset et perplexa, ac non semel mihi in mentem venit, quod et tu non dissimulas studiose eam a consultis et Iureperitis dilatam de die in diem, quia cederet mora ista in eorum commodum: Equidem debebat multis haec molesta actio documento esse, ne facile causam aliquam Iurisperitis disceptandam permitterent, praesertim cum causa sit non admodum obscuri iuris, et amica transactione componi posse videretur. Experientia enim ostendit etiamsi diu Iure, summis impensis et non mediocri vi pecuniae effusa, disceptatum est, tandem tamen placido interuentu amicorum controuersiam fuisse diremptam. Sed de his coram pluribus aliquando. Vale.

Brief 12 (130 v)

S.P.D

Von neuwer zeitung dei du begerst zu wissen kan ich noch nitt file gewisses schriben alleine das ein grosser reisiger zuch von reuter und knechte bie unß verhanden ist aber men kan noch nicht wissen wen oder wo sihe werden hin zihen. Eß ist das gemeine geschrei sei werden in das Niderlandt rucken, das sei die auß gewichen Herren mugen wider umb insetzen. Den es ist gewiß das die abgetreten Herren eine statlich bewerbung kriges volckes halben haben furgehabt und ein grosse gelt gute leut zu versammelen gespilt [= aufs Spiel gesetzt, eingesetzt]. Ob nun diß kriges volck so sich bie unß verhelt der selben bewerbung ist, kan man noch fur gewisse nicht sagen. Aber eß wirt sich in ein kurtz woll auß weisen wan sei werden furtzihen. So wil ich es dir also balt zu wissen thun und so sich etwas da bie wurde zutragen. Ich bitte du wollest mir widerumb verstendigen so etwas newes wirt bei euch furfallen.

S.D.P.

De novis rebus, quas scire cupis, nihil certi habeo quod scribam, nisi quod magnae copiae equitum et peditum apud nos confluunt. Verum nondum certo constat quando et quo ituri sint. Communis fama est quod in Belgicum cogitant ut expulsos Dominos restituant. Quia certum est quod valde de cogendis copijs laboraverint et magnam pecuniae summam ad eum usum effuderint, utrum vero hic exercitus quem dixi, eorum sumptu sit conscriptus, non affirmari potest. Caeterum non multo post euentus ostendet a quibus sit conductus exercitus. Tunc faciam ut omnia scias et si quid apud vos rerum nouarum acciderit velim ut mihi communices. Idem a me expectabis. Vale.

Brief 13 (131 v)

S.P.D.

Eß ist woll ein geschrei bei unß gewesen das ein grosse vergatterung [= Versammlung] kriges volck bie euch sich solte verhalten aber man hatt eß dennoch nicht fur die eigentliche warheit durffen nach sagen. Diweil ich aber auß deinem gelaubertigem schribent habe vernommen das dem in warheit so sey, so zwible ich nitt mer und wunsche von Gott dem Herren welcher ein oberste ist aller kriges leute, das ihr furnement muge gerechen und gelangen erstlich und furnemlich zu Gottes des almechtigen ehr, lob und priß, zu ehrhaltung und hanthabung seines Gottlichen wortes zu besserung und vermeitung gemeines unfriden landtverwostung, zu stortzung grulicher Tyrannie und blut vergessung filer frommer unschuldiger leute. Summa abzuwenden alles was ist wider Gottes ehr, wider gemeinen fride und einichkeit wider Gottes wort, wider gute fridtliche politie und regement, wollen also diser kriges leute fornement [= Vorhaben] Gott dem herren beuhelen und fleißich fur ihm bitten das sei Gottes Werckzeug und instrument mugen sein bleiben. Vale.

S.D.P.

Rumor quidem fuit apud nos, magnum et numerosum exercitum apud vos haerere, sed tamen fuit hactenus sine autore fama. Sed postquam ex tuis literis fide dignis id certo cognovi nihil amplius dubito quin ita se res habeat, et precor Deum Opt. Max., qui supremus omnium militantium est Imperator, ut expeditio eorum dirigatur primum et principaliter ad Dei omnipotentis gloriam vindicandam, laudem ornandam, honorem amplificandum: ad emendationem et declinationem discordiae et vastationis: ad repressionem et amolitionem tyrannicarum crudelium, et cruentarum molitionum, multis honestis et innocentibus hominibus exitialium: denique ut semel dicam ad vitandum omne hoc, quod est contra gloriam nominis Divini, et verbum Dei, contra communem pacem et tranquillitatem, contra bene constituta regimina contra honestas politias. Atque ita huius exercitus propositum Deo clementissimo commendabimus atque orabimus ut faciat eum instrumentum misericordiae et gratiae. Vale.

Brief 14 (133 r)

S.P.D

Als mir zufellige botschafft ist furgekommen habe ich nitt konnen unterlassen den ich habe dir mussen schriben wie das kriges folck so lange umb und bie unß ist gelegen dise tage ist auff gezogen aber sihe zihen so melich furt das man noch nicht kan wissen wo sei ihren zuch entlich werden hen nemen. der hauffe vermert sich noch alle tage, also das eß zu vermoten ist ehr werde seinen fiende starck genunck kommen, und das inen ihn dinem schribent wunschest das bitte ich auch das unser Herr Gott ihn will geluck und uberwinnunge geben und ihr herte [= Herz] regeren zu seines namen ehren zu heil seiner Christlichen gemeine, zur straffe der bossen blutgirigen tyrannie und zu schutzung frommer und ehrlicher leut so mitt grewlicher tyrannie sein beladen, das der libe Gott die seinen durch ihre uberwinnunge wolte schutzen und loß machen, und alle bose leut mitt verdeineter straffe wolte heimsuchen. Sunsten ist bie unß nichtes, so newes wirt furfallen soll dir nitt uerhalten bliben. Vale.

S.D.P.

Cum mihi potestas certi nuntij daretur non potui intermittere quin tibi scriberem quod exercitus qui aliquamdiu in nostris locis commoratus est castra movit, hisce diebus sed ita lente progreditur ut sciri non possit, quo iter dirigat. Quotidie plures accurrunt ita ut speremus posse eum recte occurrere hosti, quodque tu in tuis literis ei optas, idem ego quoque precor ut Deus clementissimus susceptam eorum expeditionem faustam velit esse atque felicem, ad nominis sui gloriam et Christiani coetus salutem, utque tyranni sanguinem et caedes spirantes puniantur, et pij et honesti qui oppressi sunt horribili crudelitate, liberentur et seruentur gloriosa victoria. Alias nihil habeo quod scribam, si quid praeterea acciderit faciam te certiorem. Vale.

Brief 15 (134 r)

S.P.D.

Als ich negest von dir verreiset bin, habe ich dir zugesaget ich wolte diroffte und file schriben wie alle sachen gestalt weren in unser uniuersitet und was sich bie unß wurde zutragen, damitt ich diser zusage muchte nach setzen, habe ich nitt kunnen unterlassen ich habe dir alls meinem vertrueten guten freundt bie iegen wartigem botten mussen schribent, das Gott lob unse lobliche und hochberumete Universitet noch woll stehet ihn alle dem was zu einer rummelichen [= rühmlichen] schule gehort. wir haben file gelerte und geschickete leut zu professoren, welche stetlich und fleissich lesen/ und die frien kunste mitt den notwendigen sprachen mitt grossem fleiße triben. Eß ist auch ein grosser anzal bie unß der studenten auß allen lenderen unter welchen filer statlicher leut kinder sein welche auch sich lassen ansehen sie werden feine menner werden, so landt und leute regeren kunnen. Eß ist auch aller nottrufft [= Notdurft] ein guter vorat, bie unß, also das die studenten mitt zimmelicher unkost [= geringem Aufwand] bie unß sich nutzlich kunnen verhalten. Diß habe ich ihn eile dir meinem guten freundt nitt wollen verhalten. Ich bitte du wollest mir offte von allen sachen bie euch wider verstendigen. Vale.

S.D.P.

Cum proxime a te discessi feci tibi spem me saepe multumque ad te scripturum, quomodo res apud nos se haberent, si quid novi acciderit. huic promissioni ut satisfacerem intermittere non potui, quin tibi familiari meo amico apud praesentem nuncium scriberem, quod, laus Deo, nostra celebris et Nobilis Uniuersitas optime floret in omnibus his, quae ad sustentandam celebrem scholam pertinent. Nos hic habemus multos doctos et diligentes professores qui assidue legunt et artes liberales, et linguas studiose tractant, exercentque. Est etiam apud nos magna frequentia studiosorum ex variis Nationibus ex quibus multi sunt ex illustribus familijs nati qui etiam magnam spem virtutis de se praebent. Est etiam hic apud nos omnium rerum maxima copia, et studiosi paruo sumptu hic se sustentare possunt. Haec tibi amico meo optimo scribere volui. Peto ut saepius mihi de omnibus rebus scribas, quae apud vos acciderint. Vale.

Brief 16 (135 r)

S.P.D.

Du hast mir einen grossen gefallen gethan das du mir von Ewrer Academia gelegenkeit weitlufftig geschriben hast und habes warlich gerne gehort, das die lobliche alte schole auß welcher so file finer menner lange Jahr gekommen sein noch so ihm schwange gehet und mitt so filen gelerten leuten geziret ist, welches denn eine grosse gabe Gottes ist. Den wen dise und dergelichen woll gezirete Universiteten nitt weren so wurde es dem gestlichen stande und weltlichen Regemente balte ahn gelerten leuten mangelen, ahn welchen die reine lehr Gottes wortes, nitt kan oder mag ehrhalten werden und auch die politie ihn ihrem wolstande nitt blieben. Sein derwegen die Herren hoch zu ruhmen so mitt sonderlichem kostem auß Christlichem bedenckent die hohen scholen haben gestifftet und noch richlichen ehrhalten. Und wolte dich auch von wegen unser sunderlichen kuntschafft [= Freundschaft] gebeten haben, als einen guten freundt der dir gutes gunnet, du wollest dise gabe Gottes auch nebest anderen erkennen und die zihet [= Zeit] diner jugendt fleißich anwenden. Das du mugest gute leher [= Lehre] und geschicklichkeit erreichen Gott zu eheren, zu erbauwung des gemeinen nutzen, dir und den dinen zu eheren und allen anderen zu rumb [= Ruhm] als du den ane zwibel [= ohne Zweifel] woll thun werß. Habe dich woll und schrib offte widerumb. Vale.

S.D.P.

Rem gratam mihi fecisti quod de statu vestrae Academiae mihi copiose scripsisti et non inuitus audivi, quod illa antiqua et laudabilis Uniuersitas, ex qua multis annis, tot eruditi viri prodierunt, adhuc floret et doctis viris ornata est. Quia si absque hac et alijs bene instructis scholis esset, cito docti viri Ecclesiae et Reip[ublicae] defuturi essent, sine quibus puritas doctrinae caelestis, conservari nequit, neque etiam Resp[ublica] florere. Sunt igitur Principes viri laude digni, quod pia intentione, maximis sumptibus scholas publicas fundarunt, et adhuc liberaliter fouent. Teque etiam cui optime cupio, pro nostra amicitia rogatum velim, ut hoc beneficium Dei, inter caetera, agnoscas et annos iuuentutis tuae bene colloces, ad gloriam Dei, et conseruationem societatis generis humani, et ad propriam tuam salutem ac tuorum ornamentum, quod haud dubie etiam facies. Vale et saepe mihi rescribas. Vale etiam atque etiam.

Die Übungsbriefe »Epistolae aliquot« aus Mscr. 81, soweit sie nicht bereits bei der Besprechung des Manuskripts wiedergegeben worden sind.

Brief 1 (Bl. 33 r)

Du hast offte von mir begeret zu wissen wie es mir und anderen guten frewenden ginge und wie alle sachen bie unß gestalt sein, so habe ich ghar keine gelegen botschafft konnen uberkommen, bie welcher ich dir brieffe hette kunnen uberschicken und verstendigen [?] ander gelegenheit. Und wen ich schon hette wollen offte schriben so bin ich doch selten zu hauß und heimisch gewesen dan ich habe nun ein zeitlank mitt meines herren sachen so file zu thun und schaffen gehabt und habe mussen hin und wider verrißen das ich mein eigen sache habe mussen darumb verseumen und ? lassen. Ich will dir aber balte weiter alle sachen wie sie sich bie unß verhalten verstendigen das wir noch alle Gott lob gesundt sein und die gemeine noch ihn guten wolstande stehet. wir wunschen dir alle file gutes. habe dich woll und sihe [= sei] lange frisch.

Saepe ex me certior fieri voluisti quo in statu res meae et ceterorum amicorum sint, sed hactenus commodum nuncium habere non potui, cui literas ad te perferendas darem, et statum rerum significarem apud nos. Ac etiamsi scibere voluissem tamen non licuit mihi per varias occupationes quas sustinui in negotijs domini mei. quae etiam fecere ut raro domi essem ac meas res domesticas negligere coactus fuerim. Ego paulo post te de omnibus rebus certiorem reddam quo in loco res apud nos sint. Haec breviter tibi indicare volui ut scires quod, Deo propitio, omnes recte valemus, et Respub[lica] adhuc in bono statu versatur. Plurimam salutem tibi precamur. etiam atque etiam vale.

Brief 3 (Bl. 34 r)
Ich erkennes fur einen sunderlichen willen das du ihn dienem negest schribent so fleissich erkundiget hast und gefraget von aller meiner gelegenkeit, und bin es auch wider umb an dir zuvergelten geneget ieder zeit. Dan ich erfare und spure ihm wercke, und befinde es mitt der that das dir mein gesundt und wolfart lieb ist. ich kan dir aber nitt verhalten das es mir noch woll ist gegangen, aber ich bin nu neulich ein zeitlanck etwas schwach gewesen verhoffe mich aber zu Gott es solte sich balte bessern und zum guten enderen. was sunsten anderer meiner sachen betrifft stehen sei noch woll und unse gemeine ist auch noch ihm guten gedien und wolstande. Sie frisch und laß mir wissen der sachen gelegenkeit bie euch.

Agnosco summam tuam humanitatem et propensum voluntatis studium erga me, quod proximis tuis literis tam accurate et diligenter inquisieris de mea valetudine et alijs rebus ad me perinentibus, et rursus tibi omnia humanitatis officia defero. Nam intelligo et re ipsa experior tibi valetudinem meam magnae curae esse. De meis rebus scire debes eas adhuc integras esse et nos mediocriter valere, nisi quod nuper adeo non nihil aegritudinis sensi, sed spero Deum pristinas vires mihi redditurum. Quod ad ceteras meas res attinet adhuc bene se habent. Res etiam publica adhuc tranquilla et salua est. Vale et de statu rerum apud vos me certiorem fac, et ad omnia rescribe. Vale.

Brief 4 (Bl. 34 v)
Ich habe dein negest schribent uberkommen von N. unseren beiden gueten freunde und verstanden das ein groß kriges geschrei und emporunge bie euch vorhanden sei welches auch woll fur langes bie unß ist gesaget aber man hatt ihm keinen gelauben zugestalt diewile kein gewisse umbstende dabie wurten gemeltet. aber ich verneme auß deinem und anderer guten leute egentlichem schribende, das ihn der warheit ein groß kriges rustunge vorhanden ist, und das ein grosse anzal und menge beite reuter und knechte zu samen kumpt aber man kan noch egentlich nitt wissen wo eß hin auß will. Aber die zeit woll es geben. Gott gebe unß fride und wende alles zum besten. Balte weiteren bericht sie gesundt.

Proximas tuas literas accepi a N. communi utriusque nostrum amico, ex quibus intellexi apud vos esse magnos motus et apparatus bellicos. fuit quidem antea sparsus apud nos hac de re rumor sed ei non est adhibita fides propterea quod carebat certo autore nec aliae adderentur rationes. Sed ex tuis et aliorum amicorum literis intelligimus non omnino falsum fuisse rumorem et incertum, quia minime obscurum est magnum numerum equitum et peditum confluere. Verum incertum est adhuc quorsum expeditio tendat. quod paulo post patebit. Deus largiatur nobis pacem et auertat omnia pericula, paulo post habebimus certiora. Vale.

Brief 6 (Bl. 36 r)
Eß ist mir lieb gewesen das du mir geschriben hast von etzlicher zeitung so bie euch verhanden sein gewesen und neheme auch deine entschuldigunge gerne auff, das du nicht eher hast kunnen schreiben aber ich wolte du hettset ein wenig weitleufftig von etzlichen dingen gemeltet welche du nun allein anrurest [= anrührst, leicht berührst]. Dan ich hette gerne von dir erfaren welcher gestalt das kriges volck were gerustet gewesen, wo sei gedachten ihere reise hinzunemen was das gemeine geschrei da von were. Dan dise gelegenkeit hettestu besser kunnen erfaren dan der gemeine kauffman welche disen dingen nicht fleissich nach fraget. Alleine eines habe ich von ihenen verstanden welches sie auch mitt iherem schaden haben erfaren, das es auff der sehe [= See] allenthalben unsicher sei und ein grosse kriges rustunge verhanden sie zu wasser zwischen den Engelschen und Burgundischen. Von diser schiffrustunge begere ich von dir weiteren bescheit. Hab dich woll.

Pergratum mihi fuit quod me de aliquibus rebus novis certiorem fecisti, excusationem etiam tuam quod non prius literas misisti accipio, sed optassem te de non nullis rebus prolixius scripsisse, quas tu solum attingis. Libenter enim ex te scire cupiuissem quo modo et qua ratione exercitus fuit instructus et quo iter suscepit, quaeque fuit publica hac de re fama. Hanc enim rem omnem exploratius inquirere potuisti, quam mercatores et negotiatores qui huiusmodi res non admodum curant. Sed unum ex iis cognoui quod etiam dispendio suo experti sunt, mare undequaque infestari praedonibus et pyratis, quod etiam magna expeditio naualis instituatur summis viribus inter Anglos et Burgundos. De hac expeditione maritima prolixius ex te cognoscere cupio. Vale.

Brief 7 (Bl. 36 v)
Ich muß bekennen das ich negest [= jüngst] von etzlichen dingen kurtzer habe geschriben dan ich woll willens whar, aber du must mich entschuldiget nemen dieweilen ich das mall eilendes muste verreisen und auch mitt filen geschefften ghar uberschudlet [= überschuldet, überlastet] whar, sunst wiestu woll das ich dir pflege weitlufftig vermelten so etwas bie unß vorhanden ist. Das du aber schribest du habest gehoret von schiffrustung das eß zu vermuten sei es will zum kreig [= Krieg] geraten. Das wirt auch bie unß von filen gelaubwertigen gesecht aber es stehet noch so das kein teil [= Partei] sich fiendtlich hatt erzeget. Sonderen hei von ein ander zeit mher und weitleufftiger.

Fateor me tibi de quibusdam rebus breuius scripsisse quam constitueram, sed habeas me excusatum quia erat mihi eo tempore subito proficiscendum et etiam mole negotiorum plane obrutus, alioqui scis me semper prolixiores literas mittere, cum noui quid apud nos spargitur. Quod autem scribis te audiuisse de apparatu nauali quod periculum sit ne in bellum erumpat, hoc etiam apud nos constanti fama dicitur a multis hominibus fide dignis. Neutra tamen pars hostilem animum declarauit. Sed de hac re alias plura. Vale.

Brief 8 (Bl. 37 r)
Ich habe nun zwei brieffe nach einander von dir bekommen ihn welchen du meldest von stadtlicher und gewaltiger rustung beide zu wasser und zulande so die Engelschen und Burgundischen iegen einander auff das aller hefftigeste furgenomen haben der gestalt das sie ihn so bittere fiendtschafft sein geraden das zu besorgen ist, sihe werden sich nicht leichtlich mitt ein ander widerumb vertragen oder fridlich inlassen, es mag den sunst eine gelenkeit [= Gelegenheit] furfallen welche ihere unenichkeit und fiendtschafft stille und aufhebe. Es werden aber balte leute heruberkommen auß den lenderen die unß alle ding weitluftig werden berichten. Darumb balte weiteren bescheit. Vale.

Binas a te non ita longo interuallo accepi literas, ex quibus intellexi magno apparatu et incredibili sumptu ab Anglis et Burgundis bellum terra marique instrui atque parari adeo ut metuendum sit ne in acerbum odium et implacabilem animorum exulcerationem diuturnum bellum erumpat, ut non facile pax postea et concordia restitui posse videatur, nisi forte Deus quis aut casus interuenerit, qui discordiam istam et hostilem animorum disiunctionem componat vel placet. Quotidie vero appropinquare dicitur aduentus, ex iis locis, certorum hominum, ex quibus explorate omnia cognoscemus. Ideo mox plura et certiora. Vale.

Brief 9 (Bl. 37 v)
Mich hatt sher verlanget das ich dir muchte etwas gewisses schriben von der kriges rustung so vorhanden ist in dem Niderlande so kan ich dir nicht verhalten das etzliche Englander bie unß sein angekommen die sagen fur gewiß das ihn den reiche Engelandt vil schiffe werden verfertiget, und zubereit wider die niderlender der massen, das schon der krig zu wasser sich hatt angefangen und von den Engelschen file grosser statlicher schiff mitt wahren den Niderlandischen sein genommen und noch alle tage mher werden auff gefangen das sie woll mitt iherer fiende koste ein zeitlanck konnen krig furen. Die iegenteil [= Gegenpartei] die Niderlender rusten sich auch sehere aber bisher haben die Engelischen vor ihenen den furteil gehabt aber hie fon bie gewisser botschafft weiter.

Non semel antehac optaui posse me tibi certi aliquid scribere de apparatu bellico in inferiori germania, hoc vero tempore scire te volui venisse ad nos quosdam Anglos qui pro certo nuntiauerunt in Anglia multae naues apparari et instrui aduersus Belgas, quodque iam initia bellis [sic!] in istis maritimis locis exarserint, in quo Angli magnum numerum nauium cum mercibus Belgis ademerunt idque quotidie magis magisque, adeo ut Angli sumptu et impensis suorum hostium aliquamdiu bellum gerere queant. Hostes Belgae etiam magnis viribus sese instruunt sed tamen hactenus Anglorum res fuerunt superiores. Hac de re apud certum tabellarium plura. Vale.

Brief 10 (Bl. 38 r)
Diewile du von unß ghen Wittenberg zu studirende verreiset bist habe ich nur einmal schribent von dir bekommen und das selbige mitt ghar kurtzem bericht das es in der loblichen uniuersitet noch woll zugehet das die professores fleißlich lesen und die frien kunste und notige sprachen stetlich werden getriben das auch ein grosse antzal gelerter leute und studenten da furhanden ist, und das noch ummer mher anhkommen das es zu verhoffen sei, es werden filer leute kinder darauff erzogen werden die nach hir nachmals landt und leute kirchen und schulen kunnen bedeinen. Bitte du wollest mir doch von diser gelegenkeit balte wieter vermelten. Vale.

Postquam hinc Witebergam profectus es studiorum gratia, unam tandem epistolam abs te accepi eamque valde breuem, ex qua intellexi quod in celebri academia bene sese res habent, et quod professores diligenter legunt et bonae artes et disciplinae ibi quotidie exerceantur, et quod magna frequentia doctorum virorum et studiosorum sese ibi contineat, et quotidie numerus magis magisque augeatur, quodque magna spes sit futurum ut multorum virorum filii ibi recte instituantur, qui posthac Ecclesiae et Reipublicae utiles esse possint. Peto ut hac de re paulo post plura significes. Vale.

Brief 12 (Bl. 39 v)
Nachdem ich auß deinem schribent verstanden habe das ewer Uniuersitet so woll mitt allen notwendigen dingen versehen ist so zum studerende gehoren habe ich auß meiner freundtschafft einen alda hin wollen verfertigen [= abfertigen, schicken] welche nun so weit sein fundament gefasset hatt das ehr nutzlich ihn einer hohen schulen weiter geschicklichkeit kunnen erreichen, wollen derhalben dich von wegen unser freundtschafft gebeten haben du wollest ihm doch in allen dingen beforderlich sein und unterhelfen [= unterbringen, zu einer Unterkunft verhelfen], er ist ghar ein zuchtiger geselle und hatt gute sitte ahn sich hatt auch lust und lieb zum studerende das ich nicht zweible ehr wirt da selbest nutzlich ein zeitlanck sich verhalten. Ich bitte du wollest weiter schreiben wie es ihn ergangen ist. Vale.

Postquam ex literis tuis edoctus sum, almam vestram Uniuersitatem omnibus rebus necessariis quae ad cultum literarum et commodam doctrinarum tractationem, pertinent, optime instructam esse, volui quoque quendam ex cognatis meis eo mittere, qui eo usque in primis fundamentis progressus est ut posthac utiliter in aliqua Academia uberioris ingenii cultus causa versari possit, propterea rogatum te velim pro nostra amicitia ut velis huic prodesse in omnibus rebus, nam modestus est et bene moratus, et etiam cupiditate discendi tenetur ut non dubitem quin ibi aliquamdiu cum summo utilitatis fructu haerere possit. Vale. Et rogo ut velis mihi quid hac in re egeris rescribere. Vale.

Brief 13 (Bl. 40 r)
Eß ist mir deinent halben ghar lieb gewesen das du deinen verwanten zu unß ihn die lobliche Uniuersitet hast geschicket, das ehr weiter seine angefangen und woll gesetzete studia muchte gelucklich da selbest enden und fullenbringen. Und das du disem anschlag [= Plan] auß meinem schreibende hast gefasset und hei ihn [= hierin] meinem rat gefolget, hoffe ich soll dir nicht gerewen und solt es auch mitt der warhet [= Wahrheit] befinden wen du, ob

Gott will, wirst vernehemen das diser dein angeboren freundt woll hatt gestudiret und zugenommen. Ich will auch deinent halben von wegen unser alten freundtschafft auch umb den knaben selbest alles gerne weiter thun was ich kan. Habe dich woll. Vale.

Tua causa mihi profecto valde gratum fuit quod quendam ex cognatis tuis huc ad nos in celebrem nostram Uniuersitatem misisti qui studiorum suorum initia hic continuare queat. Quod vero hac in re consilium meum probasti et secutus es spero futurum ut te non paeniteat, et etiam re ipsa, Deo fauente, experieris quod is qui est sanguinis vinculo tibi iunctus in studijs foeliciter profecerit. Quia quae autem hac in re feci cum tuo nomine tum honesti adolescentis causa omnia prompto animo facta iudicabis. Vale.

Brief 14 (Bl. 40 v)
Diewile ich gelegen botschafft habe uberkommen ahn dir zu schreiben, habe ich nicht konnen unterlassen sonder habe dich fleissig mussen bitten, du wollest dir doch meinen verwanten welchen ich neulich studirenshalben nach eurer schole abgefertiget fleißig und trewlich lassen buholen [= befohlen] sein, das du doch wollest gute acht auff ihm geben das ehr nicht durch bose geselschafft zu faulem lediggang oder sunsten zu einem unordentlichen lebende muchte geraten diewil dei iugendt ahn das leichtlich kan verfuret werden und ihr beste nicht wissen und von natur mer geneget sein zur mussichkeit den zur arbeit. Wolte der halben mit allem fleisse gebeten habn du wollest doch seine sachen fleissig acht haben ich will dir weiter deinen [= dienen] so ich kan und mach. Ich begere schrifftlich antwort. Vale.

Cum commodum tabellarium nactus essem, intermittere non potui quin tibi scriberem, et etiam atque etiam contenderem abs te precibus ut meum propinquum tibi commendatum habeas, quem nuper ad vos misi studiorum gratia, omnes eius actiones ita modereris, ne prauo sodalicio ad ignauum otium vel alias corruptelas assuescat, cum alias iuuenilis aetas facile corrumpatur et a labore ad libidinem fit procliuis. Summopere igitur a te peto ut diligenter ipsius rationem habeas, et promitto me rursum tuas partes acturum. Hac de re cupio primo quoque tempore certior fieri tuis literis. Vale.

Brief 16 (Bl. 42 r)
So eß dir wolgehet ist mir lieb, ich bin noch vermittel Gottlicher genaden bie guter gesundtheit und zimlichem wolstande. das du meines verwanten von welchem ich dir etzliche mal geschriben sache und wolfart dir so fleissig und trewlich leßt beuohelen sein, ist mir so lieb alß mir ein ding sein kan. dan ich sege [= sähe] gerne das ehr muchte etwas gewisser und grundtlicher studiren da mitt ehr hirnachmals kunte unß freunden allen, und gantzen vaterlande deinen [= dienen], und ein ehr sein. Derwegen laß ich es auch ahn keinem fleisse, und kosten mangeln das ehr nicht moge in seinen angefangen studiren verseumet oder verhinder werden. Und wollte dich auch zum offter mall freundtlich gebeten han, du wollest allen mugelichen fleis anwenden und iechlichen aufsicht auff ihn haben das ehr keine ursache der verseumnisse muge haben. Das will ich allezeit ahn dir wider vergelten habe dich woll und schreib bie gelegener botschafft widerumb. Vale.

Si vales bene est ego diuino fauente numine bene adhuc valeo, resque meae mediocriter constitutae sunt. Quod cognati mei, de quo saepe tibi scripsi, res et studia tam diligenter curas, est mihi tam gratum quam quod gratissimum. Vehementer enim optarim eum in studijs aliquid certi et fundamentaliter consequi posse, ut aliquando nobis et toti partiae decus et ornamentum esset. Propterea etiam nullis sumptibus parcam ne in inceptis suis studiis impediatur. Insuper etiam rogatum te velim ut diligentem inspectionem eius habeas, ne occasio ocij et cessationis ei obijciatur. Omnem tibi rursus bene merendi voluntatem promitto. Ubi commodum tabellarium nactus fueris mihi rescribito. Vale.

Brief 17 (Bl. 42 v)
Deine brieffe sein mir lieb furnemlich umb zweierlei ursachen, erstlich das ich nun etzliche mall darauß verstanden habe das du ein vetterliches [= väterliches] hertze tregst iegen dienen blutesverwanten. Dan wen er dein leiblicher sohn wehere so kunnestu doch keine trew mehr erzegen und bewisen alß ich mitt der warheit und ihn der that selbest spure das du thust. Zum anderen das du so zu grossem dancke aufnimmest den geringen fleiß und willen so ich ahn ihm habe gewendet das ich ihn habe genommen ihn meine behausung und lasse ihn bie mir zu tische gehen dar zu das ich auch sunst achting auff ihn gebe, damitt ehr nicht verseumet werde. Dan was ich ihn disem falle habe gethan das bin ich dir schuldig zu thun umb filfaltiger wolthat so mir von dir erzeget. und thu eß auch willig umb des knaben halben welche sich der lehere mitt allen vermugen [= Vermögen, Kraft] befleissiget und auch eines zuchtigen lebendes ist. Vale.

Literae tuae mihi gratae fuerunt duabus potissimum de causis: Una quod erga consanguineum tuum declaras animum beneuolum et plane paternum, Nam si esset tuus germanus filius maiori curae tibi esse non posset, quod re ipsa experior: Altera quod officium meum quod in illum contuli quamuis exiguum grato animo suscipis, nempe quod ei concessi usum et habitationis in meis aedibus, et mensae, adhaec quod diligentem istius rationem habeo, ne quoquo modo in studiorum cursu impediatur. Nam quidquid hac in re feci debita officij ratio postulauit ut gratus reperiar. quia tua multa praeclara in me merita constant et etiam istius adolescentis causa quiduis laboris libenter suscipio quia in eo bona indoles, et studium modestiae elucet. Vale.

Brief 18 (Bl. 43 v)
Freundlicher lieber Vetter ich kan euch negest Gott nimer genuchsamm dancken fur die Vetterliche trewe und wolthat so ihr mir erzegen das ihr mich nitt allein von iung auff ihn kindes stat habt aufferzogen und als balt ich bin lehrhafftig geworden mich zu der schulen gehalten und itziger zeit ihn eine lobliche Uniuersitet abgefertiget da selbest meine angefangen studia zu einem nutzlichem ende außzufuren sonder haben mir auch mitgeteilet darzu forgestrecket underlecht allen unkosten so mir darzu von noten welche warlich nicht gering gewesen. Dergestalt das ich euch filgelibter Vetter iha [= ja] Vatter zu keinen zeiten und mitt keinen worten und wercken hie geburlichen dancken fur sagen kan fil weniger erzegen. Will aber so fille mir ummer [= immer] muglich allen fleiß ahnwenden da mitt ich ieder zeit danckbar muge gefunden werden und mein studirent woll muge anlegen euch furnemlich zu ehren. Seit frisch ich bin noch gesundt. Vale.

Charissime cognate non video quibus verbis tibi, ubi a Deo discessero, gratias agam pro summis et maximis beneficijs a te mihi exhibitis, quod non tantum me a primis incunabilis in filium adoptasti et educasti, sed etiam quam primum aetas mea doctrinae capax fuit in scholam deduxisti, in qua ubi primarum literarum rudimenta percepissem, uberioris ingenij cultus causa, postea in Academiam me misisti ut studia mea ad optatum finem perducam sed etiam ad haec omnia liberaliter sumptus administrasti satis amplos, ne quid mea studia retardaret. Ita ut nullo umquam tempore optime consanguinee imo parens pro his tantis beneficijs gratias debitas agere, multo minus referre queam, in hoc tamen summo incumbam studio ne ingratus reperiar fuisse, pro tot liberaliter ac prosus [= prorsus] paterno studio mihi declaratis benficijs atque etiam studia mea ad expetitam metam possim perducere. Cura ut valeas ego ad summum. Vale.

Brief 19 (Bl. 44 r)
Libe Vetter das du ihn dinem negsten schribende dich so danckbar erzegest fur die trewe und erzegete woltat so du von iunck auff biß auff disen tag milltiglich von mir empfangen, ist mir lieb gewesen zuuernehmen. Und die wile ich spure dein danckbar gemute das du disen meinen vaterlichen willen zum hohesten erkennest so will ich gerne furthin weiter thun was mir muglich. Den man spuret in diser undanckbaren welt das grosse woltat bei den menschen balt werden vergessen. Wen man einen hatt auffgeholfen und zum menschen gemacht so schlagen sei mitt der undanckbar thur alle wolthat hinder sich zu. wie man dan techlich sehen mach. Aber die wile ich sehe das du der undanckbarkeit fiendt bist und aller woltat gerne gedenckest soll es mir nicht widerumb rewen so ich dir etwas gutes habe erzeget. studir fleissig und sei gesundt. Vale.

Optime cognate quod proximis tuis literis animum gratum declaras pro beneficijs a me tibi exhibitis, quod videlicet te a primis pueritiae annis ad praesentem usque diem liberaliter sustentauerim, pergratum mihi fuit. Et quia experior te grato animo hoc beneficium agnoscere, post hac rebus tuis et commodis non sum defuturus. Experientia enim docet quam facile memoria beneficiorum et meritorum in hoc ingrato saeculo, excidat vel oblivione conteratur. Nam quid usitatius est, quam summa beneficia turpissimo ingratitudinis vitio, summo maleficio recompensare? Quin vero diuersum in te epxerior et animadverto quippe quod ingratitudinem extreme detestaris non paenitebit si quid beneficij in te contulero. Cura ut valeas et diligenter discas. Vale.

Literatur

Kurt Aland: Die Theologische Fakultät Wittenberg und ihre Stellung im Gesamtzusammenhang der Leucorea während des 16. Jahrhunderts. In: Kirchengeschichtliche Entwürfe, Gütersloh 1960, S. 283-394.

Ansichten des alten Straßburg. 50 Tafeln mit erklärendem Text von Adolph Seyboth, Straßburg o.J. (1890).

F.W. Barthold: Geschichte der Fruchtbringenden Gesellschaft. Berlin 1848.

Johann Christoph Beckmann: Historie des Fürstenthums Anhalt, Teil 1-7. Zerbst 1710.

Wilhelm Berges: Die Fürstenspiegel des hohen und späten Mittelalters. (Schriften des Reichsinstituts für ältere deutsche Geschichtskunde [Monumenta Germaniae historica] Bd. 2), Leipzig 1938.

E. Bodemann: Herzog Julius von Braunschweig. In: Zeitschrift für deutsche Kulturgeschichte, Neue Folge, 4. Jg., 1875.

Jürgen Brinks: Graf und Gräfin zur Lippe. Die lippischen Regenten und ihre Angehörigen in der Gruft unter der Klosterkirche Blomberg. Blomberg 1983.

Hartmut Broszinski: Schütz als Schüler in Kassel. In: Heinrich Schütz. Texte, Bilder, Dokumente. Kassel/Basel/London 1985, S. 35-62.

Ingeborg Buchholz: Die Varusschlacht im Urteil der Humanisten. In: Lippische Mitteilungen aus Geschichte und Landeskunde, 28, 1959, S. 5-57.

Georg Buchwald: Zur Postilla Melanchthoniana. In: Archiv für Reformationsgeschichte 21 (1924), S. 78-89.

Wilhelm Butterweck: Die Geschichte der Lippischen Landeskirche. Schötmar 1926.

Otto Clemen: Handschriftenproben aus der Reformationszeit. Zwickau 1911.

Karl Otto Conrady: Lateinische Dichtungstradition und deutsche Lyrik des 17. Jahrhunderts. Bonn 1962.

Corpus Reformatorum, Bd. 1-28, Melanchthonis opera. Halle/Braunschweig 1834-1860.

Franz Dornseiff: Das Alphabet in Mystik und Magie. Leipzig/Berlin 1925.

August Dreves: Geschichte der Kirchen, Pfarren, geistlichen Stiftungen und Geistlichen des lippischen Landes. Lemgo 1881.

Adalbert Elschenbroich: Sammeln und Umgestalten aesopischer Fabeln bei den Neulateinern des 16. Jahrhunderts. In: Daphnis 14, 1985, S. 1-63.

Georg Fabricius: Virorum illustrium seu Historiae sacrae libri X, Leipzig 1571.

August Falkmann: Beiträge zur Geschichte des Fürstenthums Lippe aus archivalischen Quellen, Heft 1-4, Bde. 5 und 6, Graf Simon VI. zur Lippe und seine Zeit, Lemgo/Detmold 1847-1902.

Hanns-Peter Fink: Drei Handschriften aus den Jugendjahren Simons VI. und Simons VII. zur Lippe. In: Renaissance im Weserraum, Bd. 2 (Schriften des Weserrenaissance-Museums Schloß Brake, Bd. 2), München/Berlin 1989.

Hanns-Peter Fink: Lateinische Hausinschriften in Lippe. In: Lippische Mitteilungen aus Geschichte und Landeskunde, 50, 1981, S. 72-89.

Marcel Fournier u. Charles Engel: Les status et privilèges des universitées françaises depuis leur fondation jusqu'en 1789, tome 4/1: Gymnase, Académie, Université de Strasbourg, Paris 1894.

Walter Friedensburg: Geschichte der Universität Wittenberg. Halle 1917.

Arnd Friedrich: Die Gelehrtenschulen in Marburg, Kassel und Korbach zwischen Melanchthonianismus und Ramismus in der 2. Hälfte des 16. Jahrhunderts (Quellen und Forschungen zur hessischen Geschichte 47), Darmstadt/Marburg 1983.

Friedrich Galle: Versuch einer Charakteristik Melanchthons als Theologen, Halle 1840.

Antonio de Guevara: Antonii de Guevarra Fürstlicher Lustgarten und WeckUhr... aus hispanischer Sprache in die Deutsche trewlich versetzt durch... Aegidium Albertinum, Leipzig 1624.

Antonio de Guevara: Horologium principum sive de vita M. Aurelii imperatoris libri III, ins Lateinische übersetzt durch Joh. Wanckelius, Leipzig, 5. Auflage 1624.

Hermann Hamelmann: Geschichtliche Werke. Bd. I, Heft 3: Illustrium Westphaliae virorum libri sex. Hg. von K. Löffler (Veröffentlichungen der Historischen Kommission der Provinz Westfalen), Münster i.W. 1908.

Hermann Hamelmann: Opera genealogica-historica de Westphalia et Saxonia inferiori, Lemgo 1711.

Theodor Hartwig: Die Hofschule zu Cassel unter Landgraf Moritz dem Gelehrten. Phil. Diss. Marburg 1864.

Detlev Hellfaier. Geistiges und kulturelles Leben am Hofe Simons VI. zur Lippe. Detmold 1986.

Friedrich Henkel: Die von Donops. In: Blätter für lippische Heimathkunde, Jg. 2-5, 1901-04.

Hans Hoppe: Stadtgeschichtliche Einleitung. In: Otto Gaul, Ulf-Dietrich Korn: Bau- und Kunstdenkmäler von Westfalen, 49. Bd., Teil 1, Stadt Lemgo. Münster 1983, S. 1-115.

Christian Gottlieb Jöcher: Allgemeines Gelehrten-Lexicon. Leipzig 1750/51.

Erich Kittel: Heimatchronik des Kreises Lippe. Köln, 2. Auflage, 1978.

Erich Kittel: Geschichte Detmolds bis zum Ende des 17. Jahrhunderts. In: Geschichte der Stadt Detmold. Detmold 1953.

Thomas Klein: Der Kampf um die zweite Reformation in Kursachsen 1586-91 (Mitteldeutsche Forschungen 25), Köln/Graz 1962.

August Kluckhohn: Friedrich der Fromme, Kurfürst von der Pfalz, der Schützer der reformierten Kirche. Nördlingen 1879.

G. Krause: Der Fruchtbringenden Gesellschaft ältester Ertzschrein. Leipzig 1855.

Landesverordnungen der Grafschaft Lippe, Bd. 1. Lemgo 1779.

Heinrich Lausberg: Handbuch der literarischen Rhetorik. München 1960.

Die lippische Landeskirche 1684-1984. Hg. von Volker Wehrmann. Detmold 1984 (Wehrmann, 1984).

Marcus Aurelius Antoninus: Wege zu sich selbst. Hg. und übertragen von Willy Theiler. Zürich/München, 2. Auflage, 1974 (Marc Aurel/Theiler, 1974)

Wolfgang Medding: Korbach. Die Geschichte einer deutschen Stadt. Korbach 1955.

Georg Neumark: Der Neu-Sprossende Teutsche Palmbaum. Nürnberg 1668.

Martin Opitz: Florilegium variorum epigrammatum. Danzig 1640.

August Otto: Die Sprichwörter und sprichwörtlichen Redensarten der Römer. Leipzig 1890, Nachdruck Hildesheim 1971.

Friedrich Paulsen: Geschichte des gelehrten Unterrichts. 2 Bde., Leipzig, 3. Auflage, 1919-21.

Physiologus: Aus dem Griechischen übersetzt und hg. von Ursula Treu. Berlin 1981. (Treu, 1981)

Paul Pressel: Philipp Melanchthon, ein evangelisches Lebensbild. Stuttgart 1860.

Prosatori Latini del Quattrocento, a cura di Eugenio Garin. Milano/Napoli o.J.

Johann Michael Reu: Quellen zur Geschichte des kirchlichen Unterrichts in der evangelischen Kirche Deutschlands zwischen 1530 und 1600. Teil I, 3a. Hildesheim/New York 1976.

Rudolf Rübel: Graf Arnold von Bentheim-Steinfurt. In: Westfälische Lebensbilder, Bd. IX. Münster 1962, S. 18-33.

Rudolf Rübel: Studienjahre des Grafen Arnold IV. In: Steinfurter Heimatbote. Monatsbeilage zum Steinfurter Kreisblatt, Januar 1955.

Bartholomäus Sastrowen: Herkommen, Geburt und Lauf seines ganzen Lebens. Aus der Handschrift hg. und erläutert von G. Chr. F. Mohnike. 3 Teile. Greifswald 1823/24.

Heinz Schilling: Konfessionskonflikt und Staatenbildung. Gütersloh 1981.

Anton Schindling: Humanistische Hochschule und freie Reichsstadt. Gymnasium und Akademie in Straßburg 1538-1621 (Veröffentlichungen des Instituts für europäische Geschichte, Mainz, Bd. 77). Wiesbaden 1977.

Gerhard Schormann: Copius contra Hamelmann. Ein Abendmahlsstreit in Lemgo. In: Lippische Mitteilungen aus Geschichte und Landeskunde, 47. Band, 1978, S. 5-37.

Gerhard Schormann: Das Lemgoer Gymnasium zwischen Luthertum und zweiter Reformation. In: Lippische Mitteilungen aus Geschichte und Landeskunde, 49, 1980, S. 7-32.

Gerhard Schormann: Simon VI. und seine Bibliothek. In: Jahrbuch für Westfälische Kirchengeschichte 70 , 1977, S. 63-98.

Bruno Singer: Die Fürstenspiegel in Deutschland im Zeitalter des Humanismus und der Reformation. München 1981.

Remigius Stölzle: Eine unbekannte Vorrede Melanchthons. In: Archiv für Reformationsgeschichte 12, 1915, S. 132-136.

Johannes Sturm: Ad Philippum comitem Lippianum. De exercitationibus Rhetoricis Liber Academicus. Straßburg 1575.

M. Tullius Cicero: Atticus-Briefe, lateinisch-deutsch. Hg. von Helmut Kasten. München 1959.

M. Tullius Cicero: Epistularum ad familiares libri XVI. lateinisch-deutsch. Hg. von Helmut Kasten. München 1964.

Vergil: Aeneis. Hg. und übersetzt von Johannes und Maria Götte. München, 3. Auflage, 1971.

Vergil: Landleben (Bucolica, Georgica, Catalepton). Hg. von Johannes und Maria Götte. München 1970.

Johannes Ludovicus Vives: Opera. Basel 1555.

F. Vogell: Versuch einer Geschlechts-Geschichte des Reichsgräflichen Hauses von Schwicheldt. Celle 1823.

Reinhold Vormbaum: Die evangelischen Schulordnungen des 16. Jahrhunderts. Gütersloh 1860.

Philipp Wackernagel: Das deutsche Kirchenlied von der ältesten Zeit bis zu Anfang des XVII. Jahrhunderts. Bd. 1-5, Leipzig 1864-68. Nachdruck von Bd. 3-5 Hildesheim 1964.

Andreas Wedemeyer: De Parentalibus faciendis Lino Grammatico. Lemgo 1594.

Albrecht Wolters: Der Heidelberger Katechismus in seiner ursprünglichen Gestalt. Bonn 1864.

Friedrich Zarncke: Der deutsche Cato. Leipzig 1852.

Personenregister

Abkürzungen: EH = Edelherr; F = Fürst, Fürstin; Gr = Graf, Gräfin; Hz = Herzog; K = Kaiser; Kf = Kurfürst; Kg = König, Königin; z.L. = zur Lippe.
A = Anmerkung.

Antike

Mittelalter und Neuzeit

8 -

bis zu 3000 Straftaten pro Jahr 3372

jährlich 40-60 Vergewaltigungen RA in DDR

mehrere hundert Fahnenflucht

Abbildungsnachweis

Foto S. 23: Universitätsbibliothek Würzburg.

Alle übrigen Fotos: Weserrenaissance-Museum Schloß Brake